부교역자
헬퍼십

부교역자 헬퍼십

서승룡 지음

한국학술정보㈜

‖ 추천의 글

김윤규 박사
(한신대학교 신학대학원장; 실천신학)

서승룡 박사의 진정한 '팀 목회(Team Ministry)'의 지침서인 "부교역자 헬퍼십" 발간을 진심으로 축하합니다. 그는 멋진 부천교회의 담임목사로서 나와 함께 목회학 박사과정을 이수하고 학위를 취득한 참으로 촉망받는 젊은 목회자 가운데 한 분입니다.

부교역자 헬퍼십! 한국교계(敎界)에서 쓸쓸함을 곱씹게 하는 상징적인 말입니다. 헬퍼(Helper)인 부교역자는 언제나 이인자(二人者)로서 파트너(partner), 팔로워(follower), 멘토(mentor), 참모(參謀), 코치(coach)와 같은 수동적인 역할을 감당하기 때문일 것입니다.

그러나 서승룡 박사의 얼굴에는 그 언제나 혹은 자신의 군종병이나 부목사의 시련기를 회상할 때에라도 변함없이, 온통 잔잔한 미소가 드리워 있습니다. [Rev. Dr. Seo's Face is all Smiles.] 그를 만날 때마다 느끼는 강렬한 인상은 그의 얼굴에는 여전히 따뜻한 미소가 넘쳐흐른다는 사실입니다. 아마도 서 박사님은 '웃을수록 그 만큼 더 삶의 기대치가 커진다(Smile[Smiling] More Increases Life Expectancy)'는 SMILE의 의미를 체현(體現)하고 있음에 틀림없습니다.

이러한 자신감 있는 미소를 독자들은 서 박사님이 성경을 통해서 자세히 제시하고 있는 열두 분의 헬퍼들을 통해서도 맛 볼 수 있을 것입니다. 또한 서 박사님은 이 책에서 부교역자들에게 그 어떠한 '관계' 형성이나 '섬김'의 상황 가운데서라도 유유(悠悠), 담담(淡淡), 호호(浩浩) 그리고 당당(堂堂)할 것을 권하면서, 자기개발을 위해 부단히 훈련할 것을 주문하고 있습니다. 한 마디로 부교역자들은 하나님 앞에서(Coram Deo) 넓고 깊은 열린 마음 즉 '호연지기(浩然之氣)'의 '지도자 상(像)'을 되새겨야 할 것입니다. 이 때에만이 부교역자는 저 이사야 선지자처럼(이사야 6:1-8) 진정한 하나님 의식(Conscious of God), 자기의식(Self-Conscious) 그리고 역사의식(Conscious of History)을 가지고 보람차게 교역에 임할 수 있을 것입니다.

자! 한국교회의 부교역자들이여! 우리 한번 마음 깊은 곳에서 우러나는 따뜻한 미소를 지어보면서 부교역자를 위한 애가(愛歌)를 마음껏 부릅시다. 당신들이 있기에 하나님의 백성이요, 예수 그리스도의 몸인 교회라는 조직체가 발전하고 성장할 수 있다는 확신위에서 즐겁고 기쁘게 노래하십시오!

나의 갈 길 다 가도록 예수 인도하시니
어려운 일 당한 때도 족한 은혜 주시네
나는 심히 고단하고 영혼 매우 갈하나
나의 앞에 반석에서 샘물 나게 하시네(*2)

이 책이 한국교회와 세계교회의 목회자 그리고 평신도들에게도 실질적인 도움이 되기를 간절히 기원하면서 기꺼이 추천하고자 합니다.

‖ 추천의 글

양태윤 목사

(한국기독교장로회 증경 총회장 군산성광교회 담임목사)

나는 서승룡 목사와 7년동안 동사하였습니다.

그는 성품이 온유하며 조용한 학구적인 사람입니다.

그는 좋은 기억이 남는 동역자였습니다.

오늘의 세계는 지구촌 세상이며 어느때보다도 리더십이

요청되는 시대입니다. 어떤 조직과 단체이든지 팀워크에 의해서

성공과 실패가 가늠된다고 볼 수 있습니다.

교회의 안정과 부흥을 위해서는 무엇보다도 교역자들의 분위기가 중

요합니다.

곧 갈등과 불신이 아니라 화합과 추진력이 있어야 됩니다.

오래전 Y교회에서 목회할때 교회중진들이 "목사님, 교역자실에서

웃음소리가 들리니 너무 좋습니다"라는 말이 잊혀지지 않습니다.

그때 Y교회는 기적같은 부흥을 가져온 때가 있었습니다.

이번에 서목사께서 이 시대 교회의 목회자들에게 꼭 필요한 책을

출판한 것을 기쁘게 생각하며 목화자님들께서 한번쯤 읽어보시면

큰 도움이 될 것이라 여겨져 추천을 합니다.

2008년 12월

‖ 머리말

　처음부터 담임목사가 된 것은 아닙니다. 맨 처음 시골교회의 교육전
도사로 부임했을 때 설레임과 두려움이 있었습니다. 목회의 시작이라
는 설레임과 처음으로 교인들 앞에서, 어린 학생 들 앞에서 말씀을 전
해야 하는 두려움입니다. 아무도 저에게 어떻게 하는 것이라 알려 주
지 않았습니다. 그래서 제가 선배님들에게 어떻게 하는 거냐고 물으면
열심히만 하면 된다는 말뿐이었습니다. 그래서 저는 교인들과 함께하
려고 노력했습니다. 교회 마당 포장공사때는 한 벌 밖에 없는 양복에
시멘트를 묻히면서도 즐겁게 일하였습니다. 학생들과 개인적으로 많
은 이야기를 나눴고 학생들의 고민에 아파하며 기도했었습니다.

　그런데 문제는 전혀 엉뚱한 곳에서 생겼습니다. 담임목사의 의중을
제대로 알지 못했던 천방지축이었던 것입니다. 부교역자를 부당하게
대우한다고 바로 사의를 표하고 교회를 떠난 적도 있습니다. 담임목
사에 대한 불평을 많이 했던 적도 있습니다. 정말 부끄러운 모습입니
다. 이제 돌이켜 볼 때 너무 아쉬움이 남습니다. 그때 조금 더 잘했으
면 하는 마음입니다.

　그래서 생각해 낸 것이 부교역자가 어떻게 하는 것이 담임목사와

교회를 돕는 길인가를 생각했습니다. 부교역자들이 교회에서 계륵과 같은 존재로 전락하게 된 현실을 보면서 안타까운 마음으로 이 책을 집필하게 되었습니다.

제가 한신대학 신학전문대학원에서 박사논문을 썼던 것을 조금 정리하여 책으로 냅니다. 이 책은 어찌 보면 부교역자를 위한 매뉴얼이라 할 수 있습니다. 부교역자가 담임목사의 헬퍼가 되어 교회를 부흥시키는 길을 찾아보았습니다.

이 책이 나오기까지 도움과 기도를 해 주신 분이 있습니다. 논문을 지도해 주신 한신대학 신학전문대학원의 원장이신 김윤규교수님께 진심으로 감사를 드립니다. 부교역자 사역을 하는 동안에 믿음의 훈련과 여러 경험들을 통해 훈련을 시켜주신 군산성광교회 양태윤목사님께 감사를 드립니다. 그리고 언제나 아들과 사위를 위해 기도해 주신 부모님과 장모님께 감사를 드립니다. 부족한 저를 청빙해 주시고 목회사역에 큰 도움을 주시는 부천교회 장로님과 성도들에게 감사를 드립니다.

끝으로 사랑하는 가족에게 감사합니다. 배움의 길을 계속하도록 지원하고 협력하고 기도해 준 아내 최은순과 지치고 힘들 때 용기를 갖도록 도와 준 다민, 하민에게도 감사합니다.

아무쪼록 이 책이 처음 부교역자를 시작하는 목회자들과 아직 부교역자로서 무엇을 해야 할 지 잘 모르는 사역자들에게 큰 도움이 되었으면 합니다.

저 자

차 례

1
시작하는 말

오늘날 우리 사회는 고도의 과학 기술의 발달로 인한 산업화(産業化), 도시화(都市化), 분업화(分業化) 등의 사회 환경의 급격한 변화와 그로 인한 사회의 다원화(多元化) 현상이 급격하게 나타나고 있다. 이렇게 다양한 사회 환경의 변화는 지금까지 카리스마 리더십이 한 조직체가 변화되고 성장하는 데 큰 역할을 했음에도 불구하고, 리더십에 대한 변화를 요구하고 있다.

이러한 변화의 요구로 인해 리더십에 대한 많은 연구가 진행되어 왔고, 리더십(leadership)에 대한 다양한 접근 방법으로 여러 연구 결과물들이 나오게 되었다. 리더십에 대한 이론과 더불어서 역사적 인물 혹은 현존하는 인물을 중심으로 리더십을 전개하기도 한다. 어려운 환경에서도 훌륭한 리더십을 발휘하여 조직에 탁월한 능력이 나타나도록 하는 인물들이 등장하게 되었다. 이들의 리더십은 예전의 카리스마 리더십만이 아니다. 최근에 들어서 리더 한 사람으로서는 다원화된 사회에서 조직 사회를 이끌어 가는 데 한계가 있음을 인정하고 따르는 자, 즉 팔로워에 관한 리더십이 등장하였다. 또한 최근엔 '참모(參謀)론', '이인자(二人者, second-leader)론', '팔로워십(followership)'에 관한 책 등이 본격적으로 출판되기 시작하였다.

미국의 공군사관학교 리더십 강사인 리처드 휴즈는 "리더십(leadership)이란 한 조직체에 끼치는 '영향력'으로서, 그 조직체로 하여금 하나의 목표에 도달하게 하는 과정이다. 이것은 그 조직체의 모든 구성원이 공유하는 것으로, 어떤 특정한 위치에 있는 한 사람만의 독점물이 아니다. '따르는 이(follower)의 마음과 행동'들도 분명히 리더십의 중요한 일부분이다."[1]고 정의를 내린다. 이 말은 리더의 영향력이 제대로 나타나기 위해서는 그 영향을 받는 팔로워의 자세도 중요하다는 것이다.

오늘날 우리가 서로 리더가 되려고 하는 것은 리더를 역할에 대한 책임이 아닌 '신분 상승의 개념'으로 보기 때문이다. 이런 방식의 리더십에 대한 이해는 리더에 대한 권위를 지나치게 요구하며, 리더에 의하여 모든 일이 이루어진다는 착각을 하게 된다. 따라서 신분 상승으로서 리더가 아니라 팔로워(follower)로서 역할을 충실히 감당한 사람들이 리더가 되면 리더로서의 자신의 모습과 팔로워들의 모습을 함께 공유하기 때문에 좋은 리더가 될 수 있다. 그럼에도 아직 사람들은 '따르는 법(followship)'에 대하여 관심하는 것보다 리더에게 더 많은 관심을 가지고 있고 팔로워십에 대하여서 무시하는 경향이 짙다. 따라서 팔로워십을 헬퍼십이라는 새로운 개념과 연결시켜서 단순히 따르는 사람이 아니라 돕는 사람으로서 어떻게 해야 할 것인가를

---

1) 홍혜실, 「섬김 리더십」『숙명리더십연구: 세상을 바꾸는 부드러운 힘』제1집(2005), 83. 재인용.

살펴보고자 한다.

지금까지 리더십(leadership)에 관한 연구는 인류 역사와 함께 시작되어 수세기 동안 이루어져 왔다. 20세기 중반부터 학문체계를 이루며 연구되어 왔으며, 연구자들의 관점과 분석방법에 따라 상이한 결론에 도달하는 다양한 리더십에 대한 이론이 나왔다. 급변하는 사회 속에서 리더십은 현상을 분석하고 그에 맞는 리더십을 개발하기 위해 지금도 끊임없이 연구되고 있는 부분이다.

리더십(leadership) 연구에 있어서 헬퍼라는 단어를 가진 연구는 없었지만, 팔로워(follower)라는 연구는 리더십에 끼워져 함께 연구되어 왔다. 80년대 이전에는 리더십 이론들의 대부분은 팔로워를 리더에 의해서 움직이는 수동적인 대상물로 보는 경우가 많았다. 그러나 최근에 외국에서는 파트너십(partnership), 팔로워십(followership), 멘토링(mentoring) 등이 비슷한 개념으로 불려 사용되고 있다. 멘토링(mentoring)에 관한 이론과 코치(coach)에 관한 연구들이 활발하게 전개되고 있으며 팔로워십(followership)에 관한 연구, 참모(參謀), 이인자에 관한 연구가 진행되고 있다.

필자는 이상의 것들을 정리하여 헬퍼십(helpership)에 대한 이론적 접근을 시도하려고 한다.

한편 교회에서도 리더십의 변화가 요구된다. "많은 서구의 교회에서는 같은 급의 목사 둘 혹은 셋이 함께 목회하는 동사목회(同事牧會, team ministry)의 경우가 많아지고 있다. 당회장, 설교, 심방 등을 윤번제로 해 가면서 조화 있는 목회"[2]를 하고 있다. 그러나 한국교회는 아직까지도 담임목사에게 집중되어 있는 리더십을 선호하고 있으나 최근에 교회의 핵심 동력을 담임목사에게만 초점을 맞추었던 것이 부교역자, 장로, 평신도 등 팔로워에게도 초점이 옮겨지고 있다. 박근원은 "공동지도력(shared leadership)"[3]의 가능성을 제시한다. 이러한 교회 안의 다양한 직분자들에게 담임목사의 리더십에 부응하는 헬퍼십이 필요하다.

현대사회에서의 한국교회는 교회의 대형화(大型化), 기능의 다양화(多樣化), 업무의 전문화(專門化) 등으로 점차 역할의 전문성이 요구되고 있다. 이것은 담임목사 혼자서 모든 일을 할 수 있다는 의식의 변화를 요구하는 것이고, 담임목사를 도울 헬퍼(helper)가 필요하다는 인식을 요청하는 것이다. 담임목사가 가지고 있는 장점이 있을 뿐 아니라 담임목사의 약점이 분명 있다. 그 부족한 점은 담임목사를 돕는 헬퍼들을 통해 극복해 나갈 수 있을 것이다. 담임목사의 헬퍼로는 목회자의 아내(사모), 장로, 주위의 동역자, 부교역자 등이 있다. 목회란 담임목사 혼자 사역을 하는 것이 아니라 이들 헬퍼들과 더불어서 함께 사역하는 것이다.

특히 담임목사는 부교역자와 사역을 분담할 수 있다. 부교역자는 담임목사의 사역의 일부분을 맡아 사역을 하게 된다. 그러나 부교역자의 잘못된 처신은 교회에 혼란을 가져와 어려움을 겪기도 하고 심지어 분열에 이르기까지 한다. 부교역자가 교회성장의 중심이면서도 교회성장의 걸림돌이 되기도 한다는 것이다. 이러한 상황에서 부교역자에게 "각 분야별, 기능별 협력목회가 요청된다. 담임목사의 가장 귀중한 동역자로서 그 전반적인 기능적 사역을 담당하는 부교역자의 위치는 대

---

2) 박근원, 『오늘의 교역론』(서울: 대한기독교서회, 2004), 217.

3) 박근원, 『오늘의 목사론』, 31.

단히 중요하다. 담임목사의 동역자로서, 또한 보조목회자로서의 부교역자의 충직하고도 신실한 봉사는 교회성장의 초석이 된다."[4]

필자가 헬퍼십(helpership)이라는 새로운 개념을 정리하면서, 헬퍼 차원에서 부교역자를 다루고 있다는 점이 지금까지 연구와는 조금 다르다고 할 수 있다. 특히 이론적 근거보다는 구체적인 실제를 다룬다는 점에서 다르다고 할 수 있다. 기존의 굳어진 관행을 변화시키는 방법에서 담임목사의 변화를 기다리는 것이 아닌 현실 속에서 부교역자가 구체적으로 어떻게 하는 것이 진정한 헬퍼인가를 정리하고자 한다.

실제적으로 부교역자를 이끄는 리더로서 담임목사의 역할이 매우 중요하다. 아직까지도 유효한 담임목사의 카리스마(charisma) 리더십은 이제 새로운 리더십(leadership)을 요구받고 있는 현실이다. 가장 이상적인 방법은 담임목사가 변화되어 부교역자를 잘 이끌면 된다고 할 수 있다. 그러나 현실적으로 담임목사가 변화하는 일은 쉬운 일이 아니다. 그렇다고 변화를 무턱대고 기다린다면 어느 세월에 변할지 알 수 없다.

따라서 이 책은 부교역자의 열악한 현실을 인정하고, 차선책으로 부교역자의 자기 개발 훈련으로 부교역자의 변화를 통한 교회의 성장의 모습들을 살펴보고자 한다. 먼저 부교역자 스스로가 자신과의 관계 속에서 자신에 대한 영적인 훈련 및 인격함양과 전문가로서 시간 관리를 어떻게 해야 좋은가를 살펴본다. 또한 부교역자와 관계를 맺는 담임목사, 동역자, 교인들, 가족과의 관계 속에서 부교역자가 처

---

4) 지용덕, 『팀목회』, (서울: 쿰란출판사 2002), 199.

신해야 할 부분들을 실질적이며 구체적으로 다루고자 한다.

필자가 부교역자 생활을 하면서 아쉬운 점이 많았다. 내가 좀 더 부교역자의 사역에 대한 여러 분야에 걸친 이론들을 알고 정리하면서 사역을 했으면 담임목사에게 훨씬 많은 도움을 주었을 것이라는 생각이 들었다. 그래서 이 책에서는 부교역자의 사역 매뉴얼을 정리하고자 한다. 열악한 현실에서 부교역자가 어떻게 처신해야 하는가를 부교역자의 입장에서 전개하였다. 그리고 부교역자로 사역을 시작하기 전에 어떤 준비를 해야 하는가를 설명하고자 한다.

결론에서는 앞에서 살펴본 헬퍼십에 대한 개념 정리와 함께 헬퍼십을 가져야 할 부교역자에 대한 현실을 언급하고, 그 현장에서 구체적으로 어떻게 행동해야 하는가를 정리하고자 한다.

2

헬퍼십 이해

우리는 지금 리더십의 홍수시대에 살고 있다. 다양한 리더십이 등장하고 있으며, 최근에 인물에 관한 리더십과 같은 나름대로의 독특성을 가지고 있는 것들을 발견할 수 있다. 리더십에 관한 책은 셀 수도 없을 정도로 많이 있다. 리더십의 중요성은 아무리 말해도 괜찮을 것이다. 그러나 이제 시대가 변하고 있다. 리더십만이 조직의 성장에 절대적 영향을 주었다고 할 수 없는 것이다. 리더들의 절대적인 영향력이 예전보다 현저히 줄어들고 있음을 본다. 요즘은 리더의 절대적 영향력은 줄어들고 팔로워, 즉 따르는 자들의 영향력은 증가하고 있다.

리더십이란 리더 한 사람의 영향력으로 보기 어려운 것이고, 따르는 사람과 공유하여 영향력을 나타내야 한다는 것이다. 그러나 리더와 팔로워 각자의 리더십이 요구되고 있지만 이것을 한 묶음으로 처리할 수 없는 것이다. 엄연히 리더와 팔로워는 존재하고 있기 때문이다.

올림픽 경기에서 메달을 땄을 때 외국인 선수들의 기쁜 모습을 볼 수 있다. 그런데 우리나라 선수들은 금메달이 아니면 안타까운 표정들을 짓는 것이다. 세계에서 2등을 한 것도 대단한 것인데 우리 정서에서는 크게 축하할 일이 아니라는 것이다. 그만큼 1등 리더에 강한 집착을 가지고 있다. 이렇게 리더에 모든 것이 집중되고 있으나 요즘 들어서는 이러한 인식이 변화되고 있다. 드라마에서도 주연이 극의 전체 흐름을 이끌어 가고, 조연은 보조자처럼 극에 들어가 있었던 것들이 이제는 조연의 비중을 매우 중요하게 생각하게 되었다. 주연 못지않은 조연들도 등장하게 되었다. 주연보다 조연이 인기가 좋은 경우가 생기기도 한다. 감초 역할을 톡톡히 하고 있으면서 드라마의 전체적인 분위기를 만들어 가고 있기 때문이다. 일인자만이 모든 것을 가진 것처럼 생각하기 쉽다. 그러나 일인자와 같은 이인자가 많이 등장한다. 역할과 업무 분야에서는 이인자인 것처럼 보이나 그 분야에선 일인자가 되는 것이다. 포스트모던시대에서는 일인자와 이인자의 계급적 구별이 사라지고 있으며 새로운 리더십과 헬퍼십으로 관계 정리가 필요하다.

이러한 관계를 이루기 위해서 헬퍼십에 대한 이해가 필요하다. 이것은 리더에 관심을 갖는 것이 아니라 따르는 자, 즉 헬퍼에게 관심을 두는 것을 말한다. 어떤 조직에서는 리더가 되지만 어떤 조직에서는 따르는 사람이 되기도 한다. 이때 따르는 사람을 헬퍼라고 한다. 헬퍼들이 리더를 어떻게 도와야 하는가를 헬퍼십(helpership)이라고 부른다.

그러나 리더나 리더십이라는 말은 흔히 사용되고 있으나 '헬퍼십(helpership)'이라는 단어는 우리의 귀에 익지 않은 말이다. 그 헬퍼십은 따르는 자와 비슷한 의미를 가지고 있다. 지금까지 많은 사람들은 리더 혹은 헬퍼로 살아왔다. 그럼에도 정작 자신은 리더나 헬퍼가 아니라고 생각하지만 자신이 서 있는 자리가 헬퍼일 수 있으며 동시에 리더가 될 수도 있다. 오늘날 다원화된 현대사회에서는 헬퍼에 관한 다양한 형태들을 찾아볼 수 있다. 이 장에서는 이러한 헬퍼(helper)의 개념들을 정리하고 평가하게 될 것이다.

헬퍼란 종과 같은 뜻이 아니다. 종이란 계급적 관계로서 계급이 더 높은 한 개인의 명령에 무조건적으로 복종하여야 하는 것이다. 종이란 조력자이면서도 복종관계여야 한다는 것이다. 그러나 헬퍼는 다르다. 헬퍼는 리더와 공동의 목적을 공유하며, 조직이 달성하려는 바를 신뢰하고, 조직과 리더 모두가 성공하기를 바라는 자이다.

1) 파트너(partner)

'파트너(partner)'라는 말은 공동의 목적을 두고 함께 협력하여 사역하는 자로서 동역자라 할 수 있다. "동역자란 '함께 일하는 자(fellow-Worker)' 혹은 '도와주는 자(helper)'라는 의미이며 경우에 따라서는 '한 부분을 담당하다(play a part)'는 뜻으로 사용"[5]하였다. 따라서 '파트너'란 서로의 필요에 의해 협력하며 함께 일하는 자(co-worker)이다. 파트너의 관계가 상급자와 하급자와 관계에서 이루어질 수 없는 것처럼 보이나 상하 구분 없이 파트너관계를 유지하여 상호 동반자적 입장에서 공동의 목적을 이루기 위해 함께한다는 의미에서 파트너라 할 수 있다.

---

5) 이성희, 『디지털 목회와 팀』(서울: 한국장로교출판사, 2004), 88.

상명하복이라는 명령체계에 의해서 움직이는 시스템은 조직이 빠른 결정을 내리고 실행할 수 있다는 장점이 있으나 획일적이기 때문에 위험 요소가 그만큼 많다. 그러므로 파트너십을 통한 공동의 목표 달성은 서로의 협력으로 인하여 시너지 효과가 나타난다.

파트너에게 있어서 중요한 것은 파트너십(partnership)이라 할 수 있다. 좋은 파트너십이란 서로가 파트너로서 자신이 맡은 역할을 성실하게 감당할 수 있어야 한다. 파트너는 서로가 함께 가야 하는 것으로 서로를 지탱해 주어야 한다. 그런데 파트너가 자신이 맡은 일을 소홀하게 되면 함께하는 사람이 고스란히 피해를 보게 된다.

파트너의 역할은 공동의 목적을 가지고 추구하는 데 있어서 함께 협력하는 데 있다. 그 조직 사회가 추구하는 분명한 목적을 서로가 함께 공유해야 하는 것이다. 자신의 이익만 추구하게 될 경우 파트너 관계는 깨어지게 된다. 이러한 목적이 상이하게 될 때는 서로의 협력이 이루어질 수 없다. 공동의 목적을 가지기 위해서는 파트너 간의 많은 대화가 필요하다. 진솔한 이야기를 통해 파트너 상호 간의 이해가 선행되어야 한다. 또한 각자가 추구하는 목적이 합일하도록 조정하고 또는 양보해야 한다. 그런데 리더와 헬퍼의 관계에서는 헬퍼가 리더를 돕기 위해 존재하기 때문에 공동의 목적이 조정되지 않으면 분명한 결단을 내릴 필요가 있다. 공동의 목적을 너무 지나치게 강조하다 보면 목적이 다른 경우에는 제대로 된 파트너십을 발휘하지 못한다. 분명 상대방에 대한 차이는 인정해 줄지라도 서로가 합의된 공동의 목적이 있어야 건강한 파트너십을 만들어 갈 수 있다. 이것은 파트너 상호 간에 서로가 필요한 조건들이 논의되어야 한다는 것이다.

공동의 목적을 추구하게 될 때 서로의 신뢰는 빼놓을 수 없는 부분이다. 서로가 함께 일을 하면서 믿지 못하고 의심의 눈초리를 가지게 될 때 협력은 이루어질 수 없고 파트너로서 부적절한 관계가 유지되는 것이다. 신뢰는 거짓이 없는 진실함이 있어야 한다. 파트너를 속이고 파트너십을 유지한다는 것은 엄청난 위험 요소를 안고 있는 것이다. 사역을 하면서 잘못을 하거나 실수를 하게 될 때 솔직하게 인정하고 이해를 구하는 것이 바람직하지 거짓말을 해서는 안 된다. 이러한 신뢰는 어느 한쪽에 치우치는 것이 아니라 피차 서로 조화를 이루어야 하는 부분이다. 이러한 신뢰를 바탕으로 상호 의존해야 한다.

파트너들은 신뢰의 바탕 위에 정보를 공유해야 한다. 상호 각자가 가지고 있는 정보, 즉 조직 내부에 대한 정보 및 조직과 관계된 다양한 정보들도 상호 교환하고 공유하여야 하며 비밀을 유지해야 할 때는 최대한 비밀을 지킬 수 있어야 한다. 어느 한 사람만이 정보를 소유하게 되면 관계를 유지하는 데 어려움이 생긴다.

특히 파트너는 '동등한 관계'를 유지해야 한다. 누군가의 힘의 우위가 생겨서 서로 간의 상하차별이 생겼을 경우에는 '온전한 파트너 관계'가 이루어질 수 없다. 파트너라는 것은 서로가 평등한 관계에서 함께 일하는 것이다. 자신의 생각과 자신의 능력에 대한 우월의식을 가지게 되면 다른 사람들과 함께 일하는 온전한 파트너십을 발휘할 수 없다. 그러나 동등한 관계일지라도 직분이나 일에 따라서 차이가 있을 수 있다. 예를 든다면 부부간의 관계도 파트너 관계로 볼 수 있다. 남편과 아내가 상하 계급적 관계가 아닌 공동의 목적인 가정의 행복을 이루기 위한 파트너로서 서로 신뢰하고 협력해야 하는 것이다.

파트너는 상호 간에 의사소통(communication)을 잘 이루어야 한다. 왜냐하면 서로의 생각과 추구하는 것, 일하는 방식 등이 다를 수가 있기 때문이다. 상호 다름에 대하여 서로가 소통하게 될 때 좋은 파트너가 될 수 있는 것이다. 이러한 의사소통이 제대로 이뤄지지 않으면 파트너 관계에서 오는 상승효과를 기대할 수 없다. 의사소통은 상대방의 이야기를 들으려 하는 데 있다. 자신의 의견만을 고집하거나, 다른 사람의 의견을 무시하는 것은 올바른 의사소통의 방법이 아니다. 따라서 경청의 훈련이 필요하다. 상대방에 대한 신뢰감을 쌓게 될 때 비로소 의사소통이 잘 이루어질 수 있다.

건강한 파트너십을 이루기 위해서 최치영은 "책임감, 성실함, 솔직함 그리고 시너지(synergy)"[6]를 말한다. 책임감(責任感)은 파트너가 상호 책임을 나누어 가지는 것이다. 어느 한 편으로만 책임이 쏠리는 것이 아니라는 것이다. 파트너는 자신에 주어진 업무 앞에서 책임을 회피하거나 무책임한 모습을 보이지 않고 맡은바 업무를 완수해야 한다. 무책임한 사람과 파트너가 된 경우에 그 파트너로 인해 엄청난 고통을 겪게 된다. 직분에 대한 분명한 자각과 더불어 최선을 다해야 한다. 개인에 대한 책임을 요구하는 것도 바람직하지 않다. 공동체 전체가 함께 책임을 나누어야 하는데 그것은 파트너로서 책임을 공유할 때 가능하다.

성실(誠實)함이란 파트너 간에 자신이 맡은 업무를 정확하게 파악하여 게으르거나 나태하지 않으며, 맡겨진 일에 대하여 성의 없이 하거나 미루지 않는 것이다. 진지하게 좋은 결과가 나올 수 있도록 해야 한다. 솔직(率直)함은 마음속에 있는 말을 파트너에게 상처를 주지 않으면서 받아들일 수 있도록 지혜롭게 말하는 것으로 자신의 의견

---

6) 최치영 · 스티븐 스토웰 · 매트스타르세비치, 『윈윈 파트너십』(서울: 북21, 2002), 30.

을 전달할 때 어떤 방법, 어떤 자세, 어떤 단어를 사용해야 하는가도 중요하다.

종종 파트너와 함께하면 능률이 떨어지고 개인의 능력이 제대로 발휘하지 못한다는 말이 있다. 그러나 건강한 파트너십(partnership)을 이루게 되면 각자의 파트너들이 자신이 가지고 있는 재능과 창의력을 최대로 발휘하여 새로운 아이디어를 내고 목표를 달성할 방법들을 찾아내는 상승(上昇)의 효과를 거둘 수 있다. 건강한 파트너는 상호 헬퍼가 되는 것이다. 파트너로 함께 가면서 서로가 서로를 도와 목적을 이루어내는 상승효과가 나타나도록 해야 한다.

그런데 자신의 능력이 가장 뛰어나다고 생각한 채 다른 사람들과 어울리기를 싫어하고, 무시하게 되면 파트너로서 온당치 못하다. 따라서 상대방에 대한 존중이 있어야 한다. 또한 우리는 효과적이고 덜 공격적으로 생각을 말하는 법에 대해 터득할 필요가 있다. 우리는 도움을 주고받는 데 능숙해야 할 뿐만 아니라 이와 관련하여 솔직하고 유연한 자세를 길러야 한다.

파트너가 서로 지나친 경쟁심을 가지게 되면 인간관계가 손상될 뿐 아니라 파트너십이 파괴되어 목적을 이루지 못하게 된다. 적당한 경쟁심으로 상호 상승의 효과를 가져오는 것이 바람직하다.

넓은 의미에서 보면 효과적인 파트너십은 상대방은 물론 자신의 재능을 발견하고 개발할 수 있게 해 주며 공동의 목적을 이루어 나가는 힘이라 할 수 있다.

2) 팔로워(follower)

　'팔로워(follower)'라는 말은 '돕다, 후원하다, 공헌하다'라는 뜻의 고지대 독일 고어인 'folllaziohan'에서 나온 말이다. 팔로워는 남의 도움을 필요로 하는 리더를 돕는 존재로서 팔로워(follower)란 "리더나 조직에 의해서 움직여지는 수동적인 자가 아니라 리더를 보좌하는 1차적인 보조자(first assistant)로, 실질업무를 수행하고 리더와 조직의 성공을 좌우하는 사람"[7]이라고 정의할 수 있다.

　팔로워라는 말을 '추종자' 혹은 '따르는 자'로 번역하다 보면 리더에 무조건 복종해야 하는 뉘앙스가 풍기기 때문에 팔로워에 대한 거부감이 있게 된다. 그러나 바람직한 팔로워는 리더를 무조건적으로 추종하는 사람이 아니다. 팔로워는 리더를 따르면서 리더를 돕는 헬퍼인 것이다.

　오정현 목사는 "팔로워십(followership)을 성경적 리더십"[8]이라고 정의한다. 하나님께서 리더가 되어 이끌어 간다면 그리스도인들은 팔로워가 되어 바람직한 방법으로 하나님을 따라가야 한다. 또한 성서의 많은 인물들은 팔로워로서 사명을 맡은 사람들이다. 그들은 리더에게로부터 주어진 임무를 수행하면서도 리더를 세워 나가면서 리더를 돕는 사람들이다. 오정현 목사는 자신의 목회 경험을 통해서 "팔로워십은 리더(leader)를 리더 되게 하는 것으로, 팔로워십을 훈련받은 자가 부교역자로 부임하게 되면 교역자 간의 팀워크가 잘 이루어져

---

7) Robert E. Kelley, 『폴로어십과 리더십』 장동현 역(서울: 고려원, 1994), 서문.
8) 오정현, 『잠들지 않는 사역자』(서울: 생명의말씀사, 2006), 54.

상승의 효과"9)가 나타난다고 말한다. 그러나 이러한 훈련을 받은 팔로워들을 흔히 발견할 수 있는 것은 아니다. 팔로워에 대한 체계적인 교육과 훈련이 지금까지 거의 전무하다시피 하였기 때문이다. 다만 신앙의 선배나 교역자들을 통해서 전해지는 이야기와 지금 현재 자신이 경험해 나가면서 터득하는 것이 전부였다.

이제 팔로워에 대한 다양한 유형들을 살펴보면서 헬퍼로서의 팔로워를 다시 한 번 생각해 보기로 한다.

켈리(R. E. Kelley)는 팔로워 유형을 첫째는 유능하지만 냉소적이어서 역할 수행에 적극적이지 못하고 조직의 외부에서 비판자로 남아 있는 소외형 팔로워, 둘째는 조직에 적극적으로 참여하지만 리더의 판단에 지나치게 의존하는 순응형 팔로워, 셋째는 독립적인 사고도 하지 않고 참여도 하지 않는 수동형 팔로워, 넷째는 리더의 명령받은 일은 잘 감당하지만 그 이상의 일은 하지 않으려는 실무형 팔로워, 다섯째는 독립적이고 자주적으로 사고하면서도 적극적으로 활동에 참여하는 모범형 팔로워로 구분한다.

켈리(R. E. Kelley)는 최악의 팔로워와 모범형 팔로워를 대비하면서 모범형 팔로워의 길을 제시한다.10) 첫째, 최악의 팔로워는 해야 할 일을 지시받아야만 하고 스스로 알아서는 화장실도 못 가는 자로 전혀 생각을 하지 않고 살아가는 사람이다. 이에 반하여 모범형 팔로워는 스스로 생각하고 건설적인 비판을 하며, 자기 나름의 개성이 있고, 혁신적이며 창조적인 사람이다.

둘째, 최악의 팔로워는 수동적이고 게으르며 늘 재촉과 감독을 받

---

9) 위 글, 54.
10) R. E. Kelley, 앞 글, 110−111, 152−158.

아야 하며 책임을 회피하는 사람이다. 모범형 팔로워는 솔선수범하고, 주인의식을 가지고 있으며, 적극적으로 참여하며, 자발적이고 맡은 일 이상을 하는 사람이다.

셋째, 최악의 팔로워는 일을 하긴 하지만 건성으로 일하는 시늉만 하면서 함께 일하는 자의 사기를 저하시키는 사람이다. 모범형 팔로워는 두뇌를 비롯한 자기 재능을 조직과 리더를 위해 바친다. 때로는 리더의 직무를 보완하기도 하고, 어떤 때는 리더의 수고를 덜어 주기도 하는 사람이다.

넷째, 최악의 팔로워는 명확한 목적을 갖고 있지 않으며, 대개는 리더가 일방적으로 설정한 목적을 아무 불만 없이 받아들이고 주어진 임무만을 수행한다. 그렇게 해서 경력을 쌓고 승진하는 것을 목표로 하며, 그저 받는 월급만큼 일하는 사람이다. 모범형 팔로워는 조직을 통해서 성취하고자 하는 뚜렷한 목적을 가지고 있으며 정열적으로 일을 하는 사람이다.

바람직한 팔로워는 조직의 목표를 추구하는 데 열정을 가지고 자신이 가지고 있는 것에 최선을 다하는 자다. 물론 리더가 되려고 안달하지도 않는다. 항상 자신을 정직하게 돌아보면서 팔로워로서, 헬퍼로서 살아가고 있는가를 점검하는 자이다.

한홍 목사는 좋은 팔로워를 무조건 리더가 시키는 대로 하는 사람이라는 선입관을 깨뜨려야 한다고 한다. 그리고 '리더에게 없으면 안 되는 돕는 존재'로 리더와 팔로워는 원래 평등의 존재로 생각해야 한다고 주장하면서 좋은 팔로워의 자질을 "헌신(commitment), 전문성과 집중력(competence & focus), 용기(courage), 정직하고 현명한 판단능력(honest & wise evaluation)"[11]으로 말하고 있다.

첫째, 헌신은 가장 중요한 자질이다. 제대로 된 팔로워들은 한 개인에게 충성하는 것보다, 어떤 사명에 대해서, 비전에 대해서 헌신한다. 둘째, 전문성과 집중력이 있어야 한다. 아무리 헌신이 잘되어 있어도, 팔로워들이 각자에게 주어진 임무를 완수할 수 있는 능력과 전문성을 가지고 있지 않다면 그 헌신은 아무 힘이 없다. 자신에게 주어진 주요 임무에 집중해서 확실하게 잘 할 수 있도록 자신을 다듬는 일이 중요하다. 셋째, 용기가 있어야 한다. 리더가 나가는 방향이 옳은 일이면 목숨을 걸되 리더라 할지라도 도덕성이나 판단력을 상실할 때는 정중하게, 그러나 결연히 그것을 지적할 수 있는 용기를 말한다. 리더들이 자신의 카리스마적 권력에 도취되어 힘을 남용하거나 실수하지 않도록 견제해 주고 도와주는 역할을 한다. 책임을 감수하며 새로움에 도전하고 변화에 동참할 수 있는 용기가 필요하다. 넷째, 정직하고 현명한 판단능력이 있어야 한다. 팔로워는 끊임없이 자기를 평가하고 또 리더십이 제대로 가고 있는지를 평가할 수 있어야 한다. 팔로워들의 수준이 높아져야 리더의 질도 높아질 수 있다.

지금까지 살펴본 것처럼 이 두 사람 모두 조직에 있어서 리더의 중요성을 인정하고 있다. 하지만 리더의 중요성 못지않게 헬퍼로서 따르는 자, 팔로워에 대한 인식도 매우 중요하다고 주장한다. 팔로워의 역할은 단순히 따르는 자로 수동적인 모습이 아니라 조직의 목표를 달성하는 데 있어서 창조적이고 적극적인 참여를 통해 조직에서 이루고자 하는 목적을 이루는 것이다. 팔로워는 리더와 동전의 양면과 같은 관계를 이루고 있다. 그러나 리더십과 동일한 역할이나 행동

---

11) 한홍, 『거인들의 발자국』(서울: 비전과 리더십, 2004), 66-70.

특성을 나타내는 것이 아니라 별도의 독창적인 특성을 내포하고 있다. 즉 팔로워라는 의미는 지도자를 도와서 자기에게 맡겨진 일을 능동적으로 감당하는 사람이라고 해석할 수 있다. 실제로 일을 하는 사람, 즉 하나의 사역자로서 부여된 책임을 성실히 수행하는 사람을 뜻한다.

권민·김영수·김우형은 팔로워십의 원칙을 아래와 같이 제시한다.

"첫째, 위대한 비전은 위대한 헌신을 필요로 한다. 당신이 바로 그 헌신의 지체이다. 둘째, 공은 리더에게, 책임은 자신이 져야 한다. 누가 알아주지 않아도 할 수 없다. 셋째, 리더와 팔로워도 결국 비전을 위해서 함께하는 사람들이다. 리더도 팔로워처럼 비전의 팔로워로서 그 일부분이다. 리더를 위해서 일하지 말고 비전을 이해서 스스로 일하라. 넷째, 리더에게 충성하는 것은 수치스러운 것이 아니다. 그것은 비전에 최선을 다하는 것이다. 다섯째, 리더와 좋은 관계에 있을지라도 그 관계에만 머물러서는 안 된다. 항상 조직과 비전을 위해서 일해야 하므로 자신보다 더 좋은 팔로워가 자신의 자리에 적합하다고 생각하면 스스로 물러나야 한다. 비전과 조직, 리더를 위해서다."[12]

바람직한 팔로워십은 리더가 어떤 일을 추진해 나갈 때 그에게 최선과 성의를 다해 지원하고 도와주는 것이다. 리더가 팔로워에 활동과 실적에 책임을 지는 것처럼, 팔로워들은 리더를 지원하고 필요하다면 잘못된 행동을 고칠 수 있도록 도와야 한다. 그것이 협력관계이다. 양쪽 모두가 주도적으로 행동해야 한다. 팔로워가 리더와 협력관계에 있

---

12) 권민·김영수·김우형, 『성공하는 30대의 리더십: 헬퍼십』(서울: 고즈윈, 2005), 159.

으면 리더가 독선적일 수 없다. 팔로워의 역할은 세공사와 같아서 리더의 강점을 최대한 이끌어 내어 빛을 발하도록 해야 한다.

3) 멘토(mentor)

'멘토(mentor)'는 그리스 신화 오디세이에 나오는 이름이다. 고대 그리스의 왕 오디세이가 트로이 전쟁에 출정하면서 그의 아들 텔레마코스(Telemachus)를 가장 믿을 만한 친구인 멘토에게 돌보아 주기를 부탁하였다. 멘토는 왕자의 친구, 선생, 상담자, 조언자, 때로는 아버지가 되어 오디세이가 돌아오는 날까지 그를 잘 돌보아 주게 된다. 이후로 멘토라는 말은 지혜와 신뢰로 한 사람의 인생의 전반적인 부분을 이끌어 주고 지지해 주는 지도자의 동의어로 사용되어 왔다.

'멘토'라는 단어에 정확하게 맞는 우리말이 없지만 '성실한 조언자', '교사(teacher)', 후원자(sponsor) 혹은 '지도자(coach)'로 번역할 수 있다. '멘토'라는 의미는 '멘티(mentee)'[13]라는 사람과 일대일의 관계로서 일정한 기간에 상대방의 생활을 살펴서 도움을 주거나 피드백을 할 수 있도록 하여 목표를 이루어 나가는 데 직언과 도움을 제공하는 사람을 말한다. 즉 멘토라는 사람이 다른 한 사람에게 지식, 일, 생각에 있어서

---

13) 멘티(mentee)라는 말은 멘토(mentor)에게서 상담이나 조언을 받는 사람, 도움을 받는 자, 조언을 듣는 자이다. 프랑스에서 멘토링의 원리를 처음 전한 페넬롱은 멘티를 프로테제(protege)로 표현했고, 미국 풀러신 학교의 클린턴 교수는 멘토리(mentoree)로 표현하여 사용하고 있다. 김덕주, "멘토링 핸드북"(서울: 교회멘토링연구원, 2005), 11.

중요한 변화를 일으킬 수 있도록 돕는 것이다.

본질적으로 멘토링(mentoring)은 일종의 관계이다. 멘토링은 멘토와 멘티 두 사람 사이에 이루어진 관계이다. 멘토링 관계는 점차 시간이 지날수록 두 사람 사이가 어느 한쪽만의 멘토가 되는 것이 아니라 "상호 멘토링 관계"[14] 현상이 나타난다. 멘토링 관계는 시간이 지날수록 동등한 협력 관계가 된다. 멘토링은 "멘토링관계(mentorships)를 통해서 이루어지는 일반적인 기능으로서 ①제자훈련(Disciple Training) ②영적 인도자(Spiritual Guide) ③코치로서 멘토(Mentor) ④상담자(Counsel) ⑤교사(Teacher) ⑥후원자(Sponsor)"[15]로 설명할 수 있다.

훌륭한 멘토가 지녀야 할 모습을 밥빌(Bob Biehl)은 다음과 같이 설명한다.

"첫째, 사랑은 멘토링 관계에서 두려움을 쫓아낸다. 사랑을 표현하는 것이 중요하다. 진심으로 사랑을 표현할 때 좋은 멘토링이 이루어진다. 둘째, 좋은 멘토는 격려하는 사람, 확신하는 사람, 인정해 주는 사람, 즐겁게 해 주는 사람이다. 셋째, 자신은 완벽하지 않다는 것을 인정하고 멘티에게 부족함을 솔직히 털어놓을 수 있어야 한다. 넷째, 당신은 멘티를 성장시키는 자이다. 당신의 개인적인 목적을 위해 멘티를 이용하지 말라. 다섯째, 편안한 마음으로 멘토링 관계에 임하여 멘토링 관계를 즐겨야 한다."[16]

즉 멘토는 멘토와 감정적 교감이 있어야 한다. 단순한 일의 관계로 만나는 것이 아니라 감정적으로 서로 신뢰할 수 있어야 한다.

---

14) Bobb Biehl, 『멘토링』 김성웅 역, (서울: 도서출판데모데, 2004) 40-41.
15) 박건은 『멘토링 목회전략』 24-26.
16) Bob Biehl, 앞 글, 176-180.

멘토를 연장자나 경험자로 일반적으로 생각한다. 현대사회에서는 기업 내에서 상사와 부하의 구분도 없어지며, 지시와 감독이 더 이상 통하지 않을 것이라고 드러거는 말하고 있다. 즉 현대사회는 다양한 경험과 여러 지식 및 기술이 급작스럽게 변화함으로 나이나 직위에 얽매지 않고 멘토링의 관계가 이루어질 수 있다. 따라서 "리더(leader)에게도 멘토(mentor)가 필요"[17]하다.

최병권은 이러한 멘토링을 '리버스멘토링(Reverse Mentoring)'이라 한다. '리버스멘토링'이란 "자신보다 아랫사람인 일반사원들과 일대일 관계를 맺음으로써 새로운 지식이나 기술, 아이디어를 획득할 수 있는 학습의 장"[18]으로 보는 것으로 리버스멘토링을 통해 모두가 다양한 이점을 얻을 수 있다.

리버스멘토링을 통해 상하의 관계는 유지하되 서로가 멘토가 되어 서로에게 영향력을 줄 수 있다. 하급자이면서도 상사에게 멘토가 되어 영향을 줄 수 있다. 이러한 관계는 물론 쉽지 않다. 또한 많은 사람들은 다른 사람을 도와주는 멘토보다 도움을 받는 멘티가 되기를 원한다. 그러나 멘토가 되면 자신이 '중요한 사람'이라고 인식하게 되며, 자신의 존재 이유를 알게 되어 멘토의 성장과 연결된다. 멘티와의 관계 형성을 하게 될 때 단순한 멘티에게 주는 것만이 아니라 상호 교류하기에 멘토(mentor)도 멘티(mentee) 못지않게 성장하게 된다.

멘토와 멘티에게 있어서 중요한 것은 상호 존중의 태도를 보여야 한다는 것이다. 서로가 존중하게 될 때 영향을 주고받을 수 있다. 이것은 서로 배우고자 하는 것이기도 하다. 모두가 배움에 열려 있어야 한다.

---

17) 김윤현, 「리더에게도 멘토가 필요하다」『주간한국』통권2120호(2006. 5. 2), 22.
18) 최병권, 「리버스멘토링」『엘지주간경제』통권776호(2004. 4. 21), 15.

4) 참모(counselor 參謀)

'참모(counselor 參謀)'라는 말은 군대 용어로 인식되어 있지만 다양한 현장에서 사용되고 있다. 군대에서의 참모는 지휘관의 전문적인 보좌관으로서 지휘관의 책임 분야를 분할 담당한다. 참모의 주요 기능은 다양한 정보를 수집하여 지휘관에게 정보를 제공한다. 그리고 직무에 관한 판단을 통해 지휘관에게 건의하며 계획 및 명령을 내리기도 한다. 군대에서 참모는 고유의 책임을 가진 자로서 부대장을 도와 부대장이 바른 판단을 통해 작전을 수행하도록 돕는 사람이다.

현재 경제계에서 좋은 참모로 인정받고 있는 사람은 삼성의 이건희 회장의 이인자인 윤종용 삼성전자 부회장이다. 그는 "참모에 대하여 리더와 일대일의 관계로서 상사의 지시를 수동적으로 따르는 '부하'라는 인식보다는 상사와 대등한 관계에서 공동의 목적을 이루는 '참모'라는 인식이 개인의 창의력과 적극성을 끌어내는 데 훨씬 유리"[19]하다고 하였다.

실제 리더(leader)와 참모는 자신이 맡은 역할만 다를 뿐 대등한 파트너(partner)이다. 참모는 자리보다는 역할이나 관계를 뜻하는 용어다. 특정인의 곁에 있다고 해서 모두가 참모인 것은 아니다. "참모 마인드 없이 보스(boss) 가까이 있으면 측근이나 부하일 뿐이다. 보스가 가고자 하는 길의 동반자, 파트너가 참모다."[20]

참모는 재상일 수도 있고, 장수일 수도 있고, 부하직원일 수도 있

---

19) 이철희, 『1인자를 만든 사람들』 윤종용의 추천사 중에서.
20) 위 글, 291.

고, 학자일 수도 있고, 친구일 수도 있고, 남편 혹은 부인일 수도 있고, 비서일 수도 있으며, '부목사'[21]일 수도 있다.

이철희는 훌륭한 참모(參謀)의 요건들을 다음과 같이 소개한다.

"첫째, 보스와의 적당한 거리를 두어야 한다. 바둑이나 장기의 훈수처럼, 참모는 보스와 적당한 거리를 두고 대국을 조망해야 한다. 얼음처럼 냉정해야 하고, 태산처럼 신중해야 한다. 참모(參謀)는 보스(boss)의 눈과 귀다. 때문에 보스의 눈을 어지럽히고, 귀를 어둡게 하는 것은 참모가 경계해야 한다. 둘째, 보스(boss)에 대해 '한발 앞섬(one-upmanship)'을 보여줘야 한다. 지시받고 따라 다닐게 아니라 보스보다 한발 먼저 생각하고, 한 치 넓게 살펴야 하고, 한 번 더 검토해야 한다. 기존의 해답, 다수의 통념을 그냥 받아들이지 않는다. 눈에 보이는 틀에 얽매지 않는다. 지도자를 위해 불필요한 아이디어를 걸러내 주고 조정해야 한다. 따라서 지도자보다 더 많은 연구와 열정이 필요하다. 셋째, 보스(boss)를 잘 설득할 수 있어야 한다. 좋은 아이디어를 계발하여 보스에게 그냥 전하는 것에서 끝나는 게 아니다. 보스(boss)의 캐릭터와 스타일을 면밀하게 연구하여 그에 맞는 설득 기법을 찾아내야 한다. 때론 강권하고, 때론 집요하게 반복하며, 때론 말다툼도 마다하지 않고, 때론 조리 있는 설명으로 납득시키며, 때론 용기를 주는 헌사(獻辭)로 위로하는 등 때에 따라 가장 적절한 수단을 동원해야 한다. 넷째, 자리와 권력을 탐하지 않는다. 결과나 상황 중에 있을 때 절대로 대가를 바라거나 직위를 탐하면 안 된다. 욕심 없이 사심 없이 깨끗하고 정직하게 일해야 한다."[22]

---

21) 오창학 목사는 『월간목회』(1985. 12), 31에서 부목사를 참모로 표현하였다.
22) 이철희, 앞 글, 291-304.

이철희의 이러한 참모론(參謀論)은 현 조직사회의 팔로워(follower)로서 어떻게 하는 것이 참모인가를 구체적으로 지적하고 있다고 본다. 리더와의 거리를 두어야 한다는 것은 너무 친밀하게 되면 판단을 흐릴 수 있기 때문이다. 더욱이 리더와 가까이 지내면 리더에게 실수할 수 있는 요인들이 많다. 리더에 대한 참모는 참모로서 남아야지 참모가 리더가 되려는 욕심을 가져서는 안 된다.

좋은 참모는 리더보다 더 많은 노력을 해야 한다는 데 동감한다. 더 많은 자료들을 준비하여 명석한 분석과 판단을 통해서 나온 결과물들을 가지고 리더를 충분히 설득하여 의견을 관철시키는 것이 중요하다. 그리고 좋은 참모는 리더에 대한 신뢰감을 이용하여 권력을 행사하려는 어리석은 행동을 해서는 안 된다.

또한 참모는 전체적인 전략을 세울 수 있어야 한다. 눈앞의 순간적인 위기나 목표달성을 위해서 편법이나 무리수를 두어서는 안 된다. 단기간의 성과에 집착하지 않고 조직이 지향하는 바를 계속적으로 이루어 나갈 수 있는 전략을 세워 나갈 수 있어야 한다. 작은 일에 대한 실패에 절망하지 않고 꾸준히 진행해 나가야 한다.

참모는 자신이 결정하고 집행하는 것이 아니다. 지도자가 최종결정자임을 인정하고 리더가 바르게 결정할 수 있도록 다양하고 필요한 정보들을 제공해야 하며 다양한 분석 자료들을 첨가하는 것도 좋다. 특히 참모는 리더가 접하는 불필요한 아이디어를 정리하고 보완해주며 직언을 회피하지 않고 '아니요'라고 말할 수 있어야 한다.

5) 코치(coach)

코치(coach)라는 말은 헝가리에 있는 지명에서 나온 말이다. 코치 (coach)라고 명명된 네 마리의 말이 끄는 마차가 15세기경 코치라는 곳에서 처음 발명되었다. 자신에게 매우 중요한 고객인 귀족을 현재 의 위치로부터 원하는 위치까지 이동시키는 기능을 한다. "코칭 (coaching)은 한 개인이나 그룹을 현재 있는 지점에서 그들이 바라는 더 유능하고 만족스러운 지점까지 나아가도록 인도하는 기술이자 행 위"[23]이다. '코칭'은 '지도' 혹은 '충고'와는 개념적으로 다르다. 스포 츠에서 보통 등장하고 있는 코치와 선수들 간의 상하 관계의 의미가 아니라 코칭은 "대등한 동반자(同伴者) 관계"[24]를 전제로 한다.

코칭은 사람들이 자신의 비전을 키우고, 자신감을 가지며, 잠재력 을 발휘하도록 돕는다. 또한 스스로의 기술을 증진시키며, 목표를 이 루기 위해 실제적인 조치를 취하도록 돕는다. 두 사람 중 한 사람이 상대에게 도움이 될 수 있는 경험이나 시각 또는 지식을 갖고 있는 '동역자' 관계라고 할 수 있다.

코칭은 모든 사람에게 무한한 가능성이 있음을 인정하여야 한다. 각자 나름대로 그들만이 가지고 있는 독창성과 능력이 있음을 알고 그것을 찾아내고 개발하여 목적을 성취하는 것이다. 따라서 문제의 해답은 다른 사람이나 외부에 있는 것이 아니라 그 사람 자신에게 있 는 것이다. 따라서 코치는 '코치이'[25]가 문제를 인식하고 그 문제를

---

23) 게리콜린스, 『크리스챤 코칭』 정동섭 역(서울: 한국기독학생회, 2004), 21.
24) 정진우, 『21세기 리더십은 코칭이다』(성남: NCD, 2004), 21.

스스로 해결하도록 돕는 헬퍼이다.

코치는 코칭을 받는 사람에 대하여 경청하고 관찰하는 데 있어서 전문적으로 잘 훈련을 받은 사람이다. 코치는 개개인의 특성에 맞게 그들의 필요에 접근해 가는 방법에 숙련된 사람들이다. 코치는 사람들이 스스로 전략과 해결책을 도출하도록 한다.

코칭은 팀 구성원들의 능력을 신뢰하며 그것에 대해 확신하고 있다는 사실에 기초한다. "코칭(coaching)은 팀 구성원들이 업무를 효율적으로 진행하고 그 성과에 대해 제대로 보상받을 수 있도록 돕는 커뮤니케이션(communication) 수단"26)이다.

코칭은 사람마다 서로 다른 생각과 관점의 차이를 인정한다. 사람들은 같은 사건에 대해서도 다른 생각을 가지고, 다른 의미를 부여한다. 즉 사람마다 서로 다름을 인정하고 다른 것을 그 고유의 특성대로 발전시켜 가는 것이다. "코치는 자신만의 방식을 고집하지 않고, 상대방의 방식을 존중한다. 상대방 자신이 좋아하는 방식으로 일을 처리하고 능력을 발휘하며 효과적으로 일하게 한다. 코칭은 상호 존중을 통해 시너지(synergy) 효과를 발휘할 수 있다."27)

좋은 코치는 선천적으로 은사가 있어 보이는 사람도 있지만 유능한 코치가 되기 위한 기술을 배우고 익히면 가능하다. 정진우는 유능한 코치가 되기 위해서는 다음과 같은 것을 가지고 있어야 한다고 말한다.

---

25) 코치이는 코치를 받는 사람을 말한다.
26) Bob Adams, 『팀장리더십』 임태조 역, (서울: 위즈덤하우스, 2005), 86.
27) 정진우, 앞 글, 63-64.

"첫째, 자신의 가치관(價値觀)을 인식하고 있다. 그들은 자신의 강점과 약점을 안다. 자신이 가장 잘하는 것이 무엇인지를 안다. 만일 그들이 그리스도인이라면, 아마 자신의 영적 은사를 알아 이를 적극적으로 개발해 가고 있을 것이다. 둘째, 유능한 코치(coach)는 융통성(融通性)이 있다. 탁월한 코치는 다른 사람이 미래에 대한 비전을 가질 수 있고, 긍정적으로 생각하며, 전에 시도해 본 적이 없는 방식으로 일하는 것을 상상하도록 도와준다. 코치는 사람들에게 새로운 시각으로 사물을 볼 수 있도록 인도하며 격려하고 응원한다. 이와 같은 혁신적인 마음 자세 때문에, 때때로 코치는 실패를 예견할 때도 있다. 그러나 이런 일이 일어날 때면 모두가 실수와 시행착오를 통해 배우고 다시 시도한다. 셋째, 유능한 코치(coach)는 사람에게 민감하다. 코칭은 관계이기 때문에, 사람들과 좋은 관계를 맺을 수 없다면, 코치를 잘 할 수 없다는 말이 된다. 사람에 대한 민감함은 귀 기울여 들어주고 긍휼히 여기며 진정으로 존중해 주는 것과 관련이 있다. 넷째, 유능한 코치(coach)는 그들이 코치하는 사람들과 더불어 시너지(synergy) 효과를 일으킨다. 코칭이 이루어지는 곳에서는 그 이전보다 더 좋은 결과가 나타난다. 다섯째, 유능한 코치(coach)는 솔직하다. 유능한 코치는 자기 인식을 잘한다. 항상 배우려 한다. 진취적이다. 현실적으로 낙관적이다. 변화에 대하여 열정적이다. 행동 지향적이다. 직설적일 수 있을 만큼 용감하다. 진정으로 돌보려는 마음이 있다. 신뢰할 만하고 존경받는다."[28]

코칭의 기본은 서로가 자유롭게 논의할 수 있고 제안할 수 있어야 한다는 것이다. 상하 질서 관계를 가지게 되면 리더가 폭넓은 마음을 가지지 않는 한 코치를 받으려고 하지 않는다. 코치는 코치이의 성격

---

28) 위 글, 58-63.

이나 기질을 알아 두는 것이 좋다. 코치이의 기질을 파악하지 않고 코치 자신의 경험과 이론으로만 코칭하면 실패하기 쉽다. 왜냐하면 각자의 성격에서 그 사람의 특성이 나타나기 때문이다.

코칭의 본질은 안정적인 관계를 구축하는 데 있다. 즉 서로 아이디어를 제시하고 정보와 생각, 감정을 공유하는 관계를 이루는 데 목적이 있다. 코칭에는 방어적인 자세 대신 서로의 생각이나 제안, 방침을 받아들일 수 있는 적극성이 필요하다.

효과적 코칭은 진정한 협력과 시너지 효과를 창출한다. 궁극적으로 코칭은 팀의 구성원 간에 이루어지는 상호교류의 과정이다. 코칭의 목적은 의미 있는 관계를 만들어 내는 것뿐만 아니라 행동에 긍정적인 영향을 미치는 데 있다. 따라서 상호 존중이 되었을 때 효과를 볼 수 있다. 상대방에 대한 비호감과 감정적 거부감은 코칭의 효과를 반감시킨다. 따라서 상대방에 대해 건방지다는 인식을 갖지 않도록 해야 한다.

지금까지 헬퍼(helper)와 관련된 다양한 단어들에 대한 그 의미들을 살펴본 것처럼 각자가 가지고 있는 고유의 의미들이 있음을 발견할 수 있다.

'파트너(partner)'는 한마디로 동역자라 할 수 있다. 상하의 관계없이 공동의 목적을 이루기 위해 함께 협력하는 자이다. '팔로워(follower)'는 역할에 있어서 리더를 따르면서 돕는 자이고, '멘토(mentor)'는 리버스멘토링처럼 정보를 제공하여 필요한 것을 공급해 주는 자이다. '참모(參謀)'는 리더의 바른 판단을 돕고 실행하는 자이고, '코치(coach)'는 리더의 성격 기질을 알고 그에 맞는 잠재력 개발을 위하는 자로서 헬퍼를 설명하였다. 또 다른 헬퍼에 대한 단어로 동료, 협력자, 동반자, 멤버, 팀 플레이어 등이 있다. 헬퍼에 대한 영어의 사전적 의미는 돕는 자라는 의미에 협력자, 조력자, 지지자라는 의미를 가지고 있다. 헬퍼십이라는 말은 아직 학문적 용어로 정착되지 아니하였다. 구영삼·조태현이 처음 사용한 개념인데 그 근거로 성서 창세기에서 아담의 헬퍼로서 하와가 창조되었다는 이야기에서 유래된다.

구영삼·조태현은 처음으로 헬퍼십(helpership)이란 단어를 사용하였다. 헬퍼십에 대하여 정리하기를 "헬퍼는 팬(fan), 스태프(staff)와는 다르다고 정의"[29]한다. 그러나 필자는 헬퍼십은 이 모든 것을 포함하고 있다고 보았다.

헬퍼, 팬, 스태프은 팔로워로서 공통점이 있다. 그러나 각기 다른 특성을 가지고 있다.

팬(fan)은 어떤 특정한 사람을 열광적으로 좋아하는 사람을 말한다. 그 사람의 장단점 모든 것을 좋아하는 사람이다. 팬은 마치 리더를 우상처럼 바라보고 있는 사람이라고 할 수 있다. 이는 조직에서 리더에 대한 절대적 존경으로 리더를 기쁘게 하기 위해서 모든 일을 진행하는 사람을 말 할 수 있다. 자신이 좋아하는 리더를 위해 아낌없이 헌신한다. 그러나 리더에 대한 지나친 관심과 맹종은 리더의 판단을 흐리게 하기도 하며 리더를 곤경에 처하게도 한다. 리더의 마음에 들기 위해 과장되거나 거짓으로 리더의 눈을 속이기도 한다. 이 일은 다른 팔로워들을 힘들게 하기도 한다. 한편으로 리더로부터 사랑을 받지 못하는 경우에는 팬은 리더를 등지게 되고, 리더를 공격하기도

---

29) 구영삼·조태현, 『헬퍼십 이야기』(서울: 한세, 2000), 159. 참조

한다. 그런데 팬은 어떤 특정한 사람에 대한 열렬한 지지가 되지만 한편으로 팬이 직위가 될 수 있다. 어떤 직위를 가진 사람에게 무조건적인 지지세력이 되는 것이다.

스태프(staff)는 공동체 혹은 개인이 어떤 목적을 성취함에 있어서 여러 분야의 도움을 받아야 하는 경우가 생기는데 그 때 리더를 도와 그 일을 성취할 수 있도록 하는데 있다. 스태프는 사소한 것부터 전문적인 것에 이르기까지 일을 중심으로 리더를 돕는 사람이다. 스태프는 자신이 일을 하는 것을 즐기면서 자신의 재능을 발휘하는 것을 주목적으로 일을 하는 사람이다. 이들은 주어진 업무에 자신을 성장시키는 일로 의미를 부여하며, 또한 이 일을 통해 사람들에게 인정받고 적당한 보상을 받기를 원한다. 그러나 스태프는 일을 하는데 있어서 자기중심적이 될 수 있다. 적당한 경력을 쌓은 후에는 미련 없이 그 조직을 떠나게 된다. 자신의 목적을 위하여 일하기 때문이다.

헬퍼십은 팬이나 스태프의 부정적 요소들을 제거하고 리더를 돕는 바람직한 방향을 제시하는 헬퍼의 영향력이라 할 수 있다. 필자는 헬퍼의 리더십은 파트너, 팔로워, 참모, 멘토, 코치 등 다양한 이름으로 불렸던 것을 헬퍼십이라는 틀 아래 하나로 묶을 수 있다고 생각한다. '헬퍼십'이란 새로운 리더십이 아니라 그동안 폭넓게 사용하였던 리더십의 한 분야로 팔로워십, 이인자 리더십, 멘토링, 참모, 코칭 등 다양한 이름으로 사용되어 왔던 것이다. 이들을 협력자라 할 수 있고 헬퍼라 할 수 있다.

헬퍼는 리더를 리더답게 하는 것이지만 리더를 통하여 배우는 과정을 생각하여야 한다. 나아가 헬퍼들끼리 서로 협력하여 조직의 목표를 성취해 나가야 한다. 헬퍼십과 리더십은 서로 다른 개념이며,

별도의 역할을 가지고 있다. 두 개념은 조직의 성공으로 가는, 경쟁적인 것이 아니라 상호 보완적인 존재이다.

잘못된 헬퍼는 자신의 실수를 인정하지 않고 리더를 공격하거나 오해 한다. 자신이 잘못을 하고서도 리더에게 책임을 돌리며 자신은 책임을 회피한다. 또한 리더를 교묘하게 이용하여 자신의 욕심을 채우고자 한다. 그리고 리더가 어려우면 리더를 떠나서 더욱 곤경에 처하도록 한다.

리더는 헬퍼들에게 지위 책임을 분담하여 업무 분담을 줄일 수 있다. 헬퍼들은 리더의 사기를 북돋아 주고, 지휘 기능을 보좌하는 객관적으로 정보를 제공하는 조언자(助言子) 역할을 해야 한다. 또한 헬퍼는 조직 내 주요 정보를 담당자에게 전달하는 통로 기능을 하며 홍보, 카운슬링(counseling), 내부고발, 갈등 조정 등의 임무를 수행할 뿐만 아니라 좋지 않은 시기에는 상급자 대신 비난을 받거나 희생양이 되기도 한다. 이들은 헬퍼라는 용어 자체를 사용하고 있지 않지만 '헬퍼(helper)의 역할'을 충실히 했던 사람이었다. 자기가 헬퍼라는 위치를 자각하고 충실하게 되면 조직이나 개인적으로 커다란 성과를 거둘 수 있다. 분명한 것은 구영삼·조태현이 거듭 강조하는 것처럼 '헬퍼십(helpership)은 리더(leader)를 리더(leader)되게 하는 것'[30]이다.

---

30) 위 글, 13

3

성서 인물로 본 헬퍼십

성서는 많은 사건들이 기록되어 있고 그 가운데 등장하는 많은 사람들이 있다. 그 인물들을 다양하게 평가할 수 있는데 특별히 지도자로서 리더십(leadership)을 가지고 있는 인물들이 있다. 구약성서에서 모세, 다윗, 느헤미야 그리고 신약성서의 베드로와 바울은 위대한 지도자들이었다. 이러한 지도자가 될 수 있었던 것은 자신의 리더십이 뛰어난 것도 있지만, 그들이 하나님을 체험하면서 하나님의 소명에 기꺼이 헌신하였기 때문이다. 특히 그들을 돕는 헬퍼들이 있었기 때문이다.

성서는 혼자서 일하는 것보다 두 사람 이상 같이 일하는 것이 더 좋다고 가르친다. 솔로몬은 전도서에서 "두 사람이 한 사람보다 나음은 저희가 수고함으로 좋은 상을 얻을 것임이라 혹시 저희가 넘어지면 하나가 그 동무를 붙들어 일으키려니와 홀로 있어 넘어지고 붙들어 일으킬 자가 없는 자에게는 화가 있으리라 두 사람이 함께 누우면 따뜻하거니와 한 사람이면 어찌 따뜻하랴 한 사람이면 패하겠거니와 두 사람이면 능히 당하나니 삼겹줄은 쉽게 끊어지지 아니하느니라. (전 4:9-12)"고 하면서 협력하는 것의 가치를 매우 중요하게 생각하였다.

즉 사람들이 일을 할 때는 혼자 하는 것보다 서로 한 팀을 이루어 각기 받은 은사를 발휘하는 것이 하나님이 제시하는 성서적 원리이다. 성서에 여러 인물들이 등장하는데 그 인물들 중에 서로 팀을 이루어 리더를 위한 헬퍼의 바람직한 모습을 살펴보고자 한다.

이들 헬퍼들은 리더도 아니고, 주인공은 아닐지라도 조연으로서 잠깐 등장하지만 그들을 통하여 훌륭한 지도자가 탄생할 수 있었다. 이 책에서는 훌륭한 리더들의 뒤에서 헬퍼로서 역할을 했던 성서의 인물들을 살펴본다. 헬퍼는 어느 특정한 한 사람만이 아니기 때문에 성서에서 헬퍼로 생각할 수 있는 다양한 인물들을 찾아보고 담임목사의 헬퍼와 연결시켜 생각해 보기로 한다.

1) 아브라함의 헬퍼: 엘리에셀

아브라함은 하나님의 명령에 순종하여 가나안 땅에 정착하게 된다. 그는 하나님이 주시는 복으로 번성하게 된다. 하나님은 어려움 속에서도 믿음과 순종을 행하는 아브라함에게 복을 주신다. 이러한 아브라함에게로 충직한 종 엘리에셀이 있었다.

첫째, 엘리에셀은 아브라함의 모든 소유를 맡은 사람이다.

"아브람이 이르되 주 여호와여 무엇을 내게 주시려 하나이까 나는 자식이 없사오니 나의 상속자는 이 다메섹 사람 엘리에셀이니이다."(창 15:2)

아브라함은 가나안 땅에서 번성하여 큰 부자(창24:35)가 되었다. 많은 짐승과 재산 그리고 종을 소유하게 되었다. 그의 번성으로 인해 조카 롯과의 갈등도 발생하였지만 아브라함은 더 많은 소유를 가지게 되었다. 이런 많은 재산을 맡아 관리할 사람으로 엘리에셀이라는 종을 선택하였다. 엘리에셀은 아브라함의 청지기가 되어 아브라함의 집 전체를 관리하였다.

그는 아브라함의 절대적 신임을 얻은 사람이다. 아브라함에게 믿을 만한 사람으로 인정받았기에 귀한 직분을 맡을 수 있었다. 나아가 아브라함은 자녀가 없을 때 그의 전 재산을 이방인인 엘리에셀에게 상속하고자 하였다.

부교역자는 담임목사에게 매우 중요한 사람이다. 담임목사를 돕는 사람이 되기 위해서는 담임목사에 대한 신뢰가 있어야 한다. 또한 담임목사에게 신뢰를 얻지 못하면 사역이 매우 피곤하다. 왜냐하면 부교역자에 대한 의심을 가지고 있기 때문에 사역에 자유로움이 없고 간섭이 심하게 되는 것이다. 담임목사가 자신의 귀한 것까지 아낌없이 줄 수 있을 정도로 신임을 얻을 수 있어야 한다.

둘째, 아브라함과 엘리에셀은 언약을 하였다.

   "그 집의 모든 남자 곧 집에서 태어난 자와 돈으로 이방 사람에게서
   사온 자가 다 그와 함께 할례를 받았더라."(창17:24)

아브라함이 그의 가족들과 종들이 할례를 받은 것은 하나님과의
약속의 징표로 나타난 것이다. 이것은 아브라함만이 하나님과의 관계
만이 아니라 그의 종들도 모두 하나님과 관계를 맺도록 한 것이다.
이것은 부교역자로서 믿음의 결단과 더불어 하나님과 바른 관계를
맺어야 한다. 그 계약은 또한 기름 부음을 받은 자로서 하나님의 사
역을 맡을 소명을 받은 것이라 할 수 있다. 이제 하나님의 사람으로
하나님의 사역을 결단하는 것이다.

   "아브라함이 자기 집 모든 소유를 맡은 늙은 종에게 이르되 청하건대
   내 허벅지 밑에 네 손을 넣으라."(창24:2) "그 종이 이에 그의 주인 아
   브라함의 허벅지 아래에 손을 넣고 이 일에 대하여 그에게 맹세하였더
   라."(창24:9)

넓적다리 언약이란 동물의 뒷다리 위쪽으로 환도뼈, 허리로 알려진
것으로 당시 언약을 행하는 데 있어서 매우 중요한 표징 가운데 하나
였다. 종은 넓적다리 의식을 통하여 주인인 아브라함과 떼래야 뗄 수
없는 언약관계에 들어가게 된다. 한편으로 약속을 지켜야 하는 의무를
가지게 된다. 이러한 약속의 징표로서 넓적다리에 손을 넣은 것이다.
아브라함과 엘리에셀이 계약관계에 들어가게 된 것이다.

담임목사와 부교역자도 계약관계가 성립된다. 담임목사가 부교역자를 청빙할 때는 나름대로 계획을 가지고 있다. 이러한 계획 아래 부교역자를 청빙하게 되고 청빙의 절차 가운데 계약이 이루어지는데 계약을 세밀하게 할 필요가 있다. 즉 업무와 사례에 대한 구체적인 협의가 있어야 한다.

셋째, 엘리에셀은 아브라함의 아들 이삭의 결혼문제의 해결사가 되었다.

아브라함에게 있어서 중요한 것은 늦게 얻은 아들 이삭의 결혼이다. 부모의 큰 책임 가운데 하나는 자녀들을 결혼시키는 것이다. 그런데 너무 늦게 얻은 아들이었기에 아들 이삭을 결혼시키지 못하고 늙어 버린 것이다. 그는 이삭의 결혼 대상자를 현재 살고 있는 가나안 땅의 이방 여인보다는 고향 땅 하란에서 며느리를 고르고자 하였다. 그런데 아브라함은 이제 나이가 있어 먼 여행을 할 수 없는 처지였다. 아브라함은 그 문제를 해결하기 위해 자신이 믿을 만한 사람인 엘리에셀에게 부탁을 한 것이다. 이제 엘리에셀은 아브라함의 가정의 문제를 해결하는 해결사가 되었다.

담임목사에게 있어서 부교역자는 무슨 일을 믿고 맡길 만한 사람이어야 한다. 엘리에셀에 대한 신뢰가 있었기에 가정의 중요한 문제를 아브라함은 맡길 수가 있었다. 어떤 이들은 부교역자가 담임목사의 가정의 문제까지 개입한다는 것은 바람직하지 않다고 할 수 있다. 그러나 담임목사의 가정의 문제는 어느 한편으로 교회 전체의 문제라 할 수 있다. 따라서 담임목사의 가정의 문제라 할지라도 부교역자에게 정중한 요청이 온다면 거절하지 않고 할 수 있거든 그 일도 감당할 수 있으면 좋겠다. 담임목사의 사소한 심부름이나 업무라 할지라도 긍정적으로 받아들이고 순종하면 더 좋은 관계를 유지할 수 있다.

부교역자는 담임목사의 가려운 곳을 긁어 주는 사람이 되기도 해야 한다. 담임목사가 하지 못할 일도 도와주어야 한다.

넷째, 엘리에셀은 변함없는 충성을 다하였다.

> "이에 종이 그 주인의 낙타 중 열 필을 끌고 떠났는데 곧 그의 주인의 모든 좋은 것을 가지고 떠나 메소보다미아로 가서 나홀의 성에 이르러"(창24:10)

엘리에셀은 많은 재물을 가지고 신부를 찾아 아브라함의 고향 하란을 향하여 떠난다. 그는 많은 재물을 가지고 있었기 때문에 중도에 길을 바꿀 수가 있다. 그 재물을 가지고 다른 지역에 가서 종이 아닌 자유인으로서 살아갈 수 있었다. 그러한 유혹이 있었음에도 불구하고 변함없이 아브라함의 명령에 순종하여 먼 여행을 하였다.

부교역자에게는 이러한 유혹이 온다. 보통 큰 교회의 부교역자로 있으면 주변의 목회자들이 무심히 말을 던진다. 교인 중 몇 사람을 데리고 나가서 개척하라는 것이다. 교인 가운데 몇몇을 데리고 나가서 개척하면 개척 초기의 어려움을 이길 수 있으며, 빠른 시간 안에 교회를 세워 나갈 수 있다는 유혹이다. 이러한 유혹에 넘어가 교인들을 자기 사람으로 만들어 개척하는 경우를 종종 볼 수 있다. 안타까운 일이다. 나아가 이 유혹을 받으므로 담임목사에게 상처를 주고 교회에 혼란을 조장하는 경우가 있다.

필자가 있는 교회에서 한번은 선임 부교역자가 교인들을 유혹하여 교회를 개척하려다가 들통이 나는 바람에 교회가 혼란스러운 경우가 있었다. 당시 부교역자는 장로 선거가 끝나면 불만 세력들을 규합하여 새로운 교회를 개척하려는 구체적이고 실제적인 준비를 하였었다. 결국 그 일은 교회에 큰 혼란을 주었고 실제로 문제를 일으켰던 부교역자는 교회를 옮겼으나 그곳에서도 오래 목회하지 못하였다.

"그 앞에 음식을 베푸니 그 사람이 이르되 내가 내 일을 진술하기 전에는 먹지 아니하겠나이다 라반이 이르되 말하소서."(창24:33)
"이에 그들 곧 종과 동행자들이 먹고 마시고 유숙하고 아침에 일어나서 그가 이르되 나를 보내어 내 주인에게로 돌아가게 하소서 리브가의 오라버니와 그의 어머니가 이르되 이 아이로 하여금 며칠 또는 열흘을 우리와 함께 머물게 하라 그 후에 그가 갈 것이니라 그 사람이 그들에게 이르되 나를 만류하지 마소서 여호와께서 내게 형통한 길을 주셨으니 나를 보내어 내 주인에게로 돌아가게 하소서."(창24:54-56)

엘리에셀은 신부를 데려오기 위한 많은 재물을 가지고 하란을 찾아간다. 자신의 임무가 무엇인가를 분명히 알고 있었다. 따라서 그 일을 하는 것이 우선시되어야 하는 것이다. 먹고 마시는 것보다 자신의 일을 먼저 할 수 있어야 한다.

라반에게 간 엘리에셀은 리브가를 만났고 리브가에게 결혼 승낙을 받게 된다. 그리고 이때 라반은 열흘 동안 머물기를 원한다. 마지막의 시간을 보내기 위함일 것이다. 그러나 엘리에셀은 단호하게 거절을 하고 빨리 집으로 돌아가기를 원한다. 왜냐하면 아브라함이 늙어 언제 죽을지 알 수 없는 상황이었기 때문이다. 지금 아브라함은 엘리에셀이 빨리 돌아오기를 기다리고 있다. 엘리에셀은 자신의 사역을 빨리 마칠 수 있도록 해야 했다. 먹는 것보다도 자신의 책임을 다하는 것이 먼저라는 생각을 한 것이다.

교회 사역을 하다 보면 바쁜 일이 있음에도 불구하고 코미디 프로그램에서 나오는 것과 같이 '밥 먹고 합시다.' 하면서 일을 제대로 마치거나 처리하지 못했으면서도 먹는 일에 급급하여 문제를 노출하는 경우가 있다. 자신의 책무를 망각하고 먹는 것에 급급해하는 것은 좋지 못한 모습이다. 물론 사람은 먹어야 살 수 있다. 먹어야만 힘 있게 사역할 수 있다. 그런데 먼저 해야 할 일이 무엇인지를 구별하여 바르게 처신해야 한다.

이것은 또한 퇴근시간과도 연결된다. 부교역자가 퇴근시간에 매여 있어서 퇴근시간에 전전긍긍하는 경우가 있다. 퇴근시간이 되면 칼퇴근을 하여 다른 부교역자나 담임목사의 눈치를 받는 경우가 있다. 그런데 그러한 눈치에 아랑곳하지 않고 마이 웨이를 간다. 실제로 교역자는 퇴근시간이라는 것이 없다. 어디서든 목회에 항상 비상대기하고 있는 상태이다. 비상 호출이 있으면 밤늦든, 새벽이든 할 것 없이 나가야 한다. 그럼에도 자신이 해야 할 업무를 미루고 퇴근하는 것은 바람직하지 않다. 그날 마무리할 일은 그날 마무리할 수 있어야 한다. 잘못하면 삯을 받고 일하는 삯꾼 목자가 된다.

또한 이러한 엘리에셀의 처신은 주인을 생각하는 종이라는 것이다. 자신의 입장에서 대접을 받으면서 편히 쉬고 나서 주인인 아브라함에게 돌아갈 수도 있다. 그러나 주인인 아브라함은 엘리에셀이 빨리 이삭의 결혼대상자를 데리고 오기를 지금 초조하게 기다리고 있다.

엘리에셀의 입장과 아브라함의 입장이 다를 수 있다. 그런데 엘리에셀은 아브라함을 생각하여 빨리 돌아가기를 원한다.

부교역자들은 보통 자기중심적으로 생각을 한다. 교회 전체를 바라보지 못하고 자신이 맡은 임무를 중심으로 생각한다. 담임목사에 대한 이해가 부족한 경우이다. 담임목사는 교회 조직원 전체를 바라보고 그 관계 속에서 교회를 섬기고 있지만 부교역자는 그렇지 않다는 것이다. 따라서 담임목사에 대한 이해가 부족할 수 있다. 부교역자는 담임목사의 마음을 헤아려야 한다. 부교역자는 자신의 입장에서만 바라보지 말고 담임목사의 마음을 가질 수 있어야 한다. 담임목사가 가지고 있는 마음이 무엇인지를 알아야 한다. 그리고 자신의 일을 함에 있어서 담임목사가 흡족하도록 해야 한다. 담임목사에 대한 이해가 부족하면 담임목사에 대한 불평이 나오고, 담임목사가 어려울 때 담임목사의 편에 서지 않고 자기 살길을 찾아가는 사람이 된다. 담임목사를 생각하거나 교회를 생각할 수 있는 것이 진정한 충성이다.

다섯째, 엘리에셀은 기도하며 찬양하는 사람이었다.

> "그가 이르되 우리 주인 아브라함의 하나님 여호와여 원하건대 오늘 나에게 순조롭게 만나게 하사 내 주인 아브라함에게 은혜를 베푸시옵소서."(창24:12)

엘리에셀은 주인 아브라함의 명령에 의하여 이삭의 신부를 구하기 위해 하란 땅에 도착하였다. 하란 땅에서 자신의 사역, 즉 이삭의 신부를 구한다는 것은 결코 쉬운 일이 아니었다. 낯선 곳에 도착하여 사람을 만나는 것도 쉽지 않는데 이삭의 신부를 구한다는 것은 결코 쉬운 일이 아니다. 그래서 그는 먼저 하나님께 기도하였다. 신부를 빨리 발견할 수 있도록 도와달라는 것이다. 이러한 기도 이후에 바로 이삭의 아내가 될 리브가를 만나게 된다. 기도가 응답된 것이다.

부교역자는 기도하는 사람이어야 한다. 이것은 그리스도인으로서 당연히 해야 할 일이다. 그런데 교인들에게 기도를 하라고 하면서 정작 자신은 기도를 하지 못하는 경우가 있다. 시간에 쫓긴 생활을 하다 보면 기도시간이 충분하지 않다는 것이다. 이렇게 기도를 하지 않고 사역을 하게 되면 사역이 무거운 짐이 된다. 기도를 하지 않고 사역을 하다 보면 사역을 통하여 나타나는 일이 열매가 아니라 상처를 주고 혼란을 야기하게 된다. 이것이 바로 부교역자가 기도하는 데 열심을 내야 하는 이유이다.

사역의 어려움에 대한 한탄이나 불평이 아니라 하나님께 기도하고 담임목사를 위해 기도하여야 한다. 담임목사를 위한 기도가 필요하다. 이것은 목회현장의 구조가 아직은 담임목사에 의해서 강한 영향을 받고 있기 때문이다.

"이에 그 사람이 머리를 숙여 여호와께 경배하고 이르되 나의 주인 아브라함의 하나님 여호와를 찬송하나이다 나의 주인에게 주의 사랑과 성실을 그치지 아니하셨사오며 여호와께서 길에서 나를 인도하사 내 주인의 동생 집에 이르게 하셨나이다 하니라."(창24:26,27)
"아브라함의 종이 그들의 말을 듣고 땅에 엎드려 여호와께 절하고"(창24:52)

엘리에셀은 자신의 기도가 응답됨에 하나님께 절하고 경배하였다. 부교역자는 예배를 드림에 있어서 진심으로 드려야 한다. 부교역자가 예배를 드림에 있어서 어려움이 있을 수도 있다. 예배의 흐름에 신경을 쓰다보면 예배 현장에서도 담임목사의 말씀을 집중하여 들을 수 없을 때도 있다. 하나님을 바로 섬길 수 있어야 하는데 일에 매여 제대로 하나님을 섬기지 못하는 것이다. 예배를 제대로 드려야 한다. 주일예배 한 번도 제대로 드리지 못한다면 그는 영적으로 죽어가는 것이다. 사역의 근본 목적에 위배되는 것이다. 예배 시간에 다른 곳에서 필요 없는 시간을 보내서도 안 된다.

2) 보디발의 헬퍼: 요셉

야곱의 아들인 요셉은 형들의 시기와 질투로 인하여 웅덩이에 들어가 죽임을 당할 위기에 놓였다가 극적으로 노예 상인에 팔려서 애굽의 관료인 보디발의 집의 노예가 된다. 요셉은 그곳에서 인정을 받아서 집안 전체를 관리하는 청지기가 된다. 보디발의 집에서 2인자가 된 것이다.

첫째, 요셉은 보디발의 집에서 인정받은 자가 되었다.

"요셉이 이끌려 애굽에 내려가매 바로의 신하 친위대장 애굽 사람 보디발이 그를 그리로 데려간 이스마엘 사람의 손에서 요셉을 사니라 여호와께서 요셉과 함께하시므로 그가 형통한 자가 되어 그의 주인 애굽 사람의 집에 있으니 그의 주인이 여호와께서 그와 함께하심을 보며 또 여호와께서 그의 범사에 형통하게 하심을 보았더라 요셉이 그의 주인에게 은혜를 입어 섬기매 그가 요셉을 가정 총무로 삼고 자기의 소유를 다 그의 손에 위탁하니 그가 요셉에게 자기의 집과 그의 모든 소유물을 주관하게 한 때부터 여호와께서 요셉을 위하여 그 애굽 사람의 집에 복을 내리시므로 여호와의 복이 그의 집과 밭에 있는 모든 소유에 미친지라."(창39:1-5)

예전의 요셉의 삶은 형들이 동생을 죽이려고 할 정도로 아버지의 총애를 받는 삶이었다. 그러던 그가 보디발의 집에서 노예로 살게 되었을 때 자신의 처지를 비관하고 신세를 한탄할 수 있었지만 그는 비관하지 않고 주어진 일에 최선을 다했다. 자신에게 주어진 자리에서 최선의 삶을 살아갔다. 그의 성실함은 주인인 보디발의 마음을 움직였고 청지기로서 집안의 모든 살림을 맡아 관리하게 되었다. 그것은 보디발의 절대적 신임관계에서 온 것이다.

부교역자들도 간혹 이런 경우가 있다. 자신의 인생을 계획하면서 실행에 옮기고 있으나 뜻대로 되지 않는 경우가 생긴다. 자신은 담임목사가 되어 훌륭한 목회를 하고 싶은 마음인데 담임목사로 청빙해 주는 곳이 없다. 갈 곳은 없고 가족은 있고 마지못해서 선택한 것이 부교역자의 사역이라고 할 때 자신의 신세타령만 할 수 있다. 자신의 삶을 실패한 삶이라고 낙인찍고 절망과 패배주의에 빠지게 된다. 이러한 상황에서 부교역자의 사역을 하게 되면 사역이 힘이 들고 고통스럽다. 한편으로 이러한 사역은 담임목사를 향한 불평과 원망으로 나타나게 된다.

자신의 신세를 한탄만 할 것이 아니라 조금 멀리 보고 자신의 주어진 환경을 받아들여야 한다. 그리고 맡겨진 일에 최선을 다해야 한다. 하나님께서 부교역자로 사용하시고자 하는 소명감을 가지면 부교역자의 사역이 더욱 힘이 날 것이다.

둘째, 요셉은 성적인 유혹을 잘 이겨내었다.

"그 후에 그의 주인의 아내가 요셉에게 눈짓하다가 동침하기를 청하니 요셉이 거절하며 자기 주인의 아내에게 이르되 내 주인이 집안의 모든 소유를 간섭하지 아니하고 다 내 손에 위탁하였으니 이 집에는 나보다 큰 이가 없으며 주인이 아무것도 내게 금하지 아니하였어도 금한 것은 당신뿐이니 당신은 그의 아내임이라 그런즉 내가 어찌 이 큰 악을 행하여 하나님께 죄를 지으리이까 여인이 날마다 요셉에게 청하였으나 요셉이 듣지 아니하여 동침하지 아니할뿐더러 함께 있지도 아니하니라."(창39:7 - 10)

요셉은 아직 결혼하지 않은 청년이었다. 그런 그가 보디발의 집에서 2인자의 위치에서 일을 하다 보면 많은 사람들에게 사랑을 받을 수 있다. 특히 여자들에게 관심의 대상이 될 수 있다. 이런 요셉에게 보디발의 아내가 청지기인 요셉을 유혹한다. 이때 요셉은 그녀의 유혹을 단호하게 물리친다. 요셉은 하나님 앞에서 죄를 범할 수 없음을 분명히 한다. 물론 요셉은 이런 유혹을 거절함으로 인해 다른 오해를 사게 되었고 감옥에 가게 된다.

부교역자에게도 이런 성적인 유혹이 찾아온다. 담임목사의 부인이 젊은 부교역자를 좋아하는 경우도 있지만 보통 부교역자는 성도에게 서 오는 유혹이 많다. 사역적인 일로 성도들과 잦은 만남은 성적인 유혹에 노출되었다고 할 수 있다.

어느 교회에서 일어난 일이다. 가정의 문제로 부교역자를 찾아 상 담을 받으러 온 여자 집사가 상담을 받다가 부교역자를 사랑하게 되 었고 부교역자는 그 여자 집사에 대한 연민의 정을 느낀 나머지 넘지 말아야 할 선을 넘게 되었다. 교회에서 있어서는 안 될 일들이 생긴 것이다. 결국 부교역자는 교회와 담임목사에게 아픔을 주고 교회를 떠나게 되었다.

따라서 부교역자는 최대한 여자 교인들과 일대일의 시간을 가지지 않도록 해야 한다. 그런 자리가 생길 경우 피하는 것이 바람직하다. 왜냐하면 부교역자도 사람이기 때문에 성적인 유혹 앞에서 언제든지 넘어질 수 있다는 것이다. 믿음이 좋았던 다윗도 성적인 유혹을 이기 지 못하고 우리아의 아내 밧세바를 범하는 죄를 짓는 것처럼 부교역 자들도 언제든 이런 유혹 앞에 쉽게 무너질 수 있다.

한편 담임목사와 여자 부교역자 간의 불륜도 발생할 수 있다. 담임 목사에 대한 사랑을 원하는 것이 부교역자다. 특히 담임목사에 대한 존경이 사랑으로 발전할 수 있다. 이때 담임목사가 유혹하게 되면 부 교역자가 잘못을 범하게 된다. 또한 부교역자가 담임목사에 대한 사 랑의 공세를 펼칠 수 있다. 이것은 본인뿐만 아니라 담임목사를 곤경 에 빠뜨리는 것이요 교회를 파괴하는 것이다.

여자 부교역자는 담임목사와 일대일로 가깝게 만나는 것도 바람직 하지 않다. 특히 여자 부교역자는 담임목사와 관계에서 다른 사람들 이 오해할 행동을 하지 말아야 한다. 가지 말아야 할 곳도 가지 않는 것이 바람직하다. 여자 부교역자의 잘못된 처신은 담임목사가 성적인 타락을 하게 되고 교회를 어렵게 하며 본인에게도 씻을 수 없는 상처를 안게 된다. 또한 잘못한 경우 사모의 오해로 인한 질투가 생기게 되면 부교역자로 사역한다는 것이 고통이 될 것이다. 몇몇 교회들이 이런 일로 인하여 담임목사에게 치명상을 주고 심지어는 교회를 떠나기도 하며 교회를 혼란에 빠트리기도 한다.

부교역자끼리의 성적 타락도 있을 수 있다. 담임목사와는 다르게 부교역자끼리 만나는 시간이 많다. 그리고 함께 일하는 시간이 많으며 이런저런 일을 같이해야 하기 때문에 사람들의 오해도 덜 받게 된다. 잘못하면 성적인 관계로까지 번지게 된다. 따라서 부교역자로서 같은 동료끼리도 항상 조심하여야 한다. 요셉처럼 '하나님 앞에서'란 신앙생활을 할 수 있어야 한다.

셋째, 요셉은 자기 인식이 분명하였다.

"그 후에 그의 주인의 아내가 요셉에게 눈짓하다가 동침하기를 청하니 요셉이 거절하며 자기 주인의 아내에게 이르되 내 주인이 집안의 모든 소유를 간섭하지 아니하고 다 내 손에 위탁하였으니 이 집에는 나보다 큰 이가 없으며 주인이 아무것도 내게 금하지 아니하였어도 금한 것은 당신뿐이니 당신은 그의 아내임이라 그런즉 내가 어찌 이 큰 악을 행하여 하나님께 죄를 지으리이까."(창39:7-9)

요셉은 주인의 아내가 유혹할 때 자신의 위치를 분명히 알고 있었으며 자신의 임무가 무엇인지를 알고 있었다. 즉 자신은 다른 것은 몰라도 주인이 사랑하는 여자를 탐할 수 없다는 것이었다. 자신에 대한 분명한 인식이 있었기 때문에 그런 유혹을 이길 수 있었다. 주인의 아내를 범한다는 것은 한편으로 주인의 위치에 서는 것이다.

옛날에는 주인의 여자를 얻는 것이 반역에 해당하는 것이다. 다윗에게 압살롬이라는 아들이 있었는데 그가 반란을 일으켜 왕이 되고자 하였다. 다윗은 궁에서 쫓겨 도망자 신세가 되었고 압살롬은 궁에서 다윗의 후궁으로 있던 여자들과 잠자리를 하게 된다. 특히 많은 사람들이 보이는 곳에서 그들과 잠자리를 함께하는 것은 아히도벨의 계략이었지만 그것은 왕의 뒤를 잇는 사람에게는 가능한 일이다. 즉 후궁과의 잠자리는 전리품으로 인정한 것이다. 따라서 요셉이 보디발의 아내와의 성적 관계는 한편으로 요셉에게는 유혹이 될 수도 있었다. 그러나 그는 자신이 청지기라는 분명한 인식을 하였던 것이다.

부교역자들은 자신의 위치를 분명하게 하여야 한다. 부교역자의 성격에 따라 앞장서서 나서는 것을 좋아하는 사람이 있다. 이들은 마치 자기가 담임목사인 것처럼 행동한다. 그리고 심지어는 자신이 담임목사고, 담임목사가 부교역자라는 말까지 할 정도로 교만의 극치를 달리는 사람이 있는데, 이런 사람은 담임목사를 돕기 위해 교회에서 사역하는 것이라는 것을 망각하는 사람이다. 헬퍼라는 분명한 인식은 자신을 살릴 뿐 아니라 교회를 살리게 되는 것이다.

넷째, 요셉은 '하나님 앞'에서 신앙을 가졌다.

"이 집에는 나보다 큰 이가 없으며 주인이 아무것도 내게 금하지 아니하였어도 금한 것은 당신뿐이니 당신은 그의 아내임이라 그런즉 내가

어찌 이 큰 악을 행하여 하나님께 죄를 지으리이까."(창39:9)

요셉은 보디발의 유혹을 이길 때 자신의 위치를 분명히 하고 하나님 앞에서 신앙으로 이겨내었다. 자신의 지금의 모습을 하나님께서 보시기 때문에 하나님 앞에 죄를 범할 수 없다는 것이다. 요셉은 신앙의 사람이었다. 하나님을 섬기며 살았던 사람이었기에 비록 노예의 처지였어도 신앙을 버리지 않고 하나님 앞에서 삶을 살아가게 된 것이다.

필자는 군대에서 군종병으로 복무하였다. 교회 사무실에서 근무하는 것이 주 업무이지만 많은 시간은 부대 정화 작업에 참여하였다. 사무실로 출근하는 시간보다 제초작업 등을 할 때가 더 많았다. 그런데 제초작업을 하면서 선배들에게 요령을 배우게 되었다. 그것은 적당히 하는 것이다. 일을 할 때도 간부들이 있으면 열심히 하는 척하고, 그들이 없으면 대충 시간만 보내는 것이다. 그리고 눈에 잘 보이는 것은 철저하게 잘하고, 보이지 않는 곳은 적당히 마무리하는 것이다. 즉 요령만 배우게 된 것이다.

부교역자도 이런 요령꾼이 있다. 교인들이나 담임목사가 보면 열심히 하는 척한다. 그러나 보이지 않으면 적당히 시간만 보내는 것이다. 심지어는 업무보고에 있어서도 거짓보고서를 작성하는 경우도 있다. 또한 담임목사의 눈을 속여 실적을 부풀리는 경우이다. 이럴 경우 후임 교역자는 진실로 보고하다가 담임목사에게 질책을 받기도 한다. 부교역자의 사역 하나하나를 하나님께서 보고 계신다는 것을 분명히 인식해야 한다. 거짓은 언젠가 들통이 난다. 담임목사에 대한 거짓이 들통이 나면 부교역자와 담임목사 간의 신뢰관계가 깨어지고 이것은 사역을 지속할 수 없는 관계가 된다.

사람을 속였다고 안심하지 말라 사람은 속일 수 있어도 하나님은 결코 속일 수 없다. 오늘 지금 내 모습을 하나님이 보신다. "내 모습 이대로 주 받으옵소서."

3) 모세의 헬퍼: 여호수아

여호수아는 에브라임 사람 눈의 아들이다. 여호수아에 대한 직위는 "모세는 자기의 시종 여호수아를 데리고 하느님의 산으로 올라가며" (출24:13)에서 '모세의 시종'으로, "사람이 자기의 친구와 이야기함 같이 여호와께서는 모세와 대면하여 말씀하시며 모세는 진으로 돌아오나 눈의 아들 젊은 수종자 여호수아는 회막을 떠나지 아니하니라."(출33:11)에서 '수종자(隨從者)'로 번역하고 있다. '시종'과 '수종자'는 계급 서열로 주인과 너무 동떨어진 것으로 보인다. 표준새번역에서는 모세의 시종을 '모세를 보좌하는 자'로 수종자를 '젊은 부관(副官)'으로 번역한다. 실제적으로 여호수아의 신분은 "사람을 보내어 내가 이스라엘 자손에게 주는 가나안 땅을 정탐하게 하되 그들의 조상의 가문 각 지파 중에서 지휘관 된 자 한 사람씩 보내라 모세가 여호와의 명령을 따라 바란 광야에서 그들을 보냈으니 그들은 다 이스라엘 자손의 수령 된 사람"(민수기13:2-3)으로 한 지파를 대표하는 '족장'의 신분이다. 족장이면서 모세의 시종이 된 여호수아는 모세의 비서실장이라 할 수 있다. 우리나라에서 대통령의 비서실장이란 국무

총리에 버금가는 직위이다. 여호수아는 비서실장인 헬퍼로서 모세를 도왔던 사람이다.

첫째, 여호수아는 모세의 명령에 순종하여 전투 현장에서 적군과 싸웠다.

여호수아라는 이름이 처음 등장한 곳은 출애굽기 17장에서 아말렉과의 전쟁에서이다.

> "그때에 아말렉이 와서 이스라엘과 르비딤에서 싸우니라 모세가 여호수아에게 이르되 우리를 위하여 사람들을 택하여 나가서 아말렉과 싸우라 내일 내가 하나님의 지팡이를 손에 잡고 산꼭대기에 서리라 여호수아가 모세의 말대로 행하여 아말렉과 싸우고 모세와 아론과 훌은 산꼭대기에 올라가서"(출17:8 – 10)

이스라엘 백성들이 광야를 횡단하다 물이 떨어져 고통가운데 모세를 원망하고 불평하였다. 모세의 지도력에 대한 위기가 찾아온 것이다. 이때 아말렉과의 전쟁이 일어나게 되었다. 모세의 지도력이 약화된 상태에서 모세는 여호수아에게 군대를 모집하여 전쟁에 나가라고 하였다. 여호수아는 군대를 모집할 수 있는 권한을 위임받을 정도로 모세에게 인정받은 자였다. 여호수아는 군대장관이 되어 전쟁에 직접 참여하였다. 이 전쟁은 이스라엘의 일방적인 승리의 전쟁이 아니라 모세가 손을 들면 이기고, 내리면 지는 매우 치열한 전쟁이었다. 밀고 밀리는 전쟁에서 여호수아가 이끄는 이스라엘 군대가 최종적으로 승리하게 된다.

여호수아가 전쟁 현장에서 승리자였지만 전쟁의 승리의 모든 영광은 모세에게 돌아갔다. 모세는 아말렉과의 전쟁에서 승리한 사건을 '여호수아의 귀에 외워 들리라.'(출17:14)라고 하였다. 모세가 이 말을 한 이유는 전쟁의 승리는 하나님의 도움으로 이뤄진 거룩한 전쟁이었고 앞으로 여호수아시대에 벌어지는 가나안 땅에서의 전쟁도 하나님께서 함께하셔야만 승리를 한다는 것을 분명히 알고 하나님을 의지하고, 하나님의 도움을 구하라는 것을 가르친 것이다.

여호수아는 모세의 헬퍼였다. 먼저 군대를 조직하는 일을 맡았다. 여호수아에게 맡겨진 직무는 리더인 모세의 권한 위임이라 할 수 있다. 모세가 산 위에서 기도하였던 그 시간에 병사들을 끌고 전쟁에 참여하였다. 모세가 기도하는 사람이었다면 여호수아는 전쟁의 현장에서 직접 몸으로 전투에 임한 사람이라고 할 수 있다. 또한 작금의 현실은 모세의 지도력이 도전받던 시기였다. 그럼에도 여호수아는 모세를 절대적으로 신뢰하고 협력하였다. 헬퍼는 지도자가 지도력의 위기를 겪고 있을 때 외면하는 것이 아니라 지도자를 도와 적극적으로 협력해 주어야 한다. 어떤 이들은 담임목사의 지도력이 약화되면 그것을 기회로 삼아 자신의 욕망을 채우려고 하는 사람이 있으며, 심지어 담임목사를 위기에 빠뜨리는 경우도 있다. 부교역자는 담임목사의 지도력의 위기에 있을 때 담임목사의 편에 서서 적극 지지함으로써 담임목사의 지도력을 회복할 수 있도록 도와야 한다.

또한 여호수아는 전쟁의 현장에서 목숨을 걸고 싸운 용사였다. 그러나 모세는 현장에서 떨어져 산 위에 올라 손을 들고 하나님께 기도하였다. 현장지휘자와 기도하는 자로 각자의 역할이 주어졌다. 이것은 담임목사와 부교역자에게 각자의 역할이 있음을 말해 준다. 이러한 역할과 위치를 분명히 파악할 필요가 있다. 또한 부교역자가 간혹 자신의 사역이 힘든 것을 말하면서 담임목사의 일 없음을 토로하기도 한다. 그러나 그것은 잘못된 생각이다. 담임목사는 담임목사로 일이 있는 것이다. 그것을 존중해 주어야 불평이 사라지게 된다. 부교역자에게 주어진 일이 무엇인가를 파악하고 그것을 성취하는 것을 주목적으로 삼아야 한다.

둘째, 여호수아는 이스라엘의 정탐꾼이 되어 모세를 도왔다.

이스라엘 백성들이 출애굽한 이후에, 그들의 유랑생활의 끝은 바로 최종 목적지인 가나안 땅에 들어가는 것이다. 그들은 가나안 땅에 들어가고자 그 땅을 정탐할 필요가 있었다. 이에 정탐꾼으로 이스라엘 각 지파의 대표들로 12명(민수기 13:4-15)이 참여하였다. 이때 여호수아도 정탐꾼의 일원이 되어 정탐에 참여하게 된다.

> "그 땅을 정탐한 자 중 눈의 아들 여호수아와 여분네의 아들 갈렙이 자기들의 옷을 찢고 이스라엘 자손의 온 회중에게 말하여 이르되 우리가 두루 다니며 정탐한 땅은 심히 아름다운 땅이라 여호와께서 우리를 기뻐하시면 우리를 그 땅으로 인도하여 들이시고 그 땅을 우리에게 주시리라 이는 과연 젖과 꿀이 흐르는 땅이니라 다만 여호와를 거역하지는 말라 또 그 땅 백성을 두려워하지 말라 그들은 우리의 먹이라 그들의 보호자는 그들에게서 떠났고 여호와는 우리와 함께하시느니라 그들을 두려워하지 말라 하나 온 회중이 그들을 돌로 치려 하는데 그때에 여호와의 영광이 회막에서 이스라엘 모든 자손에게 나타나시니라."(민 14:6-10)

이들은 가나안 땅을 정탐하고 와서 먼저 그곳의 포도송이, 석류와 무화과 열매들을 가져왔고, 그곳에서 보았던 것에 대하여 자세히 설명하였다. 가나안 땅은 아름다웠으며 열매도 많이 맺을 수 있는 땅이었다. 그러나 12명의 정탐꾼 중 10명의 정탐꾼들은 가나안 땅에 대한 부정적 견해를 보고하였다. 가나안 땅에 들어가면 그곳에 거주하고 있는 아낙자손과 크고 견고한 성읍, 훈련된 병사와 그들이 가진 철병거 등으로 인해서 모두 죽게 된다는 것이다. 10명의 정탐꾼은 한 지파를 대표하는 사람들이다. 그들의 영향력은 매우 컸다고 볼 수 있다. 그들의 부정적 보고는 그들 10명만의 불행으로 끝나는 것이 아니라 모든 사람에게 임하여 40년 광야생활을 하게 되었으며, 가나안 땅에 들어간 성인도 여호수아와 갈렙뿐이었다. 여호수아와 갈렙은 가나안 땅에 대하여 긍정적인 보고를 하였다. 여호수아와 갈렙은 현실을 인정하면서도 하나님의 뜻을 알았고 지도자인 모세의 생각을 알았기 때문이다.

여호수아의 보고는 현실에 대한 긍정적 인식을 말해 준다. 여호수아가 하나님의 뜻을 알고 있으며, 리더인 모세의 의중 또한 알고 있음을 말해 준다. 여호수아와 갈렙은 이스라엘 백성들에게 자신의 목숨이 위협받는 상황에서도 헬퍼로서 자신의 의견을 당당히 말할 수 있었다. 여호수아는 하나님의 뜻이 무엇인지 알았고 그것을 토대로 가나안 땅에 대한 보고를 한다. 부교역자는 하나님의 뜻을 분명히 알아야 한다. 즉 여러 상황들을 인지하고 그것들을 하나님의 뜻과 연결시키도록 해야 한다. 또한 담임목사의 의도를 알아야 한다. 담임목사가 가지고 있는 생각을 잘 파악하고 그 일을 이루어 나갈 수 있도록 해야 한다. 자신의 개인적인 생각과 판단은 주관이 개입되기 때문에 큰 실수를 범할 수 있다.

셋째, 여호수아는 모세와 함께 행동하였다.

모세가 시내 산으로 올라가는 길에 여호수아를 수행비서처럼 데리고 갔다. 그러므로 여호수아는 시내 산 아래서 벌어진 '송아지 우상 사건'에 연루되지 않았다.

> "모세가 그의 부하 여호수아와 함께 일어나 모세가 하나님의 산으로 올라가며"(출24:13)
> "사람이 자기의 친구와 이야기함 같이 여호와께서는 모세와 대면하여 말씀하시며 모세는 진으로 돌아오나 눈의 아들 젊은 수종자 여호수아는 회막을 떠나지 아니하니라."(출33:11)

모세가 여호수아를 가까이한 것을 볼 수 있다. 이것은 모세가 여호수아에 대한 신뢰가 있었던 것이다. 모세는 여호수아의 헌신과 순종을 보았던 것이다. 한편으로 여호수아는 모세를 수종들면서 출애굽의 모든 과정에서 하나님께서 이스라엘을 사랑하심을 깨닫게 되었다. 곁에 서서 모세의 지도력을 배울 수 있는 기회를 가지게 되었다. 특별히 변화무쌍한 이스라엘 백성들의 모습을 체험할 수 있었다. 여호수아가 모세가 걸었던 길을 비슷하게 걸어가는 모습을 성서의 많은 곳에서 찾아볼 수 있다. ①두 사람이 약속의 땅에 대한 정탐꾼을 보냈다.(출14:31, 수3:7) ②하나님의 기적을 체험하고 기념비를 세웠다.(출24:4, 수 4:5) ③죄를 범하는 이스라엘 백성들을 위하여 중보하였다.(민14:13－19, 수7:7) ④산에서 저주와 축복을 낭독하였다.(신27:28, 수8:30－35) ⑤일생을 마칠 때 이스라엘 백성들에게 감동적인 설교를 하였다.(신31, 32장, 수24장) 이렇게 지도자와 가까이 있는 것은 그

지도력을 배울 수 있는 기회가 된다.

부교역자는 담임목사의 곁에서 담임목사에게 짐이 되는 존재가 아니라, 담임목사에게 힘을 실어 줄 수 있는 존재, 즉 필요한 존재가 되어야 한다. 또한 리더 가까이에 있음으로 해서 '리더(leader)의 영향'을 가장 많이 받는데, 가까이서 긍정적인 것을 바라보고 개발해 나갈 수 있어야 한다.

한편 여호수아는 충실한 헬퍼였지만, 그릇된 판단을 통해 모세에게 질책을 받기도 한다.

> "한 소년이 달려와서 모세에게 전하여 이르되 엘닷과 메닷이 진중에서 예언하나이다 하매 택한 자 중 한 사람 곧 모세를 섬기는 눈의 아들 여호수아가 말하여 이르되 내 주 모세여 그들을 말리소서."(민11:27-28)

모세가 70장로들을 회막 앞에 세운다. 이때 70장로들 가운데 엘닷과 메닷이라는 장로 둘이 회막에 나오지 않고 진에 머물면서 하나님의 신을 체험하고 예언을 하게 된다. 여호수아는 모세에게 이 두 장로의 예언을 멈추라고 명령할 것을 청한다. 모세는 오히려 "네가 나를 위하여 시기하느냐 여호와께서 그 신을 모든 백성에게 주사 다 선지자 되게 하시기를 원하노라."(민11:29)라고 여호수아를 책망한다.

여호수아는 자신 중심의 시각을 가졌지만, 모세는 하나님과 이스라엘 공동체 중심의 시각을 가졌던 것이다. 헬퍼로서 시각은 매우 중요하다. 자신 개인의 시각이 절대적이어서는 안 된다. 전체를 볼 수 있어야 하며, 하나님의 뜻을 볼 수 있는 눈을 가져야 한다.

여호수아를 통해 본 헬퍼는 현장에서 리더의 명령에 따라 순종하며 사역해야 한다. 헬퍼 자신은 현장에서 열심히 활동하고 있는데, 리더가 왜 현장에서 직접 뛰지 않는다고 불평해서는 안 된다. 또한 헬퍼는 언제나 긍정적인 시각을 가져야 한다. 또한 자신의 개인적 생각을 너무 주장해서도 안 된다.

여호수아는 모세의 헬퍼(helper)로서 자신의 사명을 잘 감당하였다. 이는 훌륭한 지도자가 되기 위한 훈련의 과정이 된 것이다. 여호수아는 모세가 죽은 후에 모세를 이어 이스라엘 백성의 지도자가 된다. 그가 지도자가 되었을 때도 이스라엘 공동체를 하나님의 인도하심대로 이끌었던 지도자가 되었다. 잘 훈련된 헬퍼였기 때문에 좋은 리더가 될 수 있었다.

4) 드보라의 헬퍼: 바락

이스라엘 사사시대에 선지자 겸 사사였던 드보라가 있었다. 이스라엘 백성이 가나안왕 야빈에 의해 고통을 받고 있던 시기에 하나님께서는 드보라를 사사로 세우고 이스라엘 백성을 구원하시고자 하셨다. 이에 드보라가 이스라엘의 지도자가 되었다. 그런데 드보라는 여자로서 힘센 장수는 아니었다. 그래서 그는 자기를 도와줄 바락을 찾아가 바락에게 이스라엘백성을 구원하기 위해 장수로 선택되었음을 확인시켜 주고 전쟁에 참여하라고 권고한다.

첫째, 바락은 지도자인 드보라의 부족한 부분을 채우는 사람이었다.

"드보라가 사람을 보내어 아비노암의 아들 바락을 납달리 게데스에
서 불러다가 그에게 이르되 이스라엘의 하나님 여호와께서 이같이 명령
하지 아니하셨느냐 너는 납달리 자손과 스불론 자손 만 명을 거느리고
다볼 산으로 가라."(삿4:6)

드보라사사는 바락에게 1만 명의 군사를 이끌고 가서 가나안 장수
시스라와 전쟁을 하도록 하였다. 드보라가 직접 이끌지 않고 바락에
게 전쟁에 참여하도록 하였다. 그것은 드보라는 전쟁에서 직접 적군
과 싸우는 힘있는 장수가 아니었던 것이다. 그러나 그가 이스라엘 백
성의 지도자였기에 바락이라는 헬퍼를 통해 전쟁에 참여하게 된다.
바락은 드보라의 부족한 부분을 채워 주는 사람이 되었다. 전쟁의 전
략 등은 드보라가 세웠고 이를 실천하는 것은 바락이었다.

삼국지에 보면 유비의 의형제인 관우와 장비가 있다. 이들은 적진에
서 적군과 직접 맞닥뜨려 싸우는 전쟁의 용사였다. 한편으로 유비에게
있어 이들보다 더 큰 힘이 되어 준 사람이 있는데 그는 제갈공명이다.
제갈공명의 지략은 다른 어떤 힘보다 더 큰 능력을 나타내었다.

이것은 담임목사와 부교역자의 관계에서 볼 수 있다. 업무적으로
분명한 차이가 있다. 담임목사는 리더로 부교역자는 헬퍼로 사역을
하는 것이다. 따라서 담임목사가 최종 결재를 통해 확정을 하면 부교
역자는 그 일이 현장에서 이뤄지도록 해야 한다. 마치 드보라와 바락
처럼 말이다. 드보라의 전략을 순종함으로 그 전쟁에서 승리하게 된
다. 따라서 담임목사의 전략에 부교역자의 절대적 헌신이 있을 때 그

일은 분명하게 성공하게 될 것이다.

담임목사의 부족한 부분을 채워 주어야 한다. 담임목사가 가지고 있는 은사가 있고 부족한 부분도 있다. 부교역자가 잘하는 부분을 가지고 그것을 잘못하는 담임목사를 무시해서는 안 된다. 하나님께서 각 교역자에게도 각기 다른 달란트를 주셨는데 그것을 통해 합력하여 선을 이루길 원하신다.

둘째, 바락은 드보라의 말을 의심하였다.

"바락이 그에게 이르되 만일 당신이 나와 함께 가면 내가 가려니와 만일 당신이 나와 함께 가지 아니하면 나도 가지 아니하겠노라 하니 이르되 내가 반드시 너와 함께 가리라 그러나 네가 이번에 가는 길에서는 영광을 얻지 못하리니 이는 여호와께서 시스라를 여인의 손에 파실 것임이니라 하고 드보라가 일어나 바락과 함께 게데스로 가니라"(삿4:8-9)

드보라가 하나님께서 함께하신다고 하면서 전쟁에 참여하라고 하였지만 바락은 그것을 의심하였다. 따라서 바락은 드보라에게 함께 가지 않으면 전쟁에 참여하지 않겠다고 하였다. 이것은 드보라가 함께해야 하나님이 함께하신다는 생각을 가지고 있기 때문이다. 그것은 드보라 지도자의 말을 의심하면서 실제적인 것을 보기 원한 것이다.

담임목사의 말을 믿어야 한다. 담임목사에 대한 신뢰가 중요하다. 담임목사가 하는 말이나 행동에 대하여 의심해서는 안 된다. 그 말에 절대적 믿음을 가지고 실천해 나가야 한다. 하나님의 사역은 담임목사에게만이 아니라 부교역자에게도 주어지는 것이다. 하나님께서 하신다는 믿음을 가지고 주어진 일에 두려워하거나 놀라지 말고 적극적으로 감당해야 한다. 특히 하나님의 말씀 성경에 대한 믿음도 있어야 한다. 교역자가 믿지 못한다면 누가 믿을 것인가?

드보라와 함께 참여한다는 것은 바락이 자신의 책임을 드보라에게 돌리려는 생각 이었다. 전쟁에 참여하여 혹여 패하게 되면 그것이 자기의 책임으로 올 수 있기 때문에 드보라사사에게 참여하길 원했다. 부교역자의 많은 사역에 대하여 담임목사가 최종적인 책임을 지는 것은 당연하다. 그러나 부교역자도 자신에게 맡겨진 일은 자신이 책임 질 줄 알아야 한다. 책임을 회피하지 않고 책임을 인정할 줄 알아야 한다.

셋째, 바락은 승리의 영광을 누리지 못했다.

"바락이 그에게 이르되 만일 당신이 나와 함께 가면 내가 가려니와 만일 당신이 나와 함께 가지 아니하면 나도 가지 아니하겠노라 하니 이르되 내가 반드시 너와 함께 가리라 그러나 네가 이번에 가는 길에서는 영광을 얻지 못하리니 이는 여호와께서 시스라를 여인의 손에 파실 것임이니라 하고 드보라가 일어나 바락과 함께 게데스로 가니라."(삿4:8-9)

연약한 믿음을 가지고 있던 바락은 드보라와 함께 전쟁에 나가서 승리를 얻게 된다. 그러나 승리의 영광은 얻지 못한다, 장수가 승리의 영광을 얻는 것이 당연한 일이지만, 그 영광은 바락도 아니고 드보라도 아닌, 바로 적장 시스라를 죽인 여인 야엘에게로 돌아갔다.

실은 부교역자가 사역을 하면서 기쁠 때가 있다. 자신에게 맡겨진 임무가 좋은 결과를 얻을 때의 기쁨이며 많은 사람이 인정해 줄 때의 기쁨이다. 그러나 그것에 너무 빠지게 되면 그렇지 못할 경우 심한 좌절감을 맛보게 된다. 따라서 인기에 연연해서는 안 된다. 자신에게 공이 돌아오지 아니할지라도 불평하거나 원망이 있어서는 안 된다. 부교역자는 영광은 담임목사에게 자신은 그것을 성취한 것에 만족하는 헬퍼이어야 한다.

드보라는 바락과 함께 승리의 노래를 함께 부르며 하나님을 찬양하였다. 전쟁의 승리가 모두의 승리였던 것이다. 드보라의 승리만이 아니었던 것이다.

담임목사와 부교역자도 교회 성장에 있어서 함께 기뻐하고 즐거워할 수 있어야 한다. '교회가 성장하면 뭐해, 나에게 돌아오는 것은 아무것도 없는데' 하는 푸념을 하지 말고 성장에 기뻐하며 즐거워할 수 있어야 한다.

5) 사울의 헬퍼: 다윗

다윗은 목자였다. 그런 다윗을 찾아 사무엘은 왕이 될 것임을 알리고 기름을 부었다.

첫째, 다윗은 사울 왕을 대신하여 적장과 싸운다.

"다윗이 사울에게 말하되 그로 말미암아 사람이 낙담하지 말 것이라 주의 종이 가서 저 블레셋 사람과 싸우리이다 하니 사울이 다윗에게 이르되 네가 가서 저 블레셋 사람과 싸울 수 없으리니 너는 소년이요 그는 어려서부터 용사임이니라…… 또 다윗이 이르되 여호와께서 나를 사자의 발톱과 곰의 발톱에서 건져내셨은즉 나를 이 블레셋 사람의 손에서도 건져내시리이다 사울이 다윗에게 이르되 가라 여호와께서 너와 함께 계시기를 원하노라."(삼상 17:32-37)

"다윗이 블레셋 사람에게 이르되 너는 칼과 창과 단창으로 내게 나아오거니와 나는 만군의 여호와의 이름 곧 네가 모욕하는 이스라엘 군대의 하나님의 이름으로 네게 나아가노라…… 블레셋 사람이 일어나 다윗에게로 마주 가까이 올 때에 다윗이 블레셋 사람을 향하여 빨리 달리며 손을 주머니에 넣어 돌을 가지고 물매로 던져 블레셋 사람의 이마를 치매 돌이 그의 이마에 박히니 땅에 엎드러지니라."(삼상17:45-49)

이스라엘 백성들이 주변의 여러 나라로부터 핍박을 받게 되는데 그들은 왕이라는 제도를 가지고 있었다. 따라서 이스라엘 백성도 하나님께 왕의 제도를 요구하게 되었고 이에 사울을 이스라엘의 초대 왕이 되도록 하였다. 사울은 외모가 다른 사람보다 월등히 뛰어난 사람이었다. 이스라엘을 구원하기 위한 여러 전쟁을 하였다. 한번은 블레셋과의 전쟁이 있었다. 이 전쟁에서 사울은 블레셋의 장수 골리앗의 위협에 어려움을 당하고 있는 중이었다. 이때 다윗은 우연히 블레셋과의 전쟁에 참여하게 된다. 사울은 자신의 칼을 주면서까지 전쟁에 임하도록 하였다. 사울 자신도 블레셋 장수 골리앗을 쓰러뜨리기는 힘들다는 알고 있었다. 그런데 다윗이 앞서서 골리앗과 싸우러 나가는 것이다. 다윗은 골리앗에 의해 죽임을 당할 수도 있는 처지였다. 그럼에도 용감하게 하나님의 이름을 모욕한 장수 골리앗과의 대적에서 승리하게 된다. 다윗은 적장 골리앗을 죽이는 용맹한 군사였다.

담임목사는 교회 전체를 운영하는 데 있어서 여러 부분을 신경 써야 한다. 어떤 때는 하기 싫은 일도 행해야 할 때도 있다. 이런 일을 부교역자가 맡아서 처리할 수 있다면 얼마나 좋을까?

사울의 위기는 다윗의 도움으로 인하여 극복되었다. 다윗은 믿음으로 골리앗이라는 거인 장수를 죽일 수 있었다. 부교역자는 담임목사가 힘들어 하는 일을 대신할 수 있어야 한다. 그것이 힘들고 어려운 일일지라도 반드시 담임목사가 해야 할 일이 아니라면 부교역자가 그 일을 할 수 있어야 한다. 아무도 나서지 않는 상황에서 겁과 두려움에 빠져 있는 상황에서 부교역자가 그 일을 맡아서 처리할 수 있어야 한다.

별로 중요하지 않는 사람들을 만나야 하고, 다양한 문제를 접하다 보면 담임목사로 사역을 잘 감당할 수 없게 된다. 그러므로 정작 중요한 사역을 놓치게 된다.

필자가 부교역자로 있을 때 교회 방송실에서 일을 맡아 하던 분이 갑자기 사임을 하였다. 일을 할 수 없는 상황에서 교회에서 그 일을 맡을 사람을 구하는 중에 부교역자가 그 일을 맡아서 하게 되었다. 심지어 기계실까지도 임시로 맡아서 관리하기도 하였다. 목회의 전문 분야는 아니지만 교회에서 갑자기 닥친 어려움에 부교역자는 당연히 자신의 주 업무가 아닐지라도 참여하여 어려움을 극복할 수 있도록 해야 한다.

교회에 찾아오는 다양한 사람들을 담임목사가 모두 다 만날 수 없다. 심지어 구걸하는 사람, 사기 치는 사람도 당당히 담임목사를 찾는 경우가 있다. 이런 경우 부교역자가 그들을 만나서 처리해야 한다. 이것이 담임목사를 돕는 헬퍼의 역할인 것이다.

부교역자는 담임목사의 대타 인생이라고 생각하고 담임목사의 역할에 임기응변적으로 대처할 수 있는 역량을 키워 나가야 한다.

둘째, 다윗은 사울 왕의 시기를 받는다.

"무리가 돌아올 때 곧 다윗이 블레셋 사람을 죽이고 돌아올 때에 여인들이 이스라엘 모든 성읍에서 나와서 노래하며 춤추며 소고와 경쇠를 가지고 왕 사울을 환영하는데 여인들이 뛰놀며 노래하여 이르되 사울이 죽인 자는 천천이요 다윗은 만만이로다 한지라 사울이 그 말에 불쾌하여 심히 노하여 이르되 다윗에게는 만만을 돌리고 내게는 천천만 돌리니 그가 더 얻을 것이 나라 말고 무엇이냐 하고 그날 후로 사울이 다윗을 주목하였더라 그 이튿날 하나님께서 부리시는 악령이 사울에게 힘있게 내리매 그가 집 안에서 정신없이 떠들어대므로 다윗이 평일과 같이 손으로 수금을 타는데 그때에 사울의 손에 창이 있는지라 그가 스스로 이르기를 내가 다윗을 벽에 박으리라 하고 사울이 그 창을 던졌으나 다윗이 그의 앞에서 두 번 피하였더라."(삼상 18:6-11)

다윗이 블레셋과의 전쟁에서 혁혁한 공을 세운다. 이 일로 인해 사울은 다윗을 자기의 딸 미갈과 결혼을 시킨다. 다윗은 왕의 사위가 되어 많은 전쟁터에서 혁혁한 공을 세운다. 그러자 많은 국민들이 다윗을 높이게 되는데 심지어는 "다윗이 죽인 자는 만만이요 사울이 죽인 자는 천천이라"고 하고 있다. 사울보다 다윗의 공이 더 크다는 것이다. 이 일은 사울 왕으로 하여금 진노케 하였다. 사울의 진노는 시기에서 나온 것이다. 가인이 아벨을 죽일 때 자신의 제사는 받지 않고 아벨의 제사만 받은 것에 화가 나서 살인을 범한다. 시기라는 것은 살인까지도 부를 수 있는 것이다. 사울의 시기는 자신의 사위까지도 죽이려고 하였던 것이다.

담임목사가 부교역자에 대한 시기가 있을 수 있다.

부교역자가 젊고 활동적이어서 멋있을 수도 있다. 이런 외적인 것에 대한 좋은 소문이 날 수도 있다. 또한 부교역자를 애틋하게 생각하여 좋아하는 자가 있다. 부교역자의 사역을 보게 되면 실질적으로 힘들고 어렵다는 것을 알 수 있다. 교회 안의 여러 잡다한 사역을 하게 되고 이런 힘든 일에 대한 안쓰러움이 부교역자를 좋아하게 된다.

한편으로 부교역자를 사랑한 것이 아니라 담임목사에 대한 불만이 부교역자에 대한 사랑으로 전환되기도 한다. 담임목사에 대한 미움이 있는 사람들이 부교역자에게 접근하여 부교역자를 추켜세울 수도 있다. 간혹 부교역자는 이런 추켜세움에 자신의 위치를 착각하여 교만해지기도 한다. 심지어는 그런 사람들과 관계를 지속적으로 가지게 되어 나중에 그 교인들을 이끌고 개척을 하려는 욕심도 생기게 된다. 부교역자의 잘못된 착각은 인해 담임목사를 거슬리게 되고 교인을 혼란에 빠트리기도 한다.

부교역자는 교인들과 가까이서 사역을 하기 때문에 교인들과 친밀감이 형성된다. 이러한 친밀감은 담임목사로부터 시기를 받을 수 있다. 이런 경우에 교인들과 너무 친하게 지내서도 안 된다. 일정한 거리를 유지해야 한다. 특히 담임목사가 싫어하는 경우에는 더욱 그렇다.

교인들이 부교역자의 설교를 더 은혜롭게 받아들이는 경우도 있다. 담임목사의 설교는 자주 들어 본 설교이다. 실제적으로 담임목사는 여러 번의 설교를 해야 하는 스트레스에 빠지기도 한다. 항상 홈런을 칠 수 없듯이 좋은 설교를 항상 할 수 없는 것이다. 그런데 부교역자는 한 달에 한두 번 설교를 한다. 준비 기간도 훨씬 많다. 또한 새로운 학문과 사회 분위기에 대하여 민감할 수 있다. 교인들이 그 설교에 은혜를 받음으로 해서 담임목사와 비교하게 되고 이런 비교는 담임목사에게 정신적 스트레스를 주기도 한다. 심지어 담임목사의 시기가 심하면 교회를 사임해야 하는 경우가 생긴다. 왜냐하면 현 교회법에 의하면 부교역자의 실질적인 인사권이 담임목사에게 있고 또한 부교역자는 거의 매년 담임목사로부터 청빙을 받아야 할 처지에 놓여 있기 때문이다. 부교역자는 교회에서 하나님의 일을 함에 있어서 국가정보원의 구호처럼 '음지에서 일하고 양지를 지향'하는 그런 모습을 가져야 할 것이다.

셋째, 다윗은 사울 왕을 죽일 기회가 있었지만 살린다.

"하나님께서 부리시는 악령이 사울에게 이를 때에 다윗이 수금을 들고 와서 손으로 탄즉 사울이 상쾌하여 낫고 악령이 그에게서 떠나더라."(삼상16:23)

사울 왕이 악령에 지배를 받게 되었을 때 다윗은 악기를 다루며 음악으로 사울이 악령으로부터 벗어나도록 하였다. 다윗은 자신이 가지고 있는 음악적 재능을 가지고 사울의 고통을 극복하는데 도움을 준다. 부교역자는 자신이 가지고 있는 재능을 가지고 담임목사의 근심과 고통의 문제를 해결해 주는 헬퍼가 되어야 한다.

"다윗의 사람들이 이르되 보소서 여호와께서 당신에게 이르시기를 내가 원수를 네 손에 넘기리니 네 생각에 좋은 대로 그에게 행하라 하시더니 이것이 그날이니이다 하니 다윗이 일어나서 사울의 겉옷 자락을 가만히 베니라 그리한 후에 사울의 옷자락 벰으로 말미암아 다윗의 마음이 찔려 자기 사람들에게 이르되 내가 손을 들어 여호와의 기름 부음을 받은 내 주를 치는 것은 여호와께서 금하시는 것이니 그는 여호와의 기름 부음을 받은 자가 됨이니라 하고 다윗이 이 말로 자기 사람들을 금하여 사울을 해하지 못하게 하니라 사울이 일어나 굴에서 나가 자기 길을 가니라."(삼상 24:4-7)

"아비새가 다윗에게 이르되 하나님이 오늘 당신의 원수를 당신의 손에 넘기셨나이다 그러므로 청하오니 내가 창으로 그를 찔러서 단번에 땅에 꽂게 하소서 내가 그를 두 번 찌를 것이 없으리이다 하니 다윗이 아비새에게 이르되 죽이지 말라 누구든지 손을 들어 여호와의 기름 부음 받은 자를 치면 죄가 없겠느냐 하고…… 내가 손을 들어 여호와의 기름 부음 받은 자를 치는 것을 여호와께서 금하시나니 너는 그의 머리 곁에 있는 창과 물병만 가지고 가자하고 다윗이 사울의 머리 곁에서 창과 물병을 가지고 떠나가되 아무도 보거나 눈치 채지 못하고 깨어 있는 사람도 없었으니 이는 여호와께서 그들을 깊이 잠들게 하셨으므로 그들이 다 잠들어 있었기 때문이었더라."(삼상26:8-12)

'사울이 죽인 자는 천천이요. 다윗이 죽인 자는 만만이다'라는 말을 들은 사울 왕의 시기는 극에 달하였다. 자신의 사위인 다윗을 죽이려고 하였다. 다윗은 아내 미갈과 친구 요나단의 도움으로 왕궁에서 구사일생으로 살아나와 도망자 신세가 된다. 이때 사울은 계속해서 다윗을 죽이려고 하였고 다윗이 굴에 있다는 소식을 듣고 직접 찾아와서 다윗을 죽이려고 하였다. 그런데 다윗이 마침 사울을 죽일 수 있는 기회를 갖게 되었다. 자신이 가지고 있는 칼로 사울을 죽일 수가 있었다. 그러나 다윗은 사울이 하나님께서 기름 부은 왕이라는 생각을 가지고 있었기 때문에 그를 살려 준다. 하나님께서 기름 부은 왕을 죽이는 것은 하나님께 득죄하는 것으로 생각하였기 때문에 2번이나 죽일 기회가 있었지만 다윗은 사울을 죽이지 않고 생명을 살렸다.

담임목사는 결코 신이 아니라, 사람이다. 그러므로 목회를 하면서 실수를 할 수 있다. 범죄할 수도 있다. 그런데 부교역자는 담임목사와 가까이 있기 때문에 담임목사의 사생활은 물론 담임목사의 많은 부분을 알 수 있다. 이런 경우에 담임목사가 실수한 일을 가지고 담임목사의 약점을 교인들에게 공개하는 어리석은 자가 있다. 담임목사에게 치명적인 것일지라도 그것을 덮어줄 수 있어야 한다. 정의감에 사로잡혀서 담임목사를 공격하는 경우 결국 목회자 전체에 대한 이미지를 실추시킬 뿐 아니라 정작 본인에게도 해가 되는 것이다.

부교역자는 담임목사가 존재해야만 의미가 있는 것이다. 담임목사를 세우고 살리는 일에 다윗처럼 생명을 걸어야 하는 경우가 생길 수 있다. 자신을 희생하면서 담임목사를 살리도록 해야 한다. 어떤 부교역자는 자신이 살기 위해서 아무런 문제도 없는 담임목사를 모함하여 힘들게 하는 자도 있다. 정말 어리석은 사람이다.

담임목사의 약점은 하나님께서 심판하실 것이라는 믿음아래 하나님께 맡기고 정작 그 일을 자신 스스로 용납할 수 없다면 교회에서 조용히 사임하는 것이 바람직하다.

넷째, 다윗은 이스라엘 공동체를 생각하여 행동 하였다.

다윗은 사울의 위협 때문에 블레셋으로 도망가서 용병이 된다. 다윗은 전쟁의 대상으로 이스라엘 백성을 피한다. 자기 동족과의 싸움은 하나님을 거스리는 것이 되고 본인에게 해가 되기 때문이다. 다시 이스라엘로 돌아갈 꿈을 갖고 있는 다윗은 가급적 이스라엘 백성과 싸움을 하지 않고 주변의 나라들을 공격하였다. 이것은 이스라엘 백성을 보호한 것이 된다.

교회를 생각하는 부교역자는 교인들과 다툼을 하지 않아야 한다. 교인들의 무시와 업무로 인한 오해와 갈등이 있다고 분노하지 않도록 해야 한다. 그들에게 상처를 주지 않도록 해야 한다. 이런 다툼은 교회 안에서 목회자에 대한 인식과 교회내의 혼란을 준다.

요즘은 '겪어 본 사람이 그래도 낫다'라는 생각을 가진 교인들이 많다. 그래서 담임목사를 청빙할 때 예전에 부교역자로 사역했던 목회자들 가운데서 청빙하는 교회들이 늘어나고 있다. 그렇다고 부교역자가 교인들에게 인기를 얻으려는 사역을 하라는 것은 아니다. 부교역자의 사역은 교인들을 사랑하는 마음으로 공명정대하게 일을 처리하고 성실해야 한다.

6) 다윗의 헬퍼: 나단

다윗은 유다 베들레헴 에브랏 사람 이새의 여덟 아들 중 막내로 태어났다. 다윗은 베들레헴에서 양을 치는 목자(牧者)였다. 이런 그가 골리앗이라는 블레셋의 장군을 죽인 사건 이후로 이스라엘 백성들에게 주목을 받게 된다. '사울이 죽인 자는 천천이요 다윗이 죽인 자는 만만이다.'(삼상18:7)라는 소문은 사울 왕이 다윗을 시기하여 죽이려고 하였다. 다윗은 사울 왕을 죽일 기회가 있었음에도 불구하고 죽이지 아니하였다. 왜냐하면 사울 왕은 리더였고 자신은 헬퍼였기 때문이다. 이렇듯 좋은 헬퍼로 있다가 리더가 되었던 여호수아처럼 다윗도 좋은 헬퍼로 사역을 하였고 후에 위대한 리더가 될 수 있었다.

다윗이 위대한 왕이 되었던 것은 다윗의 뛰어남도 있었지만 그를 돕는 많은 헬퍼들이 있었기에 가능한 것이다. 사울 왕의 아들이었던 요나단은 다윗의 생명을 살려 준 사람이었고(삼상19:1−6;20:1−42), 다윗의 아내였던 미갈은 다윗이 사울 왕을 피해 도망할 수 있도록 도왔다.(삼상19:8−17) 또한 그를 위해 '목숨을 건 많은 부하들'(삼하8:16;20:23−26, 23:8−39, 대상11:10−47, 18:14−17)이 있었다.

다윗의 헬퍼였던 나단선지자(先知者)를 통해서 동역자의 의미를 새겨볼 수 있다. 나단선지자의 이야기는 성서에서 3번 등장한다. 첫 번째는 다윗 왕이 성전을 건축하고자 할 때이며, 두 번째는 다윗이 우리아의 아내 밧세바를 범하고 우리아를 전쟁터에서 죽였을 때, 마지막으로 솔로몬을 왕위에 앉힐 때이다. 다윗 왕의 여러 중요 사건에서 잠깐 나타나는 나단 선지자였지만 다윗에게는 중요한 사건에서 등장하는 헬퍼였다.

고대 이스라엘에는 두 종류의 중보자가 있었다. 그 하나는 하나님 앞에서 백성을 대표하는 제사장이 있었고, 또 다른 하나는 선지자들이 있었다. 제사장은 백성들 편에서 하나님 앞에 나아가는 임무를 맡았고, 선지자는 하나님의 대변인으로 하나님의 뜻을 백성들에게 전하는 역할을 맡았다. 선지자가 선포하는 것은 그 자신의 말이 아니라, 그가 하나님으로부터 받았던 것이다. 선지자는 하나님으로부터 받은 것을 가감 없이 선포해야 하는 사명을 가졌다. 나단은 선지자로서 직무에 충실하였다.

또한 나단은 다윗의 평생의 동반자가 되어 다윗이 행하는 일이 잘 못되지 않고 하나님의 뜻에 합당한 모습으로 살아가도록 도운 헬퍼였다.

첫째, 나단은 성전 건축에 있어서 하나님의 뜻을 전하였다.

다윗은 여러 우여곡절 끝에 법궤(히9:4)를 예루살렘 성으로 옮긴다. 어느 날 자신은 궁전에서 편안한 삶을 살아가고 있지만 하나님의 법궤가 장막에 있는 것을 보고 마음이 편치 않았다. 이에 신실했던 다윗은 성전을 건축하기로 마음을 먹는다. 당시 선지자였던 나단을 불러서 성전을 건축하고자 하는 자신의 생각을 말하며 하나님의 뜻을 구한다.

"여호와께서 주위의 모든 원수를 무찌르사 왕으로 궁에 평안히 살게 하신 때에 왕이 선지자 나단에게 이르되 볼지어다 나는 백향목 궁에 살거늘 하나님의 궤는 휘장 가운데에 있도다 나단이 왕께 아뢰되 여호와께서 왕과 함께 계시니 마음에 있는 모든 것을 행하소서 하니라 그 밤에 여호와의 말씀이 나단에게 임하여 이르시되 가서 내 종 다윗에게 말하기를 여호와께서 이와 같이 말씀하시되 네가 나를 위하여 내가 살 집을 건축하겠느냐…… 네 집과 네 나라가 내 앞에서 영원히 보전되고 네 왕위가 영원히 견고하리라 하셨다 하라 나단이 이 모든 말씀들과 이 모든 계시대로 다윗에게 말하니라."(삼하7:1-17)

나단은 다윗 왕의 이야기를 처음 듣고 성전건축을 긍정적으로 생각하여 왕의 생각대로 하라고 한다.(삼하7:3) 그러나 그 밤에 여호와께서 나타나셔서 나단에게 새로운 계시의 말씀을 준다. 그것은 성전 건축을 다윗의 때에는 시도하지 말라는 것이다.

이때 나단 선지자는 인간적 생각이 들어갔다. 나단은 다윗이 하나님을 사랑하는 것을 익히 알고 있었고 자신도 성전을 건축하는 것이 하나님을 위한 길이라 생각하고 쉽게 동의하였던 것이다. 그러나 이같은 결정은 하나님의 뜻과는 달랐다. 이렇듯 선지자로서 자신의 생각을 왕에게 전하는 것은 왕의 판단을 흐리게 하는 결과를 낳을 수도 있다.

부교역자는 자신의 개인적인 생각과 판단에 너무 의존해서는 안된다. 담임목사의 판단을 흐리게 하는 무조건적인 동의는 있어서는 더욱 안 된다. 객관적인 검증이 된 자료와 정보를 제공하여 리더가 현명한 판단을 내리도록 해야 한다. 그 일이 교회와 담임목사에게 어떤 영향을 미칠 수 있는가를 예측하는 결과들을 제시해 줄 수도 있다. 이때 주의할 것은 자신의 주관적인 생각에 너무 의존해서는 안된다. 객관적이고 합리적인 방안을 건의하여 그 일이 실패로 돌아가지 않도록 해야 한다.

둘째, 나단은 다윗의 범죄를 지적하였다.

다윗은 전쟁의 영웅이었다. 다윗이 왕이 되어서 전쟁터에 직접 나가지 않고 부하 군사들이 전쟁에 참전하게 된다. 이때 다윗에게 유혹이 왔다.

"저녁 때에 다윗이 그의 침상에서 일어나 왕궁 옥상에서 거닐다가 그곳에서 보니 한 여인이 목욕을 하는데 심히 아름다워 보이는지라 다윗이 사람을 보내 그 여인을 알아보게 하였더니 그가 아뢰되 그는 엘리암의 딸이요 헷 사람 우리아의 아내 밧세바가 아니니이까 하니 다윗이 전령을 보내어 그 여자를 자기에게로 데려오게 하고 그 여자가 그 부정함을 깨끗하게 하였으므로 더불어 동침하매 그 여자가 자기 집으로 돌아가니라 그 여인이 임신하매 사람을 보내 다윗에게 말하여 이르되 내가 임신 하였나이다 하니라."(삼하11:2-5)

"아침이 되매 다윗이 편지를 써서 우리아의 손에 들려 요압에게 보내니 그 편지에 써서 이르기를 너희가 우리아를 맹렬한 싸움에 앞세워 두고 너희는 뒤로 물러가서 그로 맞아 죽게 하라 하였더라 요압이 그 성을 살펴 용사들이 있는 것을 아는 그 곳에 우리아를 두니 그 성 사람들이 나와서 요압과 더불어 싸울 때에 다윗의 부하 중 몇 사람이 엎드러지고 헷 사람 우리아도 죽으니라."(삼하11:14-17)

다윗은 우리아의 아내 밧세바와 간음을 하였고, 그녀로 하여금 잉태케 하였다. 이 범죄는 우리아를 죽이는 또 다른 범죄를 낳게 되었다. 이스라엘 국민과 왕을 위해 목숨을 아끼지 않고 충성을 다하는 부하 장군 우리아를 전쟁터에서 죽인 것이다. 간음죄에 살인죄까지 더하는 범죄를 저지른 다윗에게 선지자 나단이 나타난다.

"여호와께서 나단을 다윗에게 보내시니 그가 다윗에게 가서 그에게 이르되 한 성읍에 두 사람이 있는데 한 사람은 부하고 한 사람은 가난하니 그 부한 사람은 양과 소가 심히 많으나 가난한 사람은 아무것도 없고 자기가 사서 기르는 작은 암양 새끼 한 마리뿐이라 그 암양 새끼는 그와 그의 자식과 함께 자라며 그가 먹는 것을 먹으며 그의 잔으로 마시며 그의 품에 누우므로 그에게는 딸처럼 되었거늘 어떤 행인이 그 부자에게 오매 부자가 자기에게 온 행인을 위하여 자기의 양과 소를 아껴 잡지 아니하고 가난한 사람의 양 새끼를 빼앗아다가 자기에게 온 사람을 위하여 잡았나이다 하니 다윗이 그 사람으로 말미암아 노하여 나단에게 이르되 여호와의 살아 계심을 두고 맹세하노니 이 일을 행한 그 사람은 마땅히 죽을 자라 그가 불쌍히 여기지 아니하고 이런 일을 행하였으니 그 양 새끼를 네 배나 갚아 주어야 하리라 한지라 나단이 다윗에게 이르되 당신이 그 사람이라 다윗이 나단에게 이르되 내가 여호와께 죄를 범하였노라 하매 나단이 다윗에게 말하되 여호와께서도 당신의 죄를 사하셨나니 당신이 죽지 아니하려니와 이 일로 말미암아 여호와의 원수가 크게 비방할 거리를 얻게 하였으니 당신이 낳은 아이가 반드시 죽으리이다 하고 나단이 자기 집으로 돌아가니라 우리아의 아내가 다윗에게 낳은 아이를 여호와께서 치시매 심히 앓는지라."(삼하12:1-15)

나단은 다윗에게 다윗의 범죄를 바로 지적하지 않고 비유(譬喩)를 들어 접근한다. 어떤 부자가 있었는데 그 부자에게 손님이 찾아 왔다. 그 부자는 자신이 가지고 있는 것을 가지고 접대하지 않고 가난한 사람의 마지막 양새끼를 빼앗아 대접하였다고 하였다. 나단의 비유를 들은 다윗이 그 악한 자를 죽여야 한다고 했을 때 그가 바로 다윗임을 지적한다. 다윗에게 이 말을 할 수 있었던 것은 죽음을 각오한 충언이었다. 한편으로 다윗이 가지고 평생 살 다윗에게 죄의 굴레에서 벗어날 수 있도록 기회를 준 것이다.

다윗은 자기도 모르게 이야기에 빠지다가 자신이 범죄자임을 고백하고 회개한다. 나단이 다윗의 범죄를 지적하는 방법은 정말 지혜로웠다. 거부감이나 반발심을 불러일으키지 않으면서도 죄를 깨닫게 하였던 것이다.

부교역자의 모습도 이와 같다. 담임목사가 잘못된 길로 가고 있을 때 그 잘못을 직접 지적할 경우 담임목사의 자존심이 상하여 오히려 역효과가 날 수가 있다. 담임목사가 그 잘못을 수용하지 않은 채 부교역자에 대한 악한 감정을 가질 수 있다. 담임목사 스스로가 잘못을 인정할 수 있는 지혜로운 방법으로 담임목사를 움직여야 한다. 또한 담임목사에게 제안을 할 때도 지혜롭게 제안하여 담임목사가 그것을 수용할 수 있도록 해야 한다. 그것은 담임목사에게 언제 제안할 것인가? 말로 제안할 것인가? 아니면 기획안을 만들어 제안할 것인가? 분위기와 담임목사가 수용할 수 있는 상황 등을 전반적으로 고려하여야 한다.

셋째, 나단은 솔로몬이 왕이 되게 하는 데 지대한 공헌을 하였다.
다윗 왕은 늙고 병이 들어 이스라엘을 제대로 통치하지 못하였다. 이때 그의 아들인 아도니야가 왕권을 찬탈하는 반란을 일으킨다.

"선지자 나단과 브나야와 용사들과 자기 동생 솔로몬은 청하지 아니하였더라 나단이 솔로몬의 어머니 밧세바에게 말하여 이르되 학깃의 아들 아도니야가 왕이 되었음을 듣지 못하였나이까 우리 주 다윗은 알지 못하시나이다 이제 내게 당신의 생명과 당신의 아들 솔로몬의 생명을 구할 계책을 말하도록 허락하소서…… 그렇지 아니하면 내 주 왕께서 그의 조상들과 함께 잘 때에 나와 내 아들 솔로몬은 죄인이 되리이다 밧세바가 왕과 말할 때에 선지자 나단이 들어온지라 어떤 사람이 왕께 말하여 이르되 선지자 나단이 여기 있나이다 하니 그가 왕 앞에 들어와서 얼굴을 땅에 대고 왕께 절하고 이르되 내 주 왕께서 이르시기를 아도니야가 나를 이어 왕이 되어 내 왕위에 앉으리라 하셨나이까…… 왕께서 제사장 사독과 선지자 나단과 여호야다의 아들 브나야와 그렛 사람과

블렛 사람을 솔로몬과 함께 보내셨는데 그들 무리가 왕의 노새에 솔로몬을 태워다가 제사장 사독과 선지자 나단이 기혼에서 기름을 부어 왕으로 삼고 무리가 그 곳에서 올라오며 즐거워하므로 성읍이 진동하였나니 당신들에게 들린 소리가 이것이라."(왕상1:10-45)

아도니야는 다윗을 이어 왕이 될 순서였다. 다윗이 병이 들어 왕권을 제대로 행사하지 못하는 상황에서 다윗의 의중이 자신이 아님을 알았던 아도니야는 다윗이 솔로몬에게 양위할 것을 염려하여, 여러 신하들을 데리고 독자적으로 왕위 즉위식을 거행하였다. 이 소식을 들은 나단이 병석에 있는 다윗 왕을 찾아가 솔로몬이 다음 왕이라는 명령을 받아내 솔로몬을 왕위에 앉게 하였다. 이것은 솔로몬이 왕을 이어받아야 성전을 건축할 수 있다는 하나님의 뜻을 실현한 것이다. 나단은 다윗이 솔로몬에게 왕권을 이어주는 데 중요한 헬퍼의 역할을 했다. 담임목사가 병이 들거나 기타 여러 요인으로 인하여 지도력이 약화되는 경우가 있다. 이때 부교역자는 담임목사를 제치고 자신이 마치 담임목사처럼 행동해서는 안 된다. 더욱 담임목사의 지지자가 되어야 하며 담임목사의 뜻을 잘 이루어 나가야 한다. 특히 자신의 세력을 규합하려고 해서는 더욱 안 된다.

나단은 성서에 많이 등장하지 않지만 선지자로서 하나님의 뜻을 전하였고, 다윗의 잘못을 지혜롭게 지적하였으며, 솔로몬을 왕으로 앉히는 결정적인 공헌을 하였다. 즉 하나님의 뜻을 선포하면서 리더인 다윗 왕을 도왔던 헬퍼(helper)였다.

7) 다윗의 헬퍼: 요압

다윗은 용맹한 장수였다. 수많은 전쟁을 승리로 이끈 장수였다. 이러한 용맹한 장수 밑에 용맹한 부하들이 있었다. 다윗의 많은 신하들은 다윗을 위해 목숨을 내놓을 수 있는 사람들이다. 어떻게 보면 다윗이 전쟁에서 승리할 수 있었던 것은 그들이 있었기 때문이다. 이러한 장수 가운데 한 사람인 요압 장군을 살펴본다. 요압 장군은 다윗의 최측근으로 다윗을 위하여 살았던 장군이라 할 수 있다.

첫째, 요압은 다윗이 힘들 때 함께한 자였다.

다윗은 사울의 시기와 질투를 받아 죽음을 면하기 위해서 도망을 가게 되었다. 도망 다니는 다윗을 사울은 계속하여 추격하여 다윗을 죽이려고 하였다. 이때 도망 다니는 다윗과 함께하는 무리들이 생기게 된다. 이때 모인 무리들 가운데 한 사람이 요압이다. 요압은 다윗이 도망 다닐 때 함께 도망자의 신세가 된다. 다윗이 어려울 때 함께 고통을 당한 장수이다.

담임목사와 함께 고생하는 부교역자의 모습을 볼 수 있다. 담임목사가 목회를 하다 보면 어려움이 생길 수 있다. 부교역자는 담임목사의 어려움에 함께하며 담임목사에 힘이 되어야 한다. 담임목사는 외롭다. 혼자라는 생각을 할 때도 있다. 그때 곁에 담임목사를 이해하는 부교역자가 있다면 큰 힘이 된다.

둘째, 요압은 최전방에서 싸우는 장수였다.

"다윗이 듣고 요압과 용사의 온 무리를 보내매 암몬 자손은 나와서 성문 어귀에 진을 쳤고 소바와 르홉 아람 사람과 돕과 마아가 사람들은 따로 들에 있더라 요압이 자기와 맞서 앞뒤에 친 적진을 보고 이스라엘의 선발한 자 중에서 또 엄선하여 아람 사람과 싸우려고 진 치고"(삼하 10:7-9)

"다윗이 이르되 먼저 여부스 사람을 치는 자는 우두머리와 지휘관으로 삼으리라 하였더니 스루야의 아들 요압이 먼저 올라갔으므로 우두머리가 되었고 다윗이 그 산성에 살았으므로 무리가 다윗 성이라 불렀으며 다윗이 밀로에서부터 두루 성을 쌓았고 그 성의 나머지는 요압이 중수하였더라."(대상11:6-8)

요압은 다윗과 함께 전쟁에 참여한다. 이때는 다윗의 군대가 제대로 조직이 되지 못한 상황이었다. 그런데 적군과 대치상태에 있을 때 다윗은 적군을 공격하는 데 혁혁한 공을 세우는 사람을 장수로 삼는다고 선언한다. 이때 요압이 앞서 나가 전쟁에서 승리하게 된다. 그이후 탁월한 군사 전략가로 에돔을 점령하고 수리아 암몬 동맹에 대항한 싸움에서도 승리하게 된다. 다윗이 전쟁의 승리 뒤에는 요압과 같은 훌륭한 장군과 병사들이 있었기 때문이다.

담임목사의 목회의 현장은 전쟁과 같다. 목회를 하다 보면 위기가 오기도 하고 어려움 속에서 힘들게 목회를 할 때도 있다. 담임목사가 적절하게 대처하지 못할 때 교회는 큰 위기에 처하게 된다. 부교역자는 이 위기를 자기 일처럼 생각하여 극복하는 데 최선을 다하여야 할 것이다. 남의 일처럼 생각해서는 결코 안 된다. 또한 담임목사의 지시가 있을 때 뒤로 물러서지 않고 앞서서 동참하는 자가 되어야 한다.

셋째, 요압은 다윗이 우리아를 죽이는 일에 협조하였다.

> "아침이 되매 다윗이 편지를 써서 우리아의 손에 들려 요압에게 보내
> 니 그 편지에 써서 이르기를 너희가 우리아를 맹렬한 싸움에 앞세워 두
> 고 너희는 뒤로 물러가서 그로 맞아 죽게 하라 하였더라 요압이 그 성
> 을 살펴 용사들이 있는 것을 아는 그 곳에 우리아를 두니 그 성 사람들
> 이 나와서 요압과 더불어 싸울 때에 다윗의 부하 중 몇 사람이 엎드러
> 지고 헷 사람 우리아도 죽으니라."(삼하 11:14 – 17)

다윗은 우리아의 아내 밧세바와 간음을 하게 된다. 부하 장군의 아
내와 불륜을 범한 것이다. 이 한 번의 잘못은 밧세바로 임신을 하게
한다. 다윗은 이러한 자신의 범죄를 감추기 위해 전쟁에 나가 있는
우리아의 장군을 불러들여 밧세바와 동침할 수 있도록 하지만 우리
아 장군은 전쟁에서 죽음을 각오하고 싸우고 있는 병사들을 생각하
며 잠자리를 하지 않는다. 다윗은 자신의 범죄가 탄로날까 봐 어쩔
수 없이 우리아 장군을 죽이기로 하고 요압에게 우리아 장군을 죽이
도록 하였다. 요압은 다윗의 명령에 순종하여 우리아 장군을 전쟁터
에서 죽게 하였다. 전쟁의 패배에 대한 책임을 물으려는 다윗에게 우
리아 장군도 죽었다는 보고를 통해 다윗의 명령에 의한 것임을 알린
다. 사람을 죽이는 것, 특히 충성하고 있는 부하를 죽이는 일은 크나
큰 범죄임에도 불구하고 요압은 그 일을 행하였던 것이다.

요압은 사람을 죽이는 일, 즉 죄를 범하는 일에 참여하게 된다. 담
임목사가 죄를 범하라고 한다면 부교역자는 어떻게 할까? 정말 난처
한 일이다. 부교역자는 담임목사의 지시사항에 대하여 그것이 죄임을

알려 줄 필요가 있다. 그리고 죄를 범하지 않는 방안을 모색해야 한다. 그럼에도 죄를 범하게 한다면 그 일을 해야 할 것이다. 혹이 담임목사의 잘못된 지시사항을 공개하여 자신의 의로움을 드러내려고 해서는 안 된다. 부당한 일을 계속 강요받게 된다면 빨리 사역지를 알아보아 옮기는 것이 바람직하다.

넷째, 요압은 랍바성 전투 승리의 영광을 다윗에게 돌렸다.

> "요압이 암몬 자손의 랍바를 쳐서 그 왕성을 점령하매 요압이 전령을 다윗에게 보내 이르되 내가 랍바 곧 물들의 성읍을 쳐서 점령하였으니 이제 왕은 그 백성의 남은 군사를 모아 그 성에 맞서 진 치고 이 성읍을 쳐서 점령하소서 내가 이 성읍을 점령하면 이 성읍이 내 이름으로 일컬음을 받을까 두려워하나이다 하니 다윗이 모든 군사를 모아 랍바로 가서 그 곳을 쳐서 점령하고"(삼하12:26 – 29)

요압은 전쟁의 영웅이었다. 그는 장군으로 수많은 전쟁에서 승리하게 된다. 전쟁의 승리는 승리의 전리품을 얻는다. 한 번은 랍바성 싸움에서 승리를 눈앞에 두고 있는 상황이었다. 그 승리는 랍바성에 대한 전리품을 얻게 되는 것이다. 그런데 요압은 이제 함락만 시키면 되는 그 순간에 다윗을 불러 그 승리의 영광을 다윗이 얻도록 하였다. 이것은 다윗에 대한 배려다. 즉 자신이 전쟁의 승리를 눈앞에 두고서 그 영광을 자신이 갖지 않고 다윗에게 돌린 것이다. 요압은 헬퍼로서 자신보다 리더를 더 중요하게 생각하였던 것이다. 이 전쟁의 승리는 리더인 다윗에게 큰 힘이 되었다.

부교역자는 자신의 사역을 통해 영광을 자신이 받으려고 해서는 안 된다. 교인들에게 자신을 들어내고 인기를 얻으려고 해서는 안 된다. 사역을 통한 공은 담임목사에게 돌아가도록 해야 한다. 간혹 부교역자가 자신의 욕심으로 인해 다른 사람의 공을 가로채는 경우가 있다. 같은 부교역자나 혹은 교인들의 업적을 마치 자신이 이룬 것처럼 위장하는 경우이다. 또 다른 한편으로 자신이 행한 일에 대한 당연히 보상을 요구하는 경우이다. 그러나 모든 영광은 하나님께 그리고 담임목사에게 돌릴 수 있어야 한다.

다섯째, 요압은 압살롬과 다윗을 중재하였다.

"스루야의 아들 요압이 왕의 마음이 압살롬에게로 향하는 줄 알고 드고아에 사람을 보내 거기서 지혜로운 여인 하나를 데려다가 그에게 이르되 청하건대 너는 상주가 된 것처럼 상복을 입고 기름을 바르지 말고 죽은 사람을 위하여 오래 슬퍼하는 여인 같이 하고 왕께 들어가서 그에게 이러이러하게 말하라고 요압이 그의 입에 할 말을 넣어 주니라."(삼하 14;1-3) "왕이 요압에게 이르되 내가 이 일을 허락하였으니 가서 청년 압살롬을 데려오라 하니라 요압이 땅에 엎드려 절하고 왕을 위하여 복을 빌고 요압이 이르되 내 주 왕이여 종의 구함을 왕이 허락하시니 종이 왕 앞에서 은혜 입은 줄을 오늘 아나이다 하고 요압이 일어나 그술로 가서 압살롬을 데리고 예루살렘으로 오니"(삼하 14:21-23)

다윗의 아들 압살롬은 자신의 누이가 강간을 당하고 버림받은 것에 대한 복수로 형을 죽인다. 이 사건은 아버지 다윗의 진노로 이어졌고 압살롬은 멀리 도망가서 다윗의 진노가 풀리기를 기다린다. 어느 정도 시간이 지나서 다윗의 마음이 풀어진 것을 확인한 요압은 다윗으로 하여금 압살롬을 받아들이도록 한다. 이때 요압은 직접적으로 하지 않고 한 여인을 들어서 압살롬을 받아들이도록 하는 방법을 사용한다. 지혜롭게 접근하였다. 이 부분은 다윗시대의 선지자 나단이 우리아 장군에 대한 죄를 지적하는 모습과 유사하다고 볼 수 있다.

부교역자는 담임목사와 교인과의 중재자가 되어야 한다. 담임목사와 교인과 갈등이 생길 수 있는데 이 갈등을 조장하는 자가 되지 않고 해소하는 자가 되어야 한다. 또한 다른 부교역자와 담임목사 간의 중재자로 역할을 하여야 한다. 담임목사의 오해와 서운함 등을 조정하여 관계를 회복시키도록 하여야 한다. 간혹 어떤 이는 자신의 욕심으로 다른 부교역자를 험담하거나 비난하여 담임목사와의 바른 관계를 파괴시키는 이도 있다. 이것은 다른 사람을 깎아내림으로 해서 자신이 인정받고자 하는 비열한 방법이다.

부교역자는 지혜로운 방법을 사용하여야 한다. 옳은 말을 할지라도 담임목사가 받아들일 수 있도록 해야 한다.

여섯째, 요압은 다윗의 명을 어기고 압살롬을 죽였다.

"한 사람이 보고 요압에게 알려 이르되 내가 보니 압살롬이 상수리나무에 달렸더이다 하니 요압이 그 알린 사람에게 이르되 네가 보고 어찌하여 당장에 쳐서 땅에 떨어뜨리지 아니하였느냐 내가 네게 은 열 개와 띠 하나를 주었으리라 하는지라 그 사람이 요압에게 대답하되 내가 내 손에 은 천 개를 받는다 할지라도 나는 왕의 아들에게 손을 대지 아니하겠나이다 우리가 들었거니와 왕이 당신과 아비새와 잇대에게 명령하여 이르시기를 삼가 누구든지 젊은 압살롬을 해하지 말라 하셨나이다 아무 일도 왕 앞에는 숨길 수 없나니 내가 만일 거역하여 그의 생명을 해하였더라면 당신도 나를 대적하였으리이다 하니 요압이 이르되 나는 너와 같이 지체할 수 없다 하고 손에 작은 창 셋을 가지고 가서 상수리 나무 가운데서 아직 살아 있는 압살롬의 심장을 찌르니 요압의 무기를 든 청년 열 명이 압살롬을 에워싸고 쳐죽이니라.”(삼하18:10 – 15)

압살롬은 다윗을 죽이고 왕이 되려고 반란을 일으킨다. 이때 다윗은 급히 도망을 가게 된다. 그럼에도 다윗은 압살롬이 생명만은 잃지 않기를 원한다. 계속 쫓아오는 압살롬을 대항하는 요압은 압살롬을 죽일 수 있는 기회를 얻는다. 다른 신하들은 ‘압살롬을 죽이지 말라’는 다윗의 명령을 생각하였으나 요압은 그 말을 어기고 압살롬을 죽인다.

요압은 압살롬을 죽이는 일이 악의 뿌리를 제거하는 일이고, 왕에 대한 반란을 용서할 수 없는 일이라고 판단한 것이다. 압살롬은 형 암논을 죽였으며 이제는 아버지 다윗을 죽이려고 한 것이다. 만일 압살롬이 살아 있다면 나중에 어떻게 될지 알 수 없기에 압살롬을 죽여 그 악의 뿌리를 제거하는 것이 다윗을 위하는 것이라 생각하였던 것이다. 한편으로 다윗의 후궁들과 동침한 사건도 도저히 용서할 수 없는 사건으로 본 것이다. 왕의 후궁들과 공개적 장소에서 강간을 한 것은 사람의 탈을 쓰고서는 도저히 할 수 없는 일이었기에 압살롬을 죽인 것이다.

또한 요압은 압살롬에 대한 서운함이 있었다. 예전에 압살롬과 다윗의 중재자였던 시절에 압살롬이 요압의 재산을 훼손했던 적이 있었다. 이때 압살롬은 요압의 항의를 받기도 하였다. 압살롬과의 전쟁은 다윗을 지키기 위해 수많은 군사들이 죽었다. 병사를 생각하는 마음으로 압살롬을 죽일 수 있다.

다윗이 아들 압살롬을 생각하는 것과 헬퍼 요압이 압살롬을 생각하는 것은 차이가 있다. 다윗은 부모의 입장에서 생각했다면 요압은 전체적인 구도 속에서 압살롬을 죽이는 것이 타당하다고 생각한 것이다. 한편으로 개인적인 감정으로 압살롬을 죽일 수 있었다.

담임목사와 부교역자의 관계에서 담임목사의 가정을 신경 써야 한다. 담임목사의 가정이 행복해야 교회가 행복하고 부교역자의 사역이 행복한 것이다. 따라서 가정 일에도 협력할 수 있으면 협력해야 한다.

나아가 부교역자로 개인적인 감정에 치우치면 안 된다. 담임목사와 사적인 감정에 치우치게 되면 그 감정에 따라 담임목사를 평가하게 되고 이것이 담임목사의 사역의 올무가 된다. 담임목사의 가족과도 개인적인 감정을 가지지 않도록 해야 한다.

다윗 왕이 생각하는 후계자를 요압은 달리 생각하였다. 물론 당시 살아 있는 다윗의 아들로는 아도니야이기 때문에 아도니야가 왕이 될 수 있었다. 그러나 그것은 다윗 왕의 뜻과는 배치되는 것이다. 다윗은 후계자로 솔로몬을 지명하였지만 요압은 아도니야를 지지하게 된다. 이 일로 요압은 그의 일생을 마감한다.

담임목사와 부교역자 간의 관계에서 담임목사의 뜻과 부교역자의 생각과 차이가 있을 수 있다. 부교역자가 담임목사를 생각한다고 하지만 정작 담임목사를 어렵게 만드는 요인이 되기도 한다. 담임목사의 뜻을 존중하여야 한다. 부교역자의 생각과 방법으로 섬기는 것이 아니라 담임목사가 원하는 방법으로 섬길 수 있어야 한다. 담임목사의 잘못된 지시사항을 간청하여 바꾸든지 아니면 그대로 순종해야 한다. 담임목사의 의중을 알고 그것을 이루어 나가는 것도 지혜로운 사역의 방법이다.

  일곱째, 요압은 다윗에게 직언하기도 하였다.

  요압은 다윗에게 있어서 군대장관의 역할만 한 것이 아니다. 다윗의 정치에 있어서도 다윗이 바른 길을 갈 수 있도록 적극적인 직언을 하였다.

  먼저 압살롬과 전쟁에서 승리 이후 다윗이 슬퍼하는 것에 대하여 직언하였다.

> "요압이 집에 들어가서 왕께 말씀 드리되 왕께서 오늘 왕의 생명과 왕의 자녀의 생명과 처첩과 비빈들의 생명을 구원한 모든 부하들의 얼굴을 부끄럽게 하시니 이는 왕께서 미워하는 자는 사랑하시며 사랑하는 자는 미워하시고 오늘 지휘관들과 부하들을 멸시하심을 나타내심이라 오늘 내가 깨달으니 만일 압살롬이 살고 오늘 우리가 다 죽었다면 왕이 마땅히 여기실 뻔하였나이다 이제 곧 일어나 나가 왕의 부하들의 마음을 위로하여 말씀 하옵소서 내가 여호와를 두고 맹세 하옵나니 왕이 만일 나가지 아니하시면 오늘 밤에 한 사람도 왕과 함께 머물지 아니 할지라 그리하면 그 화가 왕이 젊었을 때부터 지금까지 당하신 모든 화보다 더욱 심하리이다 하니"(삼하 19:5-7)

  다윗이 압살롬의 반란으로 도망을 가게 된다. 압살롬은 다윗을 계속 추격하였고, 다윗의 군대가 다윗을 대신하여 압살롬과 전쟁을 하게 된다. 이때 다윗이 아들 압살롬은 살려 달라고 하지만 요압이 압살롬을 죽인다. 다윗은 이 소식을 듣고 압살롬의 죽음에 슬퍼하게 된다. 자신을 위하여 싸워준 신하들의 승리의 공을 치하하지 않고 아들의 죽음에 슬퍼하기만 하는 다윗에게 요압은 직언을 하게 된다. 만일 슬픔을 그치고 수고한 병사들을 치하하지 않으면 이제 병사들이 목숨을 걸고 다윗을 위해 싸우지 않을 것이고, 다윗의 지도력에 어려움이 있을 것이라고 말한다.

부교역자는 교인들의 정서를 담임목사보다 더 잘 알 수 있다. 밑바닥 정서라 할 수 있는 교인들과 많은 접촉이 있기 때문에 교인들의 생각을 담임목사에게 전해야 하는 것도 있다. 이러한 업무에 있어서 담임목사에 대한 눈치만 살피는 것이 아니라 담임목사를 진정으로 위하는 것이 무엇인지를 판단하여 사실 그대로를 보고해야 한다. 이러한 직언에 두려워해서도 안 된다. 주저해서도 안 된다. 그런 중요한 것은 나단과 같이 왕이 감정적으로 대처하지 않도록 지혜롭게 이야기할 수 있어야 한다.

여덟번째, 다윗이 명한 인구조사에 대하여 직언하였다.

"여호와께서 다시 이스라엘을 향하여 진노하사 그들을 치시려고 다윗을 격동시키사 가서 이스라엘과 유다의 인구를 조사하라 하신지라 이에 왕이 그 곁에 있는 군사령관 요압에게 이르되 너는 이스라엘 모든 지파 가운데로 다니며 이제 단에서부터 브엘세바까지 인구를 조사하여 백성의 수를 내게 보고하라 하니 요압이 왕께 아뢰되 이 백성이 얼마든지 왕의 하나님 여호와께서 백 배나 더하게 하사 내 주 왕의 눈으로 보게 하시기를 원하나이다 그런데 내 주 왕은 어찌하여 이런 일을 기뻐하시나이까 하되 왕의 명령이 요압과 군대 사령관들을 재촉한지라 요압과 사령관들이 이스라엘 인구

를 조사하려고 왕 앞에서 물러나"(삼하 24:1-4)

다윗은 하나님께서 금하시는 인구조사를 하게 된다. 인구조사 대상은 싸움에 나갈 만한 장년 남자들을 계수하는 것인데 이것은 군인의 수효를 세는 것이다. 즉 군사의 수가 얼마인가를 나타내어 군대의 강성함을 나타내고자 한 것이다. 그러나 이러한 인구조사는 전쟁의 승리가 군사의 많고 적음이 아니라는 것을 알지 못한 어리석은 행동이다. 전쟁의 승리는 하나님의 도움이 있느냐 없느냐에 달려 있는 것이다. 또한 인구조사는 세금을 많이 거두기 위함이다. 철저한 인구조사를 통하여 장년남자가 부담해야 할 세금을 많이 거두게 된다. 다윗은 인구조사의 명령을 내린다. 그러나 요압은 인구조사의 명령의 부당성을 제기하면서 하나님의 명령에 위배되는 것임을 다윗에게 간곡히 요청한다. 하나님의 뜻을 거스른 일이기 때문이다. 그러나 다윗은 요압의 간청을 거절한다. 그리고 인구조사를 하라고 명령한다. 분명 하나님의 뜻을 거스른 일이었지만 다윗의 명령에 요압은 순종하여 인구조사를 하게 된다.

담임목사가 부교역자에게 요구하는 일이 있다. 이때 그 요구하는 바가 하나님의 뜻이 아닌 것일 수도 있다. 그런 때에는 담임목사에게 그것은 바람직하지 않음을 말해야 한다. 그럼에도 담임목사가 원한다면 그 일을 해야 한다. 그러나 부교역자 양심상 도저히 할 수 없는 일이라 생각한다면 교회에 사임하는 것이 바람직하다. 그 일이 잘못되었다고 교인들에게 알리거나 해서는 안 된다.

8) 압살롬의 헬퍼: 아히도벨

좋은 헬퍼였지만 헬퍼로서 잘못된 선택을 하여 끝이 좋지 않은 아히도벨에 대하여 살펴본다. 아히도벨은 다윗의 모사(謀士)로 '그의 계책이 하나님의 뜻과 같다.'고 인정될 만큼 유능한 헬퍼였다. 그런 아히도벨이 정확한 이유가 알려지지 않은 가운데 압살롬의 편에 섰다.

> "제사 드릴 때에 압살롬이 사람을 보내 다윗의 모사 길로 사람 아히도벨을 그의 성읍 길로에서 청하여 온지라 반역하는 일이 커 가매 압살롬에게로 돌아오는 백성이 많아지니라."(삼하15:12)

압살롬에게 아히도벨이 합류하게 된 사건은 압살롬에게는 천군만마(千軍萬馬)를 얻은 것과 같은 사건이었다. 아히도벨이 다윗에게서 압살롬에게 옮김으로 반란의 규모는 다윗 왕이 진압할 수 없을 정도가 되었던 것이다. 이러한 여세를 몰아 아히도벨은 압살롬에게 다윗 왕을 이어 압살롬이 왕이 될 수 있는 계책을 제안한다.

> "압살롬이 아히도벨에게 이르되 너는 어떻게 행할 계략을 우리에게 가르치라 하니 아히도벨이 압살롬에게 이르되 왕의 아버지가 남겨 두어 왕궁을 지키게 한 후궁들과 더불어 동침하소서 그리하면 왕께서 왕의 아버지가 미워하는 바 됨을 온 이스라엘이 들으리니 왕과 함께 있는 모든 사람의 힘이 더욱 강하여지리이다 하니라 이에 사람들이 압살롬을 위하여 옥상에 장막을 치니 압살롬이 온 이스라엘 무리의 눈앞에서 그 아버지의 후궁들과 더불어 동침하니라 그때에 아히도벨이 베푸는 계략은 사

람이 하나님께 물어서 받은 말씀과 같은 것이라 아히도벨의 모든 계략은 다윗에게나 압살롬에게나 그와 같이 여겨졌더라."(삼하16:20-23)

"아히도벨이 또 압살롬에게 이르되 이제 내가 사람 만 이천 명을 택하게 하소서 오늘밤에 내가 일어나서 다윗의 뒤를 추적하여 그가 곤하고 힘이 빠졌을 때에 기습하여 그를 무섭게 하면 그와 함께 있는 모든 백성이 도망하리니 내가 다윗 왕만 쳐 죽이고 모든 백성이 당신께 돌아오게 하리니 모든 사람이 돌아오기는 왕이 찾는 이 사람에게 달렸음이라 그리하면 모든 백성이 평안하리이다 하니 압살롬과 이스라엘 장로들이 다 그 말을 옳게 여기더라."(삼하17:1-4)

첫째는 '다윗 왕의 후궁과 동침하라.'[31]는 것이었다.

다윗 왕의 뒤를 이어 왕이 된 압살롬에게 후궁과 동침하면 왕의 권한이 이제 압살롬에게 있음을 알리는 효과가 있다. 즉 주인이 죽으면 그 아들이 주인의 모든 것을 상속받는 것이 일반적이었다. 다윗 왕이 폐위되고 그 뒤를 이은 압살롬이 왕으로서 다윗 왕의 후궁들을 소유하는 것이 된다. 또한 이제 다윗과는 합쳐질 수 없는 돌아올 수 없는 강을 건너게 되는 것이다. 즉 아버지 다윗 왕의 후궁과 많은 사람이 보는 데서 동침한 사건은 다시 아버지와 아들의 관계로 돌아갈 수 없는 상황을 만든 것이다. 따라서 죽음을 각오하고 반란을 성공으로 이끌어야만 했다. 이 계략을 압살롬이 받아들인다.

둘째는, 군사 1만 2천 명을 주어 다윗의 뒤를 쫓아 다윗을 죽이고자 하였다. '오늘밤'이라는 지금 당장 다윗을 죽일 수 있는 기회라고

---

31) 구영삼 · 조태현, 앞 글, 142에서 주인이 죽으면 그 아들이 상속한다는 당시의 일반적인 관습대로 왕권이 계승되는 것을 모든 사람에게 보여준다. 당시 상속에는 모든 재산뿐 아니라 아비의 첩도 포함된다.

말하고 있다. 이런 계책을 듣고 압살롬은 다시 다윗의 심복이며 모사였다가 압살롬에게 합류한 후새에게 계책을 묻는다. 후새는 물론 다윗의 편에서 아히도벨의 계책이 잘못되었음을 말한다. 압살롬이 아히도벨의 계략보다 후새의 계략을 받아들임으로 아히도벨은 스스로 자결을 하게 된다.

구영삼·조태현은 아히도벨을 망친 것이 "시기심"[32]으로 보았다. 후새와의 관계에서 시기심이 발동하여 자신의 의견이 무시되고 후새의 의견이 채택되었던 것에 후새를 시기하여 자신의 목숨을 스스로 끊었다는 것이다. 이것은 담임목사와 부교역자와 관계가 아니라 후새와 아히도벨, 즉 같은 부교역자와 관계에서 시기심을 말할 수 있다. 같은 부교역자끼리 담임목사의 사랑을 받기 위해서 혹은 자신의 의견 개진이 수용되는 것에 따라 담임목사의 평가를 생각하면서 지나친 의욕을 낼 수 있다. 그러나 그것이 수용되지 않을 경우 심한 좌절감을 가질 수 있으며 다른 부교역자에 대한 증오까지로 발전될 수 있다.

또 한편으로 필자는 아히도벨은 자신의 의견을 받아들이지 않은 압살롬으로 인해 앞으로 전개될 상황을 알고 스스로 목숨을 끊은 것으로 본다. 이것은 만일 반란이 진정되면 그에 따른 책임을 묻게 되고 그것은 아히도벨에게는 죽음보다 더한 고통이 될 수 있기에 자살을 택한 것으로 볼 수 있다.

아히도벨의 가장 큰 실책은 리더를 잘못 선택한 것이다. 아히도벨은 처음에 다윗 왕의 헬퍼였다. 그런데 압살롬이라는 반역자의 헬퍼로 리더를 바꾸었다. 아히도벨은 압살롬의 헬퍼의 역할을 하다 비운

---

32) 위 글, 146.

의 최후를 맞이한다. 여기에서 헬퍼는 어떤 리더를 선택하느냐가 매우 중요한 것임을 알 수 있다. 왜냐하면 헬퍼의 좋은 의견도 리더가 받아들일 역량이 되지 못하면 무용지물(無用之物)이 되기 때문이다.

함께 일하는 자에 대한 동역의식이 배제된 지나친 경쟁심은 팀을 파괴하고 판단력을 흐리게 한다. 부교역자가 사역하는 교회를 선택하는 것이 매우 중요하다는 것이다. 부교역자가 담임목사를 선택하는 것도 매우 중요하다. 교회를 선택함에 있어서 외형이나 조건만을 보고 선택하는 것은 바람직하지 않다. 자신의 능력을 인정하고 개발할 수 있는 기회를 제공해 주는 교회를 선택해야 한다. 담임목사의 그릇과, 성격, 그리고 목회 방향 등 여러 조건들을 살핀 다음에 선택하는 것이 부교역자의 사역을 실패하지 않게 한다.

9) 엘리사의 헬퍼: 게하시

엘리사에게는 게하시라는 동역자가 있었다. 게하시를 사환이라고 표현하고 있지만 단순한 사환이라기보다는 엘리사 곁에서 엘리사를 돕는 헬퍼라고 할 수 있다. 이러한 게하시를 통하여 헬퍼의 모습을 살펴본다.

첫째, 게하시는 엘리사에 보고를 잘하였다.

"자기 사환 게하시에게 이르되 이 수넴 여인을 불러오라 하니 곧 여인을 부르매 여인이 그 앞에 선지라 엘리사가 자기 사환에게 이르되 너는 그에게 이르라 네가 이같이 우리를 위하여 세심한 배려를 하는도다 내가 너를 위하여 무엇을 하랴 왕에게나 사령관에게 무슨 구할 것이 있느냐 하니 여인이 이르되 나는 내 백성 중에 거주하나이다 하니라 엘리사가 이르되 그러면 그를 위하여 무엇을 하여야 할까 하니 게하시가 대답하되 참으로 이 여인은 아들이 없고 그 남편은 늙었나이다 하니 이르되 다시 부르라 하여 부르매 여인이 문에 서니라."(왕하4:12 – 15)

　엘리사가 수넴 지역에 순회할 때면 이름 없는 수넴여인이 엘리사를 반갑게 맞이하면서 거처를 제공하고 음식을 만들어서 섬겼다. 이렇게 정성스러운 대접을 받은 엘리사는 수넴여인에게 무엇인가를 해주고 싶어 했다. 게하시라는 사환을 통해 수넴여인의 사정을 알게 되고 아이가 없는 것을 들은 엘리사는 수넴여인에게 아들이 태어날 것이라는 축복의 말을 하였고, 그 말대로 수넴여인은 오랫동안 아이가 없었으나 아들을 얻게 된다.
　담임목사가 교인들의 구체적인 상황을 모를 때가 있다. 그러나 부교역자는 교인들의 상황을 잘 알기 때문에 담임목사에게 교인들의 상황과 이동에 대하여 즉각 보고하여야 한다. 부교역자는 교인들이 가지고 있는 여러 문제들을 담임목사에게 알릴 필요가 있으며 이때는 객관적인 사실들을 먼저 보고하고 주관적인 판단은 뒤에 첨가하는 것이 좋다. 또한 보고 후에 담임목사에 대한 지시 사항을 받아 교인들에게 적절하게 대처해야 한다. 부교역자의 보고는 담임목사가 목회를 하면서 설교를 하거나, 심방을 하거나, 기도를 할 때 중요한 자료가 된다.

둘째, 게하시는 수넴여인과 엘리사를 단절시키려고 하였다.

"산에 이르러 하나님의 사람에게 나아가서 그 발을 안은지라 게하시
가 가까이 와서 그를 물리치고자 하매 하나님의 사람이 이르되 가만 두
라 그의 영혼이 괴로워하지마는 여호와께서 내게 숨기시고 이르지 아니
하셨도다 하니라."(왕하 4:27)

수넴여인은 늦게 얻은 아들이 갑자기 병이 들어 죽게 되자 급히
엘리사를 찾아간다. 그리고 엘리사의 발에 엎드리어 사정을 이야기하
고자 한다. 이때 게하시는 수넴여인을 물리치고자 한다. 엘리사로부
터 떨어뜨리려고 한다. 그것은 곁에서 볼 때 이미 죽은 자를 위하여
엘리사 선지자가 무엇을 할 것인가를 생각할 때 귀찮은 일이기 때문
이다. 그래서 게하시는 수넴여인을 엘리사와 단절시키려 하였다. 그
것은 잘못된 생각이다. 사환은 사환으로서 주인과 잘 연결시킬 수 있
도록 해야 한다. 자신이 쉽게 판단해서 중간에 거침돌이 되어서는 안
된다. 담임목사와 교인과의 관계를 부교역자가 중간에서 연결을 잘못
할 수 있다. 부교역자 자신의 판단으로 담임목사와 교인과 바른 관계
를 맺지 못하여 상호 소통이 이루어지지 못하도록 하는 어리석은 일
을 해서는 안 된다.

셋째, 게하시는 엘리사의 명령에 순종하였다.

"엘리사가 게하시에게 이르되 네 허리를 묶고 내 지팡이를 손에 들고
가라 사람을 만나거든 인사하지 말며 사람이 네게 인사할지라도 대답하
지 말고 내 지팡이를 그 아이 얼굴에 놓으라 하는지라 아이의 어머니가

이르되 여호와께서 살아 계심과 당신의 영혼이 살아 계심을 두고 맹세하노니 내가 당신을 떠나지 아니하리이다 엘리사가 이에 일어나 여인을 따라 가니라 게하시가 그들보다 앞서 가서 지팡이를 그 아이의 얼굴에 놓았으나 소리도 없고 듣지도 아니하는지라 돌아와서 엘리사를 맞아 그에게 말하여 아이가 깨지 아니하였나이다 하니라."(왕하 4;29-31)

엘리사가 수넴여인의 아들이 죽었다는 소식을 듣고 게하시를 먼저 보내어 게하시가 해야 할 일을 가르쳐 주었다. 그가 해야 할 일은 만나는 사람들에게 인사를 하지 않고 오직 엘리사가 준 지팡이를 가지고 가서 죽은 아이 얼굴에 놓는 일이다. 그 일을 실행하고서 게하시는 아무런 반응이 일어나지 않음을 엘리사에게 말한다.

게하시의 생각에는 그 아이에게 지팡이를 놓으면 아이가 죽었다가 바로 살아날 줄 알았던 것이다. 이런 기대를 가지고 실행하였지만 아무런 변화가 일어나지 않았다. 그때 엘리사가 뒤늦게 와서 아이를 살리게 되었다. 그러나 게하시가 엘리사 선지자의 말에 순종하였다는 것이다.

현재의 한국교회의 많은 교회들은 담임목사와 부교역자의 차이를 인정한다. 즉 담임목사가 해야 할 일이 있으며 부교역자가 해야 할 일도 있다. 그런데 교인들은 담임목사가 자신들 개개인에까지 관심을 가지고 도와주기를 원한다.

예를 든다면 교인이 병이 들어 병원에 입원하게 되면 목회자의 심방을 원하게 된다. 이때 목회자의 심방은 교인에게 큰 위로가 되기 때문이다. 그런데 부교역자의 심방은 심방이라 생각하지 않는다. 담임목사가 직접 와야 목회자의 심방으로 생각하게 된다. 이렇게 교인들과 목회자의 생각은 다를 수 있다. 부교역자는 담임목사의 손과 발이 되어 병원을 심방하고 그의 형편을 바로 보고하여야 한다. 객관적인 보고를 하고 그에 따른 응대는 담임목사에게 돌린다.

넷째, 게하시는 물질에 현혹되었다.

> "하나님의 사람 엘리사의 사환 게하시가 스스로 이르되 내 주인이 이 아람 사람 나아만에게 면하여 주고 그가 가지고 온 것을 그의 손에서 받지 아니하였도다 여호와께서 살아 계심을 두고 맹세하노니 내가 그를 쫓아가서 무엇이든지 그에게서 받으리라 하고 나아만의 뒤를 쫓아가니 나아만이 자기 뒤에 달려옴을 보고 수레에서 내려 맞이하여 이르되 평안이냐 하니 그가 이르되 평안하나이다 우리 주인께서 나를 보내시며 말씀하시기를 지금 선지자의 제자 중에 두 청년이 에브라임 산지에서부터 내게로 왔으니 청하건대 당신은 그들에게 은 한 달란트와 옷 두 벌을 주라 하시더이다 나아만이 이르되 바라건대 두 달란트를 받으라 하고 그를 강권하여 은 두 달란트를 두 전대에 넣어 매고 옷 두 벌을 아울러 두 사환에게 지우매 그들이 게하시 앞에서 지고 가니라 언덕에 이르러서는 게하시가 그 물건을 두 사환의 손에서 받아 집에 감추고 그들을 보내 가게 한 후"(왕하 5:20-24)

아람의 나아만 장군은 문둥병이 들자 이스라엘을 찾아와 엘리사를 통하여 그 병을 치료받았다. 문둥병이 깨끗하게 낫게 되자 나아만 장군은 사례를 하려고 한다. 그러나 엘리사는 나아만 장군의 요청을 정중히 거절한다. 자신이 사례를 받으려고 한 것이 아니라 하나님께서 능력을 주셔서 고쳤기 때문이다. 나아만이 돌아가는 길에 뒤늦게 달려 나온 사환 게하시는 나아만에게 물질을 요구한다. 나아만은 원래 주려고 했던 것이기 때문에 그리고 엘리사의 사환이기에 의심없이 은 두 달란트와 옷 두 벌을 게하시에게 준다. 게하시는 그 물건을 받아 집에 감춘다.

여기에서 게하시의 행동은 물질의 유혹 앞에 넘어지는 우리들의 모습을 본다. 성서의 아간도 물질에 현혹되어 하나님의 말씀을 어겼고 결국 비참한 최후를 당한 사건이 있었다. 마찬가지로 사환 게하시는 물질에 눈이 멀어 주인인 엘리사의 뜻을 거스른 것이다. 오늘 우리들도 물질 때문에 잘못된 행동을 하는 경우가 발생하게 된다. 부교역자도 물질 때문에 담임목사의 뜻을 어기기도 한다. 또한, 재정적인 어려움으로 인하여 돈에 지나친 욕심을 가지게 되면 교인들과 관계도 목회자와 교인과 관계가 아니라 교인이 돈으로 보이는 잘못을 범하게 된다. 교인들로부터 사례받는 일에 당연히 여기거나 오히려 요구하는 경우도 있다. 이것은 바람직하지 않다. 가급적 교인과는 물질이 오가는 일을 삼가야 한다.

다섯째, 게하시는 엘리사를 속였다.

"들어가 그의 주인 앞에 서니 엘리사가 이르되 게하시야 네가 어디서 오느냐 하니 대답하되 당신의 종이 아무데도 가지 아니하였나이다 하니라 엘리사가 이르되 한 사람이 수레에서 내려 너를 맞이할 때에 내 마음이 함께 가지 아니하였느냐 지금이 어찌 은을 받으며 옷을 받으며 감람원이나 포도원이나 양이나 소나 남종이나 여종을 받을 때이냐 그러므로 나아만의 나병이 네게 들어 네 자손에게 미쳐 영원토록 이르리라 하

니 게하시가 그 앞에서 물러나오매 나병이 발하여 눈같이 되었더라."(왕
하 5:25 - 27)

물질을 감추고 엘리사에게 나타난다. 이때 엘리사는 다 알고 있으
면서 게하시에게 어디를 갔다 왔느냐 묻는다. 그러자 게하시가 엘리
사를 속이기 위하여 거짓을 말한다. 그런데 하나님의 사람 엘리사를
속일 수 없는 것이었다. 엘리사는 사환 게하시에게 사정을 물어보았
고 게하시는 아무런 일도 없는 것처럼 거짓말을 하게 된다. 엘리사가
모를 것이라 생각한 것이다. 있는 그대로 사실을 말하고 용서를 빌어
야 하는데도 불구하고 아무 일도 없는 거처럼 행하였던 것이다. 이
일로 게하시는 심판을 받아 문둥병이 생기는 고통을 겪게 된다.

어느 교회에서 일이다. 부교역자는 매일 사역보고서를 제출하였다.
그 날 심방한 교인들의 이름들과 상황을 보고하는 일이다. 한 부교역
자의 사역보고서에 심방을 한 가정이 기록되어 있는데 담임목사와
그 날 오후에 전화로 통화한 가정이었다. 이 일로 담임목사와 부교역
자의 신뢰가 회복할 수 없는 상황에 놓이게 되었다.

부교역자가 담임목사에게 진실해야 한다. 진실하지 않고 거짓을 말
하게 되면 신뢰가 깨어지게 된다. 담임목사는 부교역자의 사역을 교인
들을 통해서도 듣게 된다. 그런데 거짓으로 보고하게 되면 곧 들통 나
게 된다. 한 번 신뢰가 깨어지면 회복하려면 몇 배의 노력이 필요하다.

여섯째, 게하시는 눈앞의 현실에 급급하였다.

"왕이 이에 말과 병거와 많은 군사를 보내매 그들이 밤에 가서 그 성

읍을 에워쌌더라 하나님의 사람의 사환이 일찍이 일어나서 나가 보니 군사와 말과 병거가 성읍을 에워쌌는지라 그의 사환이 엘리사에게 말하되 아아, 내 주여 우리가 어찌하리이까 하니 대답하되 두려워하지 말라 우리와 함께한 자가 그들과 함께한 자보다 많으니라 하고 기도하여 이르되 여호와여 원하건대 그의 눈을 열어서 보게 하옵소서 하니 여호와께서 그 청년의 눈을 여시매 그가 보니 불말과 불병거가 산에 가득하여 엘리사를 둘렀더라."(왕하 6:14-17)

여기에서 게하시라는 이름이 나오지 않지만 '하나님의 사람의 사환'으로 게하시로 추정한다. 아람의 군대가 엘리사를 잡으러 오게 된다. 이때 많은 군사와 말과 병거는 엘리사를 따르는 사람들에게 두려움을 주었다. 그러나 엘리사는 담대하였다. 그리고 엘리사가 사환의 눈을 열어 불 말과 불 병거가 있음을 보게 하였다. 사환 게하시는 눈앞의 현실만 보게 되었다. 그리고 낙심하였다. 그러나 엘리사는 보이지 않는 불 말과 불 병거를 보았던 것이다.

오늘 부교역자와 담임목사와의 관계에서 부교역자는 자신이 맡은 부서를 보게 된다. 눈앞의 현실적 일에 매이게 된다. 그러나 담임목사는 부교역자가 볼 수 없는 전체의 구도 속에서 교회를 살피고 있다. 따라서 부교역자가 보는 것과는 다른 차원의 시각을 가진 것이다. 이때 부교역자도 교회 전체를 볼 수 있는 시각을 가져야 한다. 담임목사와 같은 시각을 가지고 접근할 때 좋은 결과가 나타나는 것이다.

일곱째, 게하시는 수넴여인을 변호하였다.

"엘리사가 이전에 아들을 다시 살려 준 여인에게 이르되 너는 일어나서 네 가족과 함께 거주할 만한 곳으로 가서 거주하라 여호와께서 기근을 부르셨으니 그대로 이 땅에 칠 년 동안 임하리라 하니 여인이 일어나서 하나님의 사람의 말대로 행하여 그의 가족과 함께 가서 블레셋 사람들의 땅에 칠 년을 우거하다가 칠 년이 다하매 여인이 블레셋 사람들의 땅에서 돌아와 자기 집과 전토를 위하여 호소하려 하여 왕에게 나아갔더라 그때에 왕이 하나님의 사람의 사환 게하시와 서로 말하며 이르되 너는 엘리사가 행한 모든 큰일을 내게 설명하라 하니 게하시가 곧 엘리사가 죽은 자를 다시 살린 일을 왕에게 이야기할 때에 그 다시 살린 아이의 어머니가 자기 집과 전토를 위하여 왕에게 호소하는지라 게하시가 이르되 내 주 왕이여 이는 그 여인이요 저는 그의 아들이니 곧 엘리사가 다시 살린 자니이다 하니라 왕이 그 여인에게 물으매 여인이 설명한지라 왕이 그를 위하여 한 관리를 임명하여 이르되 이 여인에게 속한 모든 것과 이 땅에서 떠날 때부터 이제까지 그의 밭의 소출을 다 돌려주라 하였더라."(왕하 8:1−6)

게하시는 예전에 수넴여인과 일들을 왕에게 이야기한다. 수넴여인이 가뭄이 들어 애굽으로 내려갔다가 와 보니 기업이 없어졌다. 이때 게하시는 수넴여인이 예전에 소유하였던 그 기업을 찾아 주는 역할을 한다. 물론 엘리사의 지시에 의해서 자신과 관계를 맺었던 것을 기억하고 사실을 증언해 주었다. 게하시의 증언은 효과적이어서 수넴여인은 기업을 회복할 수 있었다.

부교역자는 교인의 어려운 형편을 알고 그에 따른 대안을 제시할 수 있어야 한다. 교회 차원에서 도울 수 있는 방안을 모색하여 담임목사의 재가를 얻어 어려움을 극복할 수 있도록 도와야 한다.

10) 예수님의 헬퍼: 베드로

예수님을 따르는 사람들이 많이 있었다. 오병이어의 기적에서 보면 성인남자만 5천 명이나 되는 상황이었다. 여자와 어린아이를 합친다면 2만 명 가까이 되는 많은 무리들이 예수님을 따랐다. 그중에서 예수님은 12명의 제자를 두었다. 12명 가운데 예수님의 특별한 선택을 받은 사람은 베드로, 야고보, 요한이라는 제자다. 이 세 사람은 예수님께서 중요한 자리에 데리고 가셔서 현장을 목격하도록 하셨다. 이 세 사람 가운데서 예수님을 "주는 그리스도요 살아계신 하나님의 아들"로 고백한 베드로는 예수님의 수제자라 할 수 있다. 따라서 베드로가 헬퍼로서 예수님과 어떤 관계를 가졌는지를 살펴본다.

첫째, 베드로는 예수님의 말씀에 즉각 순종하였다.

> "갈릴리 해변에 다니시다가 두 형제 곧 베드로라 하는 시몬과 그의 형제 안드레가 바다에 그물 던지는 것을 보시니 그들은 어부라 말씀하시되 나를 따라오라 내가 너희를 사람을 낚는 어부가 되게 하리라 하시니 그들이 곧 그물을 버려두고 예수를 따르니라."(마4:18-20)

예수님이 그물을 정리하고 있는 베드로에게 나를 따르라 했을 때 베드로는 그물을 던지고 예수님을 바로 따랐다. 예수님의 말씀에 베드로는 다른 생각을 하지 않았다. 즉각적인 반응을 보인 것이다. 이것이 베드로의 장점이다. 나름대로 생각하고 비판적인 분석을 하지 않고 즉각적으로 반응하여 순종하였다.

또한 "베드로가 대답하여 이르되 주여 만일 주님이시거든 나를 명하사 물 위로 오라 하소서 하니 오라 하시니 베드로가 배에서 내려 물 위로 걸어서 예수께로 가되"(마14:28-29) 베드로는 예수님과 같이 물 위를 걷는 데 있어서도 예수님이 물 위를 걸어오라고 하자 즉각 순종하였다. 또한 부활하신 예수님께서 제자들을 갈릴리 바다에서 찾을 때 베드로는 예수님을 발견하고 배 위에서 뛰어내려 예수님께 나아갔다. 그러나 너무 성급하다 보면 잘못된 판단과 헛된 것에 시간을 허비하는 경우가 생길 수 있다.

부교역자는 담임목사의 지시 사항을 가벼이 여기지 않고 즉각 반응하여야 한다. 담임목사가 부교역자에게 지시한 것들을 잊어버리는 경우가 있다. 담임목사가 일의 진척 상황을 확인할 때, 잊어버렸다고 질책을 받기도 한다. 이렇게 잊지 않기 위해서는 메모를 하는 습관을 가져야 한다. 담임목사의 지시사항을 메모하고 그것을 계속 점검해야 한다.

또한 담임목사가 업무를 맡겼음에도 허송세월만 보내는 부교역자가 있다. 맡겨진 일에 대하여 전혀 신경 쓰지 않고 무시하는 경우이다. 담임목사에게 지시받은 일은 빨리 마무리를 하고 보고해야 한다.

둘째, 베드로는 예수님에 대한 고백이 있었다.

"이르시되 너희는 나를 누구라 하느냐 시몬 베드로가 대답하여 이르되 주는 그리스도시요 살아 계신 하나님의 아들이시니이다 예수께서 대답하여 이르시되 바요나 시몬아 네가 복이 있도다 이를 네게 알게 한 이는 혈육이 아니요 하늘에 계신 내 아버지시니라."(마16:15-17)

예수님은 제자들이 자신에 대하여 어떻게 생각하고 있는지를 알아보기 위해 '너희는 나를 누구라 하느냐?'라는 질문을 던진다. 이때 제자들 가운데 베드로가 예수님에게 '주는 그리스도시요 살아계신 하나님의 아들'로 고백한다. 베드로의 예수님에 대한 고백이다.

부교역자는 믿음의 사람이다. 예수님에 대한 믿음이 있어야 한다. 목회자가 된다는 것은 단순히 밥벌이를 하기 위해 하는 것이 아니라 하나님의 분명한 소명이 있었기에 목회자가 된 것이다. 목회자가 되었으면서도 예수님에 대한 신앙고백이 불분명하면 그의 사역은 거짓과 위선의 사역이 되기 쉽다.

따라서 부교역자도 먼저 신앙고백을 제대로 할 수 있어야 한다. 예수님을 단순한 도덕 선생이라 여겨서는 안 된다. 예수님에 대한 믿음과 더불어 하나님에 대한, 교회에 대한, 성경에 대한, 분명한 믿음의 고백을 할 수 있어야 한다. 이러한 믿음이 사역을 자신 있게 할 수 있도록 한다.

셋째, 베드로는 예수님의 의도를 잘 알지 못했다.

"이때로부터 예수 그리스도께서 자기가 예루살렘에 올라가 장로들과 대제사장들과 서기관들에게 많은 고난을 받고 죽임을 당하고 제 삼 일에 살아나야 할 것을 제자들에게 비로소 나타내시니 베드로가 예수를 붙들고 항변하여 이르되 주여 그리 마옵소서 이 일이 결코 주께 미치지 아니하리이다 예수께서 돌이키시며 베드로에게 이르시되 사탄아 내 뒤로 물러가라 너는 나를 넘어지게 하는 자로다 네가 하나님의 일을 생각하지 아니하고 도리어 사람의 일을 생각하는도다 하시고"(마16:21-23)

베드로는 예수님을 3년여 동안 따랐다. 특히 예수님을 가까이서 섬겼던 사람이다. 예수님으로부터 많은 교육을 받았다. 그런 베드로가 예수님에 대하여 잘 알지 못하였다. 예수님께서 십자가에 달려 죽을 것이라는 수난을 예고하는 말에 그래서는 안 된다고 말하며 극구 만류하였다. 베드로의 생각은 예수님이 살아 계셔서 많은 기적과 더불어서 구원의 역사를 이루길 원했는지 모른다. 그러나 그는 예수님이 죽음으로 인해 구원을 이룬다는 것을 알지 못하였던 것이다. 예수님의 십자가 처형에 대하여 부활하실 것에 대하여 예수님께서 많은 가르침을 주었건만 그것을 알지 못하였던 것이다.

"베드로와 및 함께 있는 자들이 깊이 졸다가 온전히 깨어나 예수의 영광과 및 함께 선 두 사람을 보더니 두 사람이 떠날 때에 베드로가 예수께 여짜오되 주여 우리가 여기 있는 것이 좋사오니 우리가 초막 셋을 짓되 하나는 주를 위하여, 하나는 모세를 위하여, 하나는 엘리야를 위하여 하사이다 하되 자기가 하는 말을 자기도 알지 못하더라."(눅 9:32-33)

변화산상에서 예수님은 변화된 모습을 제자들에게 보여주셨다. 이때 베드로는 변화산에서 만난 모세, 엘리야와 더불어 그곳에 초막을 짓고 살기를 원한다. 너무 좋은 황홀경에 빠진 것이다. 그러나 예수님은 산에 머물러 있는 것이 아니라 산 아래에 내려가기를 원하셨다. 이렇게 베드로는 예수님의 의도를 잘 깨닫지 못하였다.

부교역자는 담임목사의 의도를 잘 알아야 한다. 담임목사가 생각하는 것이 무엇인지, 원하는 것이 무엇인지를 알아야 한다. 담임목사의 의중을 잘 알기 위해서는 담임목사와 관계가 바르게 되어 있어야 한다. 담임목사와 진솔한 이야기를 해야 한다. 담임목사에 대한 센스가 있어야 한다. 분위기를 잘 살필 수 있어야 하며 엉뚱한 방향으로 이끌어 가는 것이 아니라 담임목사가 의도하는 방향과 분위기를 조성할 수 있어야 한다.

> "예수께서 이르시되 친구여 네가 무엇을 하려고 왔는지 행하라 하신 대 이에 그들이 나아와 예수께 손을 대어 잡는지라 예수와 함께 있던 자 중의 하나가 손을 펴 칼을 빼어 대제사장의 종을 쳐 그 귀를 떨어뜨리니 이에 예수께서 이르시되 네 칼을 도로 칼집에 꽂으라 칼을 가지는 자는 다 칼로 망하느니라."(마26:50-52)

대제사장의 하인이 예수님을 잡으러오게 되자 예수님 곁에 서 있던 베드로가 칼을 빼어 하인의 귀를 자른다. 베드로의 급한 성격이 나온 것이다. 그런데 여기에서 보면 한편으로 베드로는 예수님의 의도를 잘 알지 못하였던 것 같다. 예수님은 죽음을 당할 각오가 되어 있는데 베드로는 칼을 들어 예수님을 보호하려고 하였다. 예수님을 보호하려는 그의 의도는 예수님의 뜻과 같지 않은 것이다. 이때 예수님께서 칼을 쓰는 자는 칼로 망한다고 하시면서 베드로와 다른 생각임을 분명히 하셨다.

예수님을 보호한다는 좋은 의미였지만 예수님의 의도와는 다르게 된 것이다.

오늘 부교역자들이 간혹 교회를 생각하거나, 담임목사를 생각한다고 하지만 정작 다른 결과를 낳기도 한다. 또한 부교역자는 스스로가 교회를 위하고, 하나님을 생각한다고 하면서 자신의 잘못을 합리화시켜서도 안 된다.

넷째, 베드로는 예수님의 기도 부탁에도 잠을 잤다.

"이에 말씀하시되 내 마음이 매우 고민하여 죽게 되었으니 너희는 여기 머물러 나와 함께 깨어 있으라 하시고 조금 나아가사 얼굴을 땅에 대시고 엎드려 기도하여 이르시되 내 아버지여 만일 할 만하시거든 이 잔을 내게서 지나가게 하옵소서 그러나 나의 원대로 마시옵고 아버지의 원대로 하옵소서 하시고 제자들에게 오사 그 자는 것을 보시고 베드로에게 말씀하시되 너희가 나와 함께한 시간도 이렇게 깨어 있을 수 없더냐 시험에 들지 않게 깨어 기도하라 마음에는 원이로되 육신이 약하도다 하시고"(마26:38 - 41)

예수님께서 대적들에 의하여 위험을 당하는 것을 아시고 겟세마네 동산에 베드로, 야고보, 요한을 데리고 기도하러 가셨다. 겟세마네동산에서 예수님은 하나님께 간절히 기도를 하면서 제자들에게도 기도를 부탁하였다. 그러나 제자들은 예수님의 기도 요청에도 불구하고 잠을 잤다. 거듭된 기도 요청에도 불구하고 제자들은 잠만 잤던 것이다.

부교역자들은 담임목사를 위해서 기도하여야 한다. 부교역자는 자신을 위해서도 기도해야 하지만 한편으로 담임목사를 위해서, 교회를 위해서 기도하여야 한다. 담임목사와 교회의 평안이 부교역자의 사역의 편안함이 될 수 있기 때문이다. 담임목사의 스트레스는 고스란히 부교역자에게 전이되고 부교역자의 사역이 고역이 될 수 있다.

부교역자들도 피곤하고 힘이 들지라도 기도 생활을 소홀히 해서는 안 된다. 부교역자는 시간적으로 여유 있지 않기 때문에 자신의 출근시간을 빨리 하거나 혹 퇴근시간 등에 피곤하고 힘들더라고 기도 시간, 즉 영성을 개발하는 시간을 가져야 한다.

다섯째, 베드로는 예수님을 부인하였다.

"베드로가 바깥뜰에 앉았더니 한 여종이 나아와 이르되 너도 갈릴리 사람 예수와 함께 있었도다 하거늘 베드로가 모든 사람 앞에서 부인하여 이르되 나는 네가 무슨 말을 하는지 알지 못하겠노라 하며 앞문까지 나아가니 다른 여종이 그를 보고 거기 있는 사람들에게 말하되 이 사람은 나사렛 예수와 함께 있었도다 하매 베드로가 맹세하고 또 부인하여 이르되 나는 그 사람을 알지 못하노라 하더라 조금 후에 곁에 섰던 사람들이 나아와 베드로에게 이르되 너도 진실로 그 도당이라 네 말소리가 너를 표명한다 하거늘 그가 저주하며 맹세하여 이르되 나는 그 사람을 알지 못하노라 하니 곧 닭이 울더라 이에 베드로가 예수의 말씀에 닭 울기 전에 네가 세 번 나를 부인하리라 하심이 생각나서 밖에 나가서 심히 통곡하니라."(마 26:69-75)

베드로는 예수님이 잡히자 그곳에 따라간다. 그러나 대제사장의 뜰에서 하인들의 질문에 예수님을 모른다고 부인한다. 베드로는 심지어 예수님을 저주하기까지 한다. 자신의 목숨을 건지기 위해 예수님을 부인하였던 것이다. 이때 닭 울음소리가 들렸고 자신을 돌아보고 즉각 회개하였다.

부교역자도 사람이기에 일을 잘못 처리할 때가 있다. 그런데 잘못된 일 처리를 변명하다 보면 도리어 교회에 더 큰 해를 끼치기도 한다. 담임목사를 속이거나 거짓을 말할 수 있다. 따라서 잘못을 깨닫

게 되면 솔직하게 보고해야 한다. 거짓은 언젠가는 탄로 나게 되고
그것은 담임목사와 신뢰관계가 깨어지게 된다.

또한 부교역자 자신이 살기 위해 담임목사를 곤경에 처하도록 해
서는 안 된다.

11) 바울의 헬퍼: 디도

바울에게 있어서 선교의 특징은 많은 선교 동역자들과 함께한 팀
선교(Team ministry)라 할 수 있다. 바나바가 안디옥교회의 리더가 되
었고 바울은 바나바의 헬퍼로서 안디옥교회를 섬겼다. 바나바가 선교
사로 파송되어 갈 때 바울은 바나바와 함께하였다. 바울의 1차 선교
여행은 엄밀한 의미에서 바나바가 리더였고 바울과 마가는 헬퍼였다
고 볼 수 있다. 1차 선교여행이 끝나고 2차 선교여행을 출발하기 전
바울은 마가의 문제로 바나바와 갈등을 겪게 되어 갈라서게 된다. 바
울은 2차 선교여행을 시작하면서 실라와 디모데와 더불어 팀을 만들
고 그 선교 팀의 리더가 된다.

바울이 선교 지역마다 교회를 세워 나가는 데 있어서 많은 조력자
(助力子)가 필요하였고, 그들이 바울의 헬퍼가 되었다. 바울 서신에서
동역자[33]라는 말이 여러 번 반복되어 나온다. 이것은 바울 사역의 독
자성을 나타내면서도 한편으로 여러 동역자들과 함께한 사역이라고

---

33) 실라(행15:40), 아굴라와 브리스길라(행18:26) 디모데(롬16:21), 빌레몬(몬1:1), 디도
   (고후8:23), 마가, 아리스다고, 데마, 누가(몬1:24), 우르바노(롬16:9), 글레멘트(빌
   4:3), 아볼로(고전3:9), 두기고(엡6:21, 골4:7).

볼 수 있다.

바울의 믿음의 아들이었던 디모데와 디도는 목회자로서 바울을 도왔던 사람이다. 한편 보이지 않는 곳에서 바울을 도왔던 많은 평신도들이 있었다. 빌립보교회를 세우는 데 지대한 공헌을 했던 루디아, 바울의 선교 사역에 부부가 동참하면서 생명까지 아낌없이 헌신했던 브리스길라와 아굴라 등이 있었다. 바울에게 있어서 헬퍼들은 남자나 여자, 종과 자유자, 유대인과 헬라인 등 다양한 선교 동역자들로 구별이 없었다. 그중에서 바울의 헬퍼로 목회자였던 디도와 디모데를 정리한다.

특히 신약성서에서 디모데전후서와 디도서를 목회서신이라 부른다. 이것은 디모데와 디도가 목회자라는 의미가 있으며 이들에게 목회에 대한 전반적인 교육을 하고 있다. 디도는 헬라인으로 바울의 복음 사역에 중요한 역할을 했던 초대교회의 신앙의 인물이다. 목회자 디도가 바울 사역에 얼마나 많은 도움을 주었는가를 살펴보면서 헬퍼 디도에 대하여 생각해 본다.

첫째, 디도는 바울에게 있어서 동역자로 인정받았다.

"디도로 말하면 나의 동료요 너희를 위한 나의 동역자요 우리 형제들로 말하면 여러 교회의 사자들이요 그리스도의 영광이니라."(고후 8:23)
"같은 믿음을 따라 나의 참아들 된 디도에게 편지하노니 하나님 아버지와 그리스도 예수 우리 구주로부터 은혜와 평강이 네게 있을지어다."(딛 1:4)
"내가 내 형제 디도를 만나지 못하므로 내 심령이 편하지 못하여 그

들을 작별하고 마게도냐로 갔노라.”(고후2:13)

디도는 바울에게 선교의 동역자요 동료였다. 특히 바울은 디도를 향하여 ‘참아들 된 디도’라고 표현하고 있다. 디도는 바울의 선교사역을 도왔다. 디도는 바울에 의해서 신앙생활을 시작하였고 바울을 통하여 신앙의 훈련을 받아 목회자가 되었다. 이러한 디도를 바울은 ‘여러 교회의 사자들이요 그리스도의 영광’이라고까지 하면서 인정해 주었다. 디도는 스승인 바울에게 인정받은 자가 되었다. 특히 바울은 디도를 형제로 표현하면서 친밀감을 표시하였다.

부교역자는 담임목사에게 인정받는 자가 되어야 한다. 담임목사가 다른 목회자들에게 자랑할 수 있을 정도로 인정받도록 해야 한다. 인정받는다는 것은 능력과 성실함 등 헬퍼로서 갖추어야 할 여러 조건들에 있어서 탁월하다는 평가를 받아야 한다. 특히 담임목사로부터 신뢰를 받아야 한다.

둘째, 디도는 문제의 해결사였다.[34]

디도는 바울의 선교에 있어서 중요한 할례의 문제를 해결하는 데 결정적인 공헌을 하게 된다.

“십사 년 후에 내가 바나바와 함께 디도를 데리고 다시 예루살렘에 올라갔나니 계시를 따라 올라가 내가 이방 가운데서 전파하는 복음을 그들에게 제시하되 유력한 자들에게 사사로이 한 것은 내가 달음질하는

---

34) Leslie B. Flynn, 『또 다른 열두 사도』 이국진 역, (서울: 생명의말씀사, 1991), 59－70 디도를 초대교회의 4개의 큰 문제를 해결한 해결사로 보았다.

것이나 달음질한 것이 헛되지 않게 하려 함이라 그러나 나와 함께 있는 헬라인 디도까지도 억지로 할례를 받게 하지 아니하였으니 이는 가만히 들어온 거짓 형제들 때문이라 그들이 가만히 들어온 것은 그리스도 예수 안에서 우리가 가진 자유를 엿보고 우리를 종으로 삼고자 함이로되"(갈 2:1-4)

디도는 이방인으로 할례를 받지 않은 그리스도인이었다. 당시 유대 그리스도인들은 예수를 주로 고백할지라도 할례를 받아야만 그리스도인으로 인정할 수 있다고 주장하였다. 바울이 1차 선교여행을 마치고 예루살렘에 가서 선교 보고를 하면서 할례의 문제를 제기하였다. 이 일로 인해 첫 번째 종교회의인 예루살렘회의가 개최된다. 이때 바울은 할례를 받지 않은 디도를 데리고 가면서 할례를 받지 않고도 믿음의 사람으로 살아가는 디도를 소개하는 등 적극적인 주장을 전개한다. 결국 예루살렘 회의는 할례를 받지 않고도 그리스도인이 될 수 있다는 결정을 내리게 된다. 디도는 할례의 문제를 직접 해결하지 않았을지라도 해결할 수 있는 단초를 제공하였다.

부교역자는 교회 내에서 발생하는 여러 문제 즉 신학적인 부분과 여러 상황에 있어서 부교역자가 직접 해결하지 않을지라도 해결의 단초를 제공할 수 있어야 한다.

또한 디도는 문제 해결의 사람으로 바울에게 중용되었다. 고린도교회의 예루살렘교회에 대한 구제의 문제를 해결하기 위해 바울로부터 파송을 받아 고린도교회에서 사역을 하게 된다. 또한 그레데 교회의 문제가 생겼을 때 바울은 디도에게 그레데의 문제도 해결하라는 지시를 받게 된다.

"내가 너를 그레데에 남겨 둔 이유는 남은 일을 정리하고 내가 명한 대로 각 성에 장로들을 세우게 하려 함이니"(딛 1:5)

"그러나 낙심한 자들을 위로하시는 하나님이 디도가 옴으로 우리를 위로하셨으니 그가 온 것뿐 아니요 오직 그가 너희에게서 받은 그 위로로 위로하고 너희의 사모함과 애통함과 나를 위하여 열심 있는 것을 우리에게 보고함으로 나를 더욱 기쁘게 하였느니라 그러므로 내가 편지로 너희를 근심하게 한 것을 후회하였으나 지금은 후회하지 아니함은 그 편지가 너희로 잠시만 근심하게 한 줄을 앎이라."(고후 7:6-8)

"이로 말미암아 우리가 위로를 받았고 우리가 받은 위로 위에 디도의 기쁨으로 우리가 더욱 많이 기뻐함은 그의 마음이 너희 무리로 말미암아 안심함을 얻었음이라 내가 그에게 너희를 위하여 자랑한 것이 있더라도 부끄럽지 아니하니 우리가 너희에게 이른 말이 다 참된 것같이 디도 앞에서 우리가 자랑한 것도 참되게 되었도다."(고후7:13-14)

이렇듯 디도는 여러 교회 등의 문제를 해결하기 위하여 바울의 해결사로 각 교회로 파송되었다. 고린도교회는 초창기에 디모데가 사역을 하였으나 잘 감당하지 못하였고 고린도교회의 안정을 위해 바울은 디도를 파송한다. 고린도교회에서 디도는 문제를 해결하기 위하여 '존중과 사랑'[35]으로 교회를 안정적으로 만들었다. 디도는 이 일을 바울에게 보고하기를 소수의 무리가 바울의 권위를 아직도 부정하고 있지만 바울에게 충실한 대다수의 교인들은 문제를 일으킨 자를 처리하였음을 보고한다. 또한 고린도교회의 헌금의 문제를 가지고 구제를 위한 헌금에 대하여 설명하고 헌금을 가지고 바울에게 함께 갈 사역자까지 선출했음을 보고한다.(고후 8:19-21)

---

35) 위 글, 65.

디도는 자신의 사역을 계속해서 바울에게 보고를 드리는 것을 볼 수 있다. 바울의 궁금증을 해결하기 위함이었다. 부교역자가 담임목사에게 보고를 잘 드려야 한다. 담임목사가 알고 싶어 하는 것과 업무 등에 대한 보고사항을 잘 정리하여 담임목사에 정리된 보고를 드려야 한다.

한편으로 그레데 섬으로 파송을 받아 사역을 하게 되었다. 그레데 섬에 파송받으면서 바울 사도를 통하여 위임받은 사항은 그레데교회에 장로를 선출하는 일이다. 장로를 선출하는 일과 바른 교훈을 권면하여 신실한 믿음의 사람들을 만들도록 목회 사역을 하였다. 부교역자는 담임목사의 지시에 의해 여러 분야에서 맡은 바 책임을 다하여야 하고 실행되는 과정을 계속해서 보고해야 한다.

셋째, 디도는 바울 사도를 통해 목회의 방법론을 교육받았다.

바울은 자신의 믿음의 아들인 디도에게 편지를 보내어 목회에 대한 여러 조언들을 하게 된다. 그 편지가 디도서이다. 특히 그레데 섬에 머물고 있는 디도에게 장로를 세울 것을 권하면서 장로와 감독의 자격 기준을 가르치고 있다.

"내가 너를 그레데에 남겨 둔 이유는 남은 일을 정리하고 내가 명한 대로 각 성에 장로들을 세우게 하려 함이니 책망할 것이 없고 한 아내의 남편이며 방탕하다는 비난을 받거나 불순종하는 일이 없는 믿는 자녀를 둔 자라야 할지라 감독은 하나님의 청지기로서 책망할 것이 없고 제 고집대로 하지 아니하며 급히 분내지 아니하며 술을 즐기지 아니하며 구타하지 아니하며 더러운 이득을 탐하지 아니하며 오직 나그네를 대접하며 선행을 좋아하며 신중하며 의로우며 거룩하며 절제하며 미쁜 말씀의 가르침을 그대로 지켜야 하리니 이는 능히 바른 교훈으로 권면하고 거슬러 말하는 자들을 책망하게 하려 함이라."(딛1:5-9)

거짓교사에 대하여 경고하면서 그리스도인의 바른 신앙생활을 할 것을 권면하도록 하였다. 이러한 디도에게의 가르침은 디모데에게 가르치는 것과 유사하였다. 바울은 디도에게 편지를 쓰면서 목회자들에게 어떻게 목회해야 하는가를 가르쳐 주고 있으며 디도는 이러한 가르침을 받은 것이다.

이러한 가르침은 부교역자가 교회에서 사역을 하면서 담임목사의 목회를 배워야 한다는 의미로 해석할 수 있다. 부교역자는 아직 목회의 초년병이다. 그러나 담임목사는 오랜 연륜을 가진 목회자이다. 부교역자로 사역하는 동안에 경험에 나오는 다양한 목회 방법론을 습득할 수 있는 기회로 삼아야 한다.

디도는 초대교회의 위대한 복음 사역자의 한 사람이며, 바울의 신실한 동역자로서 그의 사랑을 받았을 뿐만 아니라 주님의 복음을 이방 세계에 널리 전파하고 이를 정착시키는 데 큰 공헌을 한 인물이다.

진정한 헬퍼는 자신이 서 있는 곳에서 자신의 리더에게 최선을 다하는 존재가 되어야 한다.

12) 바울의 헬퍼: 디모데

디모데의 아버지는 헬라인이었고 어머니는 유대인이었다. 어렸을 때부터 성경을 알았고 하나님을 섬기는 사람이었다. 디모데는 바울을 만난 다음부터 본격적인 사역을 하게 된다. 바울이 1차 전도여행을 하는 중에 디모데를 만났고 그 이후 바울을 따랐다. 그래서 그는 할 례를 받아 유대인 그리스도인들에게 거부감을 갖지 않도록 하였으며 장로회에서도 안수를 받아 교회의 사역자로 인정을 받았다. 바울은 디모데에게 두 편의 편지를 보내서 디모데가 좋은 목회자가 되도록 하였다. 디모데는 목회의 선배인 바울을 돕는 자로서 또한 후배로서 바울의 사역을 배우게 된다.

> "바울이 더베와 루스드라에도 이르매 거기 디모데라 하는 제자가 있
> 으니 그 어머니는 믿는 유대 여자요 아버지는 헬라인이라 디모데는 루
> 스드라와 이고니온에 있는 형제들에게 칭찬받는 자니 바울이 그를 데리
> 고 떠나고자 할새 그 지역에 있는 유대인으로 말미암아 그를 데려다가
> 할례를 행하니 이는 그 사람들이 그의 아버지는 헬라인인 줄 다 앎이러
> 라."(행16:1-3)

첫째, 디모데는 바울의 사역에 동행하였다.

> "아시아까지 함께 가는 자는 베뢰아 사람 부로의 아들 소바더와 데살
> 로니가 사람 아리스다고와 세군도와 더베 사람 가이오와 및 디모데와
> 아시아 사람 두기고와 드로비모라 그들은 먼저 가서 드로아에서 우리를
> 기다리더라."(행20:4-5)

당시 선교여행을 한다는 것은 대단한 위험이 도사리고 있었다. 따 라서 선교여행을 하기 위해서는 생명을 걸 만큼 결단이 필요했다. 바

울은 선교여행으로 인하여 목숨을 잃을 뻔한 숱한 위기를 말하고 있다. 이러한 위기에 동행자가 있다는 것은 큰 도움이 된다. 디모데는 바울과 동행하면서 바울이 곳곳에 선교사역을 하도록 하면 순종하여 선교사역을 감당하였다.

복음사역을 하는 것은 힘들고 어려운 일이 산재해 있다. 여러 위기들이 도사리고 있는데 위기 앞에서 함께해 준 동역자가 있다면 큰 위로가 되고 힘이 된다. 담임목사의 사역이 언제나 행복한 것은 아니다. 부교역자는 육체적으로 힘이 들지만 담임목사는 정신적 육체적으로 힘이 들 때가 많다. 이것을 이해하고 함께해 준 부교역자의 헬퍼십은 담임목사에게 큰 힘이 된다.

둘째, 바울은 디모데를 "사랑하고 신실한 아들, 믿음 안에서 참아들"이라고 칭하였다.

"우리 구주 하나님과 우리의 소망이신 그리스도 예수의 명령을 따라 그리스도 예수의 사도 된 바울은 믿음 안에서 참아들 된 디모데에게 편지하노니 하나님 아버지와 그리스도 예수 우리 주께로부터 은혜와 긍휼과 평강이 네게 있을지어다."(딤전1:1, 2)

바울은 디모데를 통해서 위로받기를 원했다. 그는 마지막 죽음을 앞두고 디모데를 보기 원하였다. 바울에게 있어서 디모데는 아들과 같은 인물이었기 때문이다. 바울이 복음을 디모데에게 전했고 디모데는 바울이 전한 복음을 받아들이면서 바울과 함께한 동역자가 되었다. 바울은 디모데를 아들과 같은 자라 부를 정도로 가까운 사이가 된다. 그래서 그는 믿음을 전수해 줄 뿐 아니라 디모데를 교회를 맡아 섬기는 사역자로 훈련시켜 교회를 담임하여 목회를 하도록 하였다.

"디모데의 연단을 너희가 아나니 자식이 아버지에게 함같이 나와 함께 복음을 위하여 수고하였느니라."(빌립보서 2:22)
"자기를 돕는 사람 중에서 디모데와 에라스도 두 사람을 마게도냐로 보내고 자기는 아시아에 얼마 동안 더 있으니라."(사도행전 19:22)

이러한 디모데와 관계는 바울이 죽기 전에 디모데를 보고 싶어 했던 것을 통해 알 수 있다. 디모데는 바울의 특별한 사랑을 받은 사람이었다. 담임목사와 부교역자 관계에서 믿음의 아들, 영적 부자간의 관계로 발전되면 좋을 것이다. 사역을 함께 할 때나 아니면 사역을 그만두고 다른 곳으로 임지를 옮기고 나서도 물과 기름 관계로 서로 비난하는 관계가 아니라 존경하고 칭찬하는 관계를 만들어야 한다.

셋째, 디모데는 건강상의 문제로 바울의 근심거리가 되기도 하였다.

"이제부터는 물만 마시지 말고 네 위장과 자주 나는 병을 위하여는 포도주를 조금씩 쓰라."(딤전 5:23)

디모데는 위 혹은 소화기관이 좋지 못했던 것 같다. 따라서 바울은 디모데에게 포도주를 적당하게 마시라고 권하고 있다.
목회자들은 건강해야 한다. 건강은 자신 스스로가 챙겨야 한다. 건강관리를 잘못하여 담임목사나 교회에 누를 끼쳐서는 안 된다. 자신만의 건강관리 시스템을 구축하여 영과 육 모두가 건강하도록 해야한다. 스트레스를 해소할 수 있는 취미와 적당한 운동을 통해 항상 최상의 몸 상태를 만들어야 한다.

디모데는 연소함으로 바울의 근심거리가 되기도 하였다.

> "누구든지 네 연소함을 업신여기지 못하게 하고 오직 말과 행실과 사랑과 믿음과 정절에 있어서 믿는 자에게 본이 되어"(딤전 4:12)

디모데는 아직 나이가 많지 않은 청년 목회자였던 것 같다. 바울은 디모데가 목회를 하는 데 나이가 어리다고 업신여김을 받지 않도록 해야 한다고 한다. 간혹 교인 중에는 목회자를 자신의 아들 또래로 생각하여 함부로 대하는 경우가 있다. 예전에 처음 목회를 시작한 필자에게 항상 자신의 아들과 나이가 똑같다는 말을 자주 하는 집사가 있었다. 아들과 같은 의미로 받아들였지만 나이가 어린 나로서는 마음 한 부분에 불만이 있었던 적이 있었다. 나이를 그렇다고 더 먹을 수 있는 것은 아니잖은가?

중요한 것은 나이가 아니라 영성의 풍부함과 더불어서 목회에 있어서 다양한 경험자로 주저하지 않고 당당하게 목회를 해야 한다. 특히 부교역자는 나이와 경험에서 담임목사와 차이가 있다. 나이가 어리다고 목회를 못 하는 것은 아니지만 같은 부교역자들 간의 비교거리가 될 수는 있다. 또한 교인들이 나이 어린 부교역자에 대한 생각은 경험이 미숙한 목회자라고 보기도 한다. 중요한 것은 하나님의 부름을 받은 사역자로 당당하게 하나님의 뜻을 선포할 수 있어야 한다.

부교역자는 여러 이유로 담임목사에게 걱정거리를 주어서는 안 된다. 부교역자의 가정의 문제나 혹은 대인관계의 등에서 담임목사가 걱정하지 않도록 해야 한다. 사역을 하는 업무에 있어서도 불필요한 걱정을 하지 않도록 심혈을 기울여 완수해야 한다. 부교역자의 사역 가운데 하나는 담임목사를 최대한 편안하게 해 주는 것이다. 어느 교회에서 부교역자의 불성실한 사역으로 인해 담임목사가 스트레스가 쌓여 병원에 입원하는 일이 발생하였고 결국 담임목사가 그 교회를 떠나게 되었다는 소식을 들었다. 정말 안타까운 일이다.

4

헬퍼로서 부교역자 이해

오늘의 목회상황은 담임목사 혼자서만 목회할 수가 없고, 다른 목회자들과 함께 협동으로 목회할 수밖에 없으며, 또 그래야만 목회적인 효과를 가져오게 된다. 이때 필요한 부분이 부교역자이다. 여기에서 부교역자라 할 때는 담임목사를 제외하고 교회 안에서 목회 고유의 업무를 담당하고 있는 자를 말한다. '부교역자'에는 부목사와 전도사 그리고 교육전도사가 있다. 이러한 부교역자들은 담임목회자가 헬퍼가 되기도 하지만, 반대로 담임목사의 헬퍼가 된다.

부교역자는 교회 상황에 따라 목회 기능의 어떤 부분을 분배하여 책임을 위임받거나 또는 담임목사의 전반적인 목회를 보좌하게 된다. 개 교회에서 담임목사를 제외한 협력 목회자들에 대해 사용하는 명칭으로는 교파에 따라 약간씩 다르다.

부교역자라고 하면 먼저 '부목사'가 있다. 부목사는 목사로 안수받은 사역자이다. 이들이 주로 담당하는 부분은 교구를 맡아 교구 관리를 실질적으로 하는 교구목사, 행정을 담당한 행정목사, 찬양과 예배를 담당한 음악목사, 교육을 담당한 교육목사, 그리고 교인들을 상담하는 상담목사 등이 있다. 이들은 목사로서 노회에서는 담임목사와 같은 한 회원으로 인정받는 자들이다. 또한 아직 목사 안수를 받지 않았으나 설교권을 위임받은 준목(강도사)이 있으며, 이들은 목사 안수를 받기 위한 전 단계라 할 수 있다. 이들은 때가 되면 특별한 일이 없는 경우 목사 안수를 받는다. '전임 전도사'들이 있는데 목사 안수를 받지 않고 매일 출근하면서 맡겨진 사역을 하는 자들로 심방을 주로 담당하는 전도사, 행정을 담당하는 전도사, 전도를 담당하는 전도사 등 특별한 부서를 맡아서 사역하는 교역자다. 또한 교육기관을 맡은 교육전도사 등을 통칭하여 부교역자라 부른다.

담임목사와 부교역자들은 크게 보면 모두 하나님의 종이요, 그리스도의 일꾼이다. 즉 한 하나님을 모셨으며, 한 성령의 역사를 받으며, 한 그리스도 예수를 주님으로 섬기는 한 교회의 동역자들이다. 동역자라고 할 때에 주의할 것은 그 지위와 역할이 동등하다는 의미가 아니라는 점이다. "마치 손이나 발이 한 몸이지만 그 몸을 위한 지체로서의 역할은 다른 것처럼 각 동역자 간에는 교회를 효율적으로 섬기기 위한 지위와 역할이 분화되어 있다."[36]

부교역자에 관한 정의는 먼저 교역자에 관한 정의에서 생각해 볼 수 있다. 교역자라는 큰 틀 안에서 부교역자를 바라볼 수 있기 때문이다. 부교역자라는 말은 성경 어디에서도 찾아볼 수 없다. 다만 성서에서는 '목자(牧者)'라는 말을 사용하는데 이 말은 이스라엘 공동체에서 지도자를 일컫는다. 그러나 특별한 지도자가 아닐지라도 '목자

---

36) 임수택, 『교육전도사론』(서울: 개혁주의신행협회, 1992), 43.

(牧者)'라는 말은 유목생활을 하는 이스라엘 백성들에게 있어서는 매우 친밀하면서도 쉽게 다가오는 말이다.

교역자는 목회자(牧會者)라고도 불리는데, 목회자란 목회를 하는 사람이다. 그렇다면 목회란 무엇인가? 목회란 "하느님은 개개인을 결단코 포기하시지 않는 분이라는 믿음 안에서 각 개인들을 설교와 성례전, 즉 하느님의 말씀으로 이끌어 주고 교회의 한 지체가 되게 하며, 교회 안에 삶을 보존시켜 주는 수단이다. 그러므로 목회는 교회를 형성하고, 생존하게 하며, 개개인을 영적인 타락과 부패에서 건져내서 삶을 보존시켜 주는 성화(聖化)와 훈련(訓練)의 행위인 것이다."[37] 이러한 목회를 하는 사람을 목회자 또는 교역자라고 한다.

목사(牧師)[38]라는 명칭이 갖는 의미를 살펴보면 다음과 같다.

첫째, Pastor이다. 이 말은 '목자(shepherd)'라는 개념을 가지고 있다. 양떼들의 건강 상태를 살피고, 건강한 성장을 하도록 관리하고 돕는 것을 뜻한다. 또한 맹수들로부터 보호하거나, 푸른 초장으로 길을 인도하기도 한다. 예수님께서는 '선한 목자'(요10:11, 12, 14, 16; 마9;36)로 자신을 표현한다. 목사는 "하나님께서 선택하여 세우심으로 교회를 돌보며 양떼들을 영적으로 인도하고 양육하며 다스리고 격려하며 보살펴 주는 사람"[39]이다.

---

37) 에드워드 투르나이젠,『목회학 원론』박근원 역, (서울: 성서교재간행사, 1987), 25.
38) 성경에는 목회자와 관련된 명칭들이 있다. 사람을 낚는 어부(마4:19; 눅5:10), 증인(행1:18), 감독자(행20:28), 사역자(거전3:5), 그리스도의 일꾼(고전4:1), 하나님의 비밀을 맡은 자(고전 4:1), 새 언약의 일꾼(고후3:6), 그리스도의 사신(고후5:20), 하나님의 동역자(고전3:9), 함께 일하는 자(고후6:1), 하나님의 일꾼(고후6:4), 그리스도 복음을 전하는 하나님의 일꾼(살전3:2), 교회의 사자(고후8:23), 군사 된 자(빌2:25), 장로(딤전5:17;벧전5:1), 하나님의 사람(딤전6:11), 하나님의 종(딛1:1;빌1:1;롬1:1), 하나님의 선한 청지기(딛1:7;벧전4:10).

둘째는 Minister(롬15:16;골1:7, 4:7;딤전4:6;히13:10)이다. 라틴어에서 나온 말로 "음식을 제공하고 일상생활에 필요한 물건을 공급해 주는 사역자와 봉사하는 헌신자"[40]를 의미했다. 복음서에는 '종'으로 서신서에서는 '섬기는 자'로 언급되었다. "예수님은 섬기는 자로 오시어 제자들의 발을 씻기시는 섬김의 종"(요16:2;마23:11;눅22:26, 27;막10:43, 45;마20:26, 28;막9:35)이라 할 수 있다. 이 말은 개신교 성직자를 지칭하는 말로 사용된다. 목사는 자신이 가지고 있는 재능, 지식, 시간 등 이러한 것들이 목사 개인의 것이 아니고 예수님의 소유물임을 나타내며 나아가 예수님의 종으로서 그것들을 사용해야만 한다.

셋째는 Reverend이다. 이 말은 "라틴어 reverendus에서 유래되었는데 15세기 이후부터 성직자에게 붙이는 존경을 표시하는 통칭이다."[41] 그 신분으로 인하여 '자주 존경받는 사람'[42]이라는 의미를 지니고 있다.

넷째는 Clergyman이다. "제비 뽑힘을 받아서 하나님의 천국사역을 위해 택함을 받은 사람을 의미"[43]한다. 목회자의 행정적인 활동을 중심으로 하는 것으로 "중세기에 교회법을 배워 목회를 수행하도록 준비하는 사람"[44]이다.

다섯째는 Preacher이다. "설교하는 사람을 지칭하는 것으로서 하나님의 말씀을 사람 앞에서 외치는 설교 인(人)"[45]을 의미한다. 설교는 목

---

39) 이주영, 『부목사학』(서울: 성광문화사, 1987), 28 – 29.

40) 위 글, 27.

41) Thomas C. Oden, 『목회신학』 이기춘 역, (서울: 한국신학연구소, 2004), 100.

42) 이주영, 앞 글, 27.

43) 위 글, 28.

44) Thomas C. Oden, 앞 글, 100.

45) 이주영, 앞 글, 28.

회 사역 중 중요한 부분이다.

여섯째는 Bishop이다. "가톨릭에서는 주교라고 하며 감리교에서는 감독"[46]이라고 부른다. 행정적으로 교역자를 지도 감독하는 자이다.

이 외에 장로(Elder)는 교회를 인도하는 일에 있어서 성숙도와 경험의 차원으로, 치료자(Curate)는 병들고 상처받은 자들을 치료하는 자로, 사제(Priest)는 성례전을 중심으로 하나님의 은총을 중재하는 자로, 전도자(Evangelist)는 말씀을 전하고 순회하면서 목회하는 자로, 죄인들에 대하여 하나님의 뜻을 선포하고 그들이 그리스도를 통하여 하나님과 화해를 가지도록 도와줄 때 그를 대사(大使, Ambassador)로, 채플린(Chaplain)은 공공기관의 예배당에서 예배를 인도하는 기관목사로, 다양한 이름으로 목회자를 부르고 있다.

또한 그리스도인이 되면 모든 성도들은 예수를 증거하고, 가르치고, 치유하며, 전파하라고 부르심을 받는다. 이 가운데서 특별히 어떤 사람에게 안수를 주어 가르치고, 치유하며 말씀을 선포하는 직분을 맡게 되는데 이를 교역자라 부른다. 교역자는 교사와 설교자로서 성경이 살아 있는 말씀으로 사람들에게 받아들여지도록 할 수 있어야 한다. 교역자는 교인들의 다양한 요구를 알고 그에 합당한 봉사를 할 수 있어야 한다. 교역자는 교인들이 선교 사업에 적극 참여할 수 있도록 권면하고 인도하여야 한다.

교역자가 해야 하는 기능으로서 박근원은 "전달의 기능, 목양의 기능, 조직의 기능"[47]을 해야 한다고 하였다. 부교역자의 기능은 담임 교역자의 일부분을 맡아서 하는 기능이므로 교역자의 기능 가운데서

---

46) 위 글, 28.
47) 박근원, 앞 글, 28.

부교역자의 기능도 살펴볼 수 있다.

"부목사라 부를 때는 목사(pastor)라는 단어 앞의 접두어 부(副)는 보조라는 뜻의 'assistant, assocate, adjutant'와 대리 버금의 뜻을 지닌 'deputy, substitude, acting'"[48) 등이다. 따라서 부교역자는 "교회의 프로그램을 총괄적으로 책임을 맡고 있는 담임목사를 보좌해서 일하는 동역자(fellow－laborer)"[49)이다.

1) 역사적 정의

부교역자라는 말은 성서 어느 곳에서도 나오지 않는다. 그러나 성서의 많은 부분은 부교역자와 같은 헬퍼의 모습들을 발견할 수 있다. 구약성서에서 부교역자의 모형은 모세의 헬퍼로서 여호수아와 갈렙을 들 수 있다. 엘리야를 도운 엘리사에서, 엘리사의 시종이었던 게하시의 모습에서 찾을 수 있다. 한편 신약성서에서는 예수님의 12제자에게서, 바울을 도운 디모데와 디도에게서 부교역자의 모습을 찾을 수 있다.

초대교회의 사도들은 예수로부터 직접 부름을 받아 예수로부터 직접 그 직책을 받았음으로 제일 큰 권위를 가지고 있었으며, 장로와 감독과 집사가 그들을 도와 모든 일을 이끌어 갔다.(행15:2, 4, 6, 22－23;딤전4:14;5:17;벧전5:1) 사도들을 제외하고 "감독(장로)과 집사가 있

---

48) 시사영어사, 『The New World Comprehensive Korean－English dictionary』(서울: 시사영어사, 1979), 167.
49) 임택진, 『목회자가 쓴 목회학』(서울: 기독교교교문사 1974), 351.

어서 신자들을 돌보는 일을 하였다. 예언자나 교사가 있어 예언도 하고 가르치기도 하였다."[50] 그러나 특별한 직분의 고하가 없었다. 초대교회의 지도자들은 하나님과 공동체에 대한 봉사의 고귀한 목적을 위해 선택되었다. "목회자들 사이에 계급적인 질서가 등장한 것은 대략 1세기를 전후하여 목회의 직무를 감독(episkopos), 장로(presbuteros), 집사(diakonos)로 세분화되면서부터이다. 이와 같은 목회직의 변천과정에서 교회에는 교권제도가 강화되어 성직자와 평신도의 두 계급이 생기게 되었으며, 목회자 안에서도 계급적인 차이"[51] 가 나타나게 되었다.

2세기 이후부터는 "감독직과 장로직이 분리가 되는 동시에 감독직이 점점 더 중요시되게 되었다. 이그나티우스(A. D 35 – 107)에 이르러 감독은 장로보다 월등한 직분으로 인정"[52]되었다.

3세기 중반 교권제도는 교회 정치의 일반적인 체계가 되어 갔다. 감독은 가장 권위가 있고 대변자적인 모습을 지니게 되었다.[53]

"4세기 초에 감독은 지방교회에 있던 장로들에게 성례전을 거행할 권한을 양도해 주었다. 그 결과 지방교회에 있던 장로가 사제(司祭)가 되었다. 감독과 사제가 된 장로들을 합쳐서 사제단(司祭團)이 생겼으며, 이는 사제단(司祭團, sacerdotium)과 평신도(平信徒, laity)라는 두 개의 계급이 생겼다."[54]

---

50) 이종성,『교회의 직제와 교육』(서울: 한국기독교학술원, 2001), 99.
51) 안승철,『협력목회자로서 부목사의 역할 연구』(미간행박사학논문: 연세대학교 연합신학대학원, 2004). ⅴ.
52) 이종성 앞 글 187.
53) 위 글. 102.
54) 위 글, 100 – 102.

4세기에서 5세기까지 "감독은 일반 문제에 대한 재판권까지 차지하면서 계급화가 더욱 세분화되었으며 계급에 따라 옷이 다를 뿐 아니라, 장신구까지도 구별되었으며, 의자도 황제의 옥좌같이 권세가 있는 것"[55]으로 변해져 갔다. 이러한 교권제도는 중세기 전반에 걸쳐 성직자 계급제도의 틀을 만들었으며 로마 카톨릭은 성직 내에서도 계급을 고착화시켰다.

로마 카톨릭은 교황을 최고봉으로 그 밑에 주교가 있어 주로 미사를 돕고 교인들을 가르치고 양육한다. 이러한 교직 외에 추기경 제도가 있는데 그들은 교황을 선임하고 교황의 고문 역할도 한다. 즉 교황(敎皇) – 추기경 – 주교(bishop) – 사제(priest) – 부제(deacon)로 이어지는 성직자들의 계급이 형성되어 있다고 볼 수 있다.

종교개혁 당시 감독 제도를 채택한 교회, 즉 카톨릭교회, 그리스정교회, 성공회 등과 여기서 파생된 교파들은 교직의 계급적 차이를 인정하고 있다. 로마 카톨릭 교회 안에는 수많은 '직분'[56]들이 있었다. 교황을 정점으로 하여, 추기경, 대주교, 주교, 사제, 부사제 등의 직제에 대하여 개혁가들은 이러한 것이 성경에 맞지 않다고 공격하면서 오늘날 우리가 누리게 된 단순한 직분제를 확립하게 되었다. 개혁가들이 가장 중요하게 생각한 것은 모든 직분자들에게 있어서 '직분의 평등'이다.

---

55) 위 글, 103 교직을 일곱 계급으로 나누었다. ①묘지지기(gravedigger) ②문지기(doorkeeper) ③독경자(lector) ④시제(subdeacon) ⑤부제(deacon) ⑥장로(presbyter) ⑦감독(bishop).

56) 주교는 일정한 구역 내의 사제와 부사제를 관할하며 임직 등을 맡는 교구 통치의 임무를 맡는다. 사제는 각 교회에서 성례와 설교를 맡아 보고 사죄를 선언한다. 부사제는 사제의 보조자라 할 수 있다.

이것은 목사직 자체에도 적용이 된다. "목사직 역시 평등이라는 관점에서 이해되어야 한다. 목사직 안에 대주교, 주교, 사제, 부사제가 있는 것이 아니라 모든 목사들은 다 동등하다는 것이 개혁주의 신학의 핵심"[57]이다. 이것을 오늘날 한국교회에 엄격하게 적용시킨다면, 목사 안에 담임목사, 부목사, 협동 목사가 계급적으로 이해되어서는 안 된다는 것을 의미한다. 하지만 오늘날 한국 개신교회는 '목사직을 복잡'[58]하게 함으로 종교개혁 이전시대로 돌아가는 경향을 보이고 있다.

우리나라에서 부목사라는 명칭은 선교 초기에는 사용하지 아니하였다. 그러나 당시 선교사를 돕는 사람으로 조사(助師)라는 직분이 있었다.

"1890년 언더우드(Underwood, H. G.) 목사는 자신의 저택 서남쪽 작은 방에서 7명을 중심하여 성경공부를 시작했으며 2주간 공부한 후에 조사(Helper)가 되게 하여 일터로 돌아가게 하였다. 이를 사경반이라 불렀으나 신학반(Theological class)의 역할을 수행했다고 봄이 옳을 것이다."[59]

이들이 한국 최초의 조사라고 할 수 있으며 부교역자라고 할 수 있을 것이다. 당시 조사는 오늘날 전도사와 같은 직책으로서 어느 한 개인 선교사에게 예속되었던 것은 아니다. 물론 선교사를 도와 함께 전도에 종사하는 것이었으나 형편에 따라 다른 선교사와 함께 일하기도 하였다.

1907년 대한예수교장로회 독노회가 평양 장대현 예배당에 모였을

---

57) http://cafe.daum.net/reformed2001
58) 담임목사-부목사-준목-전도사 등.
59) 김광수, 「한국교회의 성경공부 운동사」『기독교사상』(1981. 10), 22.

때에 당시 보고된 조사의 수는 131명(목사는 47)이었다.[60] "강도인은 노회에서 강도하는 인허를 받고 노회의 인도함을 좇아 일하며 노회가 작정한 목사 앞에서 혹 조사가 되느니라."[61]는 결정에 따라 강도인과 조사의 임무를 수행했다. "한국 교회의 초기의 조사들은 대부분 장로로 장립하거나 안수받아 목사가 되어 교회 발전에 큰 공헌을 하였던 것이 사실이다."[62] 이러한 '조사(助師)'라는 말이 이제 '동사목사(同事牧師)'로 담임목사를 돕는 역할을 하게 된다. 실제 조사와 동사목사는 의미상 차이가 많이 있다. 조사라는 말은 단순히 보좌하는 역할이라면, 동사목사는 함께 사역하는 자이다. 특히 동사목사는 목사이며 이는 안수받은 자임을 나타내기 때문에 조사와 다르다 할 수 있을 것이다.

동사목사에 대한 최초의 보고가 나온 것은 독노회 제4회 때이다. 새문안교회에서 교회설립에 공헌을 했던 서상륜의 동생인 서경조 목사가 새문안교회에서 원두우(Underwood, H. G.)목사와 동사목사로 부임했다는 기록이 남아 있다.[63] 1917년 제 6회 총회 회의록에 동사목사에 대한 간단한 정의가 나왔다. "동사목사(同事牧師)[64]란 선교사와

---

60) 대한예수교장로회, 『대한예수교쟝로회 회록(1908)』, 21 비교: 1905년에는 80명, 1906년에는 105명. 목사보다 조사의 수가 많은 이유는 목사는 신학을 전공하여 공부한 후 정식절차를 과정을 거쳐 안수를 받은 자이나 조사는 얼마간의 성경공부 과정을 거쳐 선교사나 목사의 필요에 의하여 조사로 임명되어 교회를 섬겼기 때문이다.

61) 대한예수교장로회, 『예수교쟝로회죠선로회 뎨ᄉ회 회록』 9.

62) 백낙준, 『한국개신교사』(서울: 연세대학교출판부, 1973), 420.

63) 윤경로, 『새문안교회 100년사』(서울: 새문안교회역사편찬위원회, 1995), 595.

64) 기독교 대백과사전 5권(서울: 기독교문사, 1981) 636 "목사이인(牧師二人) 이상이 합력ᄒ야 일교회(一敎會)나 혹은 수교회에서 동등권리(同等權利)로 근무 ᄒᄂ 자

같이 일보는 자이며, 위임 동사목사는 위임받고 선교사와 같이 교회 일을 맡은 자이며, 임시 동사목사란 위임을 받지 못하고 선교사와 같이 일을 맡은 자이다."[65] 위의 보고 뒷부분에(12항) "부목사라는 명칭 작명은 명년까지 유안할 일"이라는 보고에 의하면 부목사와 동사목사는 다른 의미가 있는 것으로 추측할 수 있으나 부목사 이전에 동사목사의 기능과 업무 분야는 오늘날의 부목사와 유사한 점이 많았다.

부목사제도는 1952년 제37회 총회에서부터 시작되었다. 당시 정치부 보고에 의하면 "경북 노회장 명신홍 씨의 헌의한 부목사 제도 실시에 관한 건은 좌기 내용에 의하면 결정 후 각 노회에 수의함이 가하오며(당석에서 유안), 권한은 원 목사를 보좌함, 임기는 임시 목사와 동일함"[66]이라고 기록하고 있다.

J. A. Hodge 박사는 그의 책 『무엇이 장로회 헌법인가?(What is presbyterian law?)』에서 부목사에 대한 사역의 범위를 매우 축소시키고 "부목사는 위임목사를 보조하도록, 위임목사나 혹은 교회의 청원으로 노회의 허락을 얻은 목사이니, 그 목사비를 교회가 드리거나 혹은 담임목사가 담당하며, 당회에 참여할 권과 치리권이 없으며 오직 담임목사의 지시대로만 임한다. 이는 '조사'와 방불하다."[67]

초기의 장로교 헌법은 부목사를 조사급으로 보았다. 이후 우리나라의 부목사는 목사로서 안수를 받았음에도 사실상 담임목사가 그냥 시키는 대로 순종 혹은 맹종만 하는 조사로서 역할을 한 것이 사실이다.

를 동사목사라 ㅎㄴ니라.

65) 대한예수교장로회, 『예수교쟝로회 죠션로회 뎨육회 회록』, 15.
66) 대한예수교장로회, 『대한예수교장로회총회 제 37회 회의록』, 163.
67) J. A. Hodge, 『무엇이 장로교 헌법인가?』 박병진 역, (서울: 성광문화사, 1985), 50−51.

담임목사를 보좌하는 사역자로서 조사, 동사목사,[68] 부목사, 준목(강도사) 등으로 불리기도 하지만 전체를 통틀어 부교역자라 할 수 있다.

부교역자의 위치가 조사의 신분으로서 담임목사의 기분 여하에 따라 신분상의 이동이 좌지우지되지 않고, 영적인 차원에서는 말씀과 성례전을 위해서 부름 받은 만인제사장으로서 하나님을 보좌하는 원래의 위치를 회복하고, 인권적인 차원에서는 민주화 사회에 맞는 수평적 질서를 유지하기 위해 법 개정이 절실히 필요하다. 즉 부교역자는 목회의 공동 사역자로서 인정을 받아야 하며 한편으로 선배 목회자의 목회를 배우는 훈련자로서 그리고 담임목사와 성도들을 연결시키는 자로서 헬퍼의 역할을 해야 한다.

2) 헌법적 정의

부교역자에 대한 각 교단 헌법을 검토하면서 한국 교회의 부교역자에 대한 위치와 현실을 찾아보기로 한다. 먼저 부목사에 대한 각 교단의 헌법을 살펴본다.

대한예수교장로회 통합 측의 헌법 27조 목사의 칭호 부분에 보면 1항에 "위임목사는 지교회의 청빙으로 노회의 위임을 받은 목사다."[69]라고 규정하고 있고 부목사에 대해서는 3항에 "부목사는 위임목사를 보좌하는 임시목사다. 임기는 1년이며 연임할 수 있다."로 되어 있다.

---

68) 최근에 다시 부교역자를 동사목사라 부르는 교회들이 생겼다. 『교회성장』(2005. 11), 31.

69) 대한예수교장로회(통합), 『헌법』(서울: 대한예수교장로회 출판사, 2002), 181.

한편 2항에서 규정하고 있는 임시목사 구분에서는 임시목사의 경우 "노회의 허락을 받아 임시로 시무하는 목사로서 시무 기간을 1년"[70]으로 하고 있다.

기독교대한 감리회 교리와 장정에서 개체교회 담임자와 부담임자에 대해 구별해 놓고 직무를 기록하고 있다.

"개체교회 담임자는 구역 인사위원회의 의결을 거쳐 감독이 파송하며 영적 지도자, 행정책임자, 교회 회의의 주재자로 명시돼 있으나 부교역자는 담임목사를 보좌하며 담임목사가 위임하는 사역의 범위 내에서 직무를 수행한다. 담임목사 유고 시에는 담임목사 또는 기획위원회에서 지명하는 부담임자가 담임자의 직무를 대행한다."[71]

기독교대한 감리회의 경우는 구역 부담임자로 명칭하고 있는 부목사의 임무는 장로교단의 규정과 비슷하나 장로교와는 달리 임기는 없으며, 구역의 형편에 따라 규정하도록 되어 있다. 부목사에 대하여 덧붙인다면 "부담임자가 담임자의 직무를 대신"[72]할 수도 있다. 이것은 장로교단의 부목사보다 위상을 높인 것이라 할 수 있다.

한국기독교장로회는 "담임목사는 지교회의 청빙을 받아 노회의 허락으로 그 지교회를 담임하는 목사이며 임기는 재임 기간으로 한다."[73]라고 정해져 있는 반면 "부교역자는 담임목사를 보좌하는 교역

---

70) 위 글, 181.

71) 기독교대한감리회, 『교리와 장정』(서울: 기독교대한감리회, 2001), 83.

72) 장로교에서는 일반적으로 타 교회 목사를 임시당회장으로 선임한다.

73) 한국기독교장로회 총회, 『헌법』(서울: 한국기독교장로회 출판사 2005), 110.

자로 임기는 1년이며, 중임될 수 있고 담임목사 사임 시 함께 사임한
다."74)고 명시돼 있다.

부목사의 청빙에 있어서 담임목사의 청빙은 공동의회를 통한 교인들
의 서명을 통해 청빙이 되지만 부목사의 청빙은 제직회의 결의에 의한
제직회의록으로 청빙이 가능하다. 특히 "담임목사 사임으로 함께 사임
한 부목사는 다음 담임목사 취임 시까지 해 교회의 당회장이 될 수 없
고 2년 이내에는 해 교회 담임목사가 될 수 없다."75)고 되어 있다.

부목사의 임기를 한시적으로 매년 제직회를 통하여 재신임을 묻도
록 하는 것과 담임목사가 떠난 해 교회에 2년 이내에는 담임목사가
될 수 없다는 것은 부교역자에 대한 불신(不信)에서 나오게 된 것이
다. 이것은 부목사가 음모를 통해 담임목사를 쫓아내고 그 교회의 담
임목사가 되려는 욕심을 부리는 경우가 있기 때문에 사전에 방지하
기 위함이다.

기독교한국 루터교회에서는 "부목사를 일단 임명하면 특별한 사유
가 없는 한 임의로 해임할 수 없도록 교단 헌법에 규정하고 있는데
타 교단과 달리 부목사의 임기를 3년으로 정하고 있는 것이 독특하
다."76) 부교역자에 대한 각 교단의 헌법을 보면 매우 열악한 실정이다.

부목사직은 그의 목사직에 있어서 신분상 항존직이요 종신직임에
는 틀림이 없다. "목사로서의 공권은 엄연히 가지고 있다. 즉 목사의
기본권인 성경 강론과 성례의 집례와 축복권이 주어져 있다. 부목사

---

74) 위 글, 110.

75) 위 글, 112.

76) 김성국, 「한국교회 부목사의 현주소와 인사시스템 개선방안」 『교회성장』(2005.
11), 57.

는 시무목사로서 당당한 노회원이며 노회에서 선거권과 피선거권을 가지게 될 뿐 아니라 노회장과 상회의 총대 그리고 대회장이나 총회 장도 될 수가 있다."[77] 그렇지만 부목사라는 칭호는 그에게 있어서 일종의 임시적 보직에 지나지 않는다.

미국 연합감리교회의 경우는 한 교회에 담임목사 한 사람을 교단에 서 파송한다. 그러나 공동목회 차원에서 여러 분야의 목사를 파송하기 도 한다. 이들 목사들은 목회, 교육, 행정 등으로 담당한 분야가 서로 다르며, 담임목사와의 연령 차이도 있을 수 있고, 신학교의 선후배 사 이인 경우도 있을 수 있다. 그러나 "그들은 모두 하나의 교회를 섬기 는 동역자로서 동등한 입장에서 서로 의논하고 협력한다."[78]

미국 장로교회의 헌법에는 부목사를 당회의 회원으로 다음과 같이 규 정하고 있다. "지교회의 당회는 담임목사 또는 협동목사(co-pastors), 부 목사들(the associate pastors)과 시무장로들로 구성한다. 담임목사, 협동 목사들, 그리고 부목사들인 당회의 모든 회원들은 투표권이 있다."[79] 미국 장로교 헌법에서 부목사는 한국장로교의 부목사처럼 보조자이거나 담임 목사 명령에 따라 복종하는 수직적인 위치에 있는 존재가 아니다. 실제 로 미국 장로교의 부목사는 부목사라기보다 협력목사(associate pastor)로 서 평등한 관계에서 담임목사나 당회가 간섭하지 않으며, '계약서'[80]에

---

77) 황성철, 「현행 부목사 제도의 문제점과 그 바람직한 해결 방안」 『신학지남』(1996 년 여름호), 237-238에.

78) 박종신, 앞 글, 21-22.

79) 황성철, 앞 글, 251 재인용.(G-10.0102)

80) 로버트 J. 래드클리프, 『성공적인 부교역자』, 82-83에서 '직무설명서'라는 것이 있어서 부교역자가 부임하고 그 직무에 관한 것만 일을 하면 된다. 다른 일은 담 임목사와 부목사 간에 서로 협의하여 합의하에 할 수 있도록 되어 있다.

명시한 대로 일정사역만 담당하는 그야말로 '말씀과 성례전의 사역자'이며 임기 또한 담임목사처럼 영구직이다.

또한 부목사가 청빙받을 때도 교인들이 공동의회에서 투표를 하여 결정한다. 그래서 부목사의 신분에 대해서도 담임목사나 당회가 마음대로 좌지우지 못 한다. 그 역시 담임목사를 보좌하기 위해서 부름 받은 것이 아니라 말씀과 성례전을 위하여 부름 받은 하나님의 사자이며 종이기 때문이다. 이러한 규정에도 불구하고 '담임목사와 부목사와의 갈등'은 상존하고 있다. 특히 한국에서 미국으로 건너간 교인들을 중심으로 한 이민교회는 담임목사와 부교역자의 관계 악화로 인하여 교회가 혼란을 겪고 있으며, 심지어는 교회가 분리되는 일도 발생하고 있다.

헌법적으로 부교역자는 교회의 임시직원과 거의 다를 바 없는 위치에 있다. 이러한 제도적 규정은 부교역자의 위치에 안정을 주지 못 하기 때문에 창의력과 추진력으로 교회에 전력을 못 하게 하는 부정적인 역할을 하고 있다. 이러한 제도는 담임목사가 교회에서 위치가 불안할 수 있기 때문에 교회의 질서 유지라는 미명하에 만들어졌겠지만 부목사를 과소평가하게 만들고, 그들의 능력과 창의력의 손실을 가져오게 하는 부정적인 역할을 하고 있는 것이 사실이다.

이러한 헌법적인 규정 때문에 "한국교회 대부분이 부목사들은 주인의식을 가지지 못하고 잠시 머물렀다가 가는 곳으로 지교회를 생각하는 경향이 농후하다."[81] 목사는 분명 그리스도를 위해 봉사해야 하는데 부교역자의 역할은 인간을 위해 봉사하게 되어 있는 것이다.

---

81) 허일찬, 「담임목사와 부교역자 무엇이 문제인가」『월간목회』(1992. 2), 91.

그것도 단순 봉사가 아니라 보좌하는 것이다. 잘 보좌하지 못하면 임기가 매년 재신임제도이기 때문에 그다음 해에 어떻게 될는지 알지 못하는 불안한 상태에 놓이게 된다. 명목상은 그리스도를 위해 봉사하는 하나님의 종이지만 실제로는 그렇지 못하다.

이처럼 목회자의 동역자인 부교역자는 담임목회자의 목회방향과 목회 철학 안에서 그가 시키는 대로 부분사역을 할 수밖에 없다. 아무 말 없이 합법, 불법 가리지 않고 담임목사가 시키는 대로 해야 하는 것이다. 담임목사의 맘에 안 들면 불이익을 당하는 것이 일반적이기 때문에 인내심을 갖고 담임목사를 보좌할 수밖에 없는 위치인 것이다.

부목사는 담임목사를 보좌하는 임시목사가 아니라 하나님을 위해서 봉사하는 영구적 목사로 헌법이 개정되어야 한다. 노회 소속임에도 담임목사와 당회의 입김에 좌지우지되는 것을 방지하기 위해 부목사 청빙 시 당회의 결정보다 공동의회를 통하여 투표로 결정하는 것도, 그들의 인권과 지위를 보장하는 한 가지 방법일 수 있다.

부교역자는 부목사 외에 또한 우리 교단에서는 준목과 전도사가 있다. 준목에 대한 총회 헌법에서는 다음과 같이 명시한다.

"준목은 당회 및 제직회의 결의로 청빙받아 시무하는 유급교역자로서 당회가 허락하면 언권회원이 될 수 있다. 준목은 목사 없는 교회에서 당회장의 위임이 있으면 제직회의 대리 당회장이 될 수 있다. 단 당회나 공동회의의 대리 회장이 될 수 없고 성례 거행과 축도를 할 수 없다. 준목의 자격은 무흠입교인으로 5년을 경과한 자로서 한신대학교 신학전문대학원을 졸업하거나 또는 그와 동등한 과정을 이수한 후 2년의 목사후보생 수련과정을 마친 자라야 한다. 준목의 청빙은 당회장의 추천으로 당회가 결의하고 제직회의 찬성으로 청빙한다. 준목의 임기는 1년이며, 계속 시무의 절차는 당회의 결의와 제직회의 찬성으로 하며 매년 시행한다."[82]

준목은 아직 목사가 되기 전 단계로 보아야 한다. 실제적으로 전임 사역자로 목회 훈련을 받고 있는 자라 할 수 있다. 준목은 일정한 기간이 지나고 교회의 청빙이 있을 때 목사 안수를 받게 된다. 준목의 자격은 목사후보생 수련과정을 거치는 것 외에는 목사와 별다르지 않다.

전도사의 직무는 전도사는 당회장의 임명으로 지교회를 시무하는 유급교역자로서 당회가 허락하면 언권회원이 될 수 있고 미조직교회에서는 당회장이 위임하면 제직회의 대리 회장이 되며 예배 인도의 책임도 대행한다. 전도사의 자격으로

"전도사는 무흠입교인으로 5년을 경과한 남녀로서 총회직영 신학전문대학원을 졸업한 자로 한다. 기타 신학대학 대학원, 신학대학원을 졸업한 자가 총회직영 신학대학원에서 소정의 과정을 이수한 사람으로 한다. 전도사의 청빙은 당회장의 추천으로 당회가 결의하고 제직회의 찬성으로 청빙한다. 전도사의 임기는 1년이며, 계속 시무절차는 당회의 결의와 제직회의 찬성으로 하며 매년 시행하도록 한다."[83]

전도사의 사역은 다른 부목사와 크게 다를 것이 없다. 그런데 일반

---

82) 한국기독교장로회 총회, 『헌법』, 120-121.
83) 위 글, 121-122.

적으로 전도사는 남자보다 여자 전도사가 더 많이 있다. 물론 한국교회에서는 아직도 여자 목사제도를 가지고 있지 않는 교단이 있으며, 여자 목사 제도를 가지고 있더라도 여자 목사를 많이 배출하는 교단은 많지 많다. 목사 안수를 받지 못하였지만 하나님의 소명을 받아 전도사로도 사역을 기쁨으로 감당하는 여자 전도사들이 많이 있다. 이들 사역의 많은 부분은 남자 부목사를 도와 교구를 관리하거나, 새신자 관리 혹은 전도대를 운영하는 사역을 주로 한다.

그 외에 신학생과 목사후보생이 있다. "신학생은 목사직을 희망하는 자로 당회 또는 노회의 추천과 지도를 받아 신학을 수학하는 학생이다. 신학생은 교인으로는 당회의 관할 아래 있고 직무상으로는 노회의 관할 아래 있다. 특별히 목사후보생은 신학대학 신학과 및 기독교 교육과 3학년생부터 신학전문대학원에서 수학하는 신학생들이다."[84] 목사후보생이나 신학생들을 교회에서는 교육전도사로 봉사하도록 하고 있다.

3) 부교역자의 역할

교역자는 하나님의 부르심을 받아 하나님의 양떼들을 돌보게 하기 위하여 하나님께서 세우신 직분이므로 그 기원을 성서에서 찾아야 한다.

교역자직은 "구약시대의 제사장과 선지자직에 해당한다. 제사장은

---

84) 위 글, 122.

백성들이 드리는 제사의식에 종사하는 성직자요, 선지자는 하나님의 말씀을 받아 백성들에게 전해 주는 일을 하는 자였다."[85] 오늘날 교역자가 예배를 주관하여 집례하는 것과 교인들을 위해 기도하는 것 등은 구약시대의 제사장 직을 수행하는 거라 할 수 있으며, 교역자의 설교는 하나님의 말씀을 선포하는 측면에서는 선지자의 직을 수행하고 있다고 할 수 있다.

신약성서에서의 교역자의 모형은 예수님(마4: 23)[86]이라고 할 수 있다. 예수님께서 당신을 따르는 많은 무리들 앞에서 하나님의 말씀을 선포하셨다. 당시의 율법에 대한 재해석을 하셨고, 천국 복음을 전파하셨다. 예수님은 많은 병든 자를 치료하였으며 죄사함을 선언하셨다. 슬퍼하는 자를 위로하며, 기쁨으로 변화시켰다. 따라서 예수님의 사역을 목회자의 사역이라고 할 수 있다.

목사(교역자)의 직무를 한국기독교장로회 헌법에서는 다음과 같이 규정한다.

"목사는 본래 인간성으로나 그리스도 안에서의 새 인간으로나 일반 신자와 다를 것이 없지만 그 맡은 직책 때문에 일반 신자와 구별된다. 1) 그리스도의 양떼를 보살핀다는 의미에서의 감독(벧전2:25) 2) 영적 양식을 나누어 먹이고 양을 위해 목숨을 버린다는 의미에서의 목자(렘3:15, 벧전5:2, 요10:11) 3) 교회에서 그리스도를 섬긴다는 의미에서의 주의 종(빌1:1) 4) 신중하고 침착하게 의무를 다하고 양들의 모범이 되며 믿음으로 가정과 교회를 잘 다스린다는 의미에서의 장로(벧전5:1, 3)

---

85) 임택진, 『목회자가 쓴 목회학』(서울: 예장총회교육국, 1974), 25.
86) 황의영, 『목회학』(서울: 성광문화사, 1980), 55.

5) 하나님의 뜻을 선포하고 하나님과의 화해를 권하기 위하여 보냄을 받았다는 의미에서의 하나님의 사자(고후5:20, 고전12;28) 6) 하나님의 은사를 나누어 주고 그리스도의 명령을 행한다는 뜻에서의 하나님의 비밀을 맡은 청지기(눅12:42, 고전4:1)"[87]

황의영은 교역자가 반드시 이행해야 할 임무로 다음과 같이 말한다.

"성도들을 온전케 하고, 모든 봉사의 일을 하며, 그리스도의 몸을 세우는 일, 믿음 안에서 모든 사람이 하나 되게 하는 일, 진리 안에서 하나 되게 하는 것, 그리스도 안에서 완전한 교회를 이룩하며, 모든 성도들로 하여금 그리스도 안에서 장성한 사람이 되게 하는 것"[88]

이 임무는 에베소서(엡4: 12)에 나오는 목회자의 임무라고 할 수 있다. 구체적으로 박근원은 전형적인 목회자의 임무를 다음과 같이 서술한다.

"개혁교회의 목회기능을 설교자, 행정가, 목양자, 예언자, 신학자, 전도자, 교사 등 일곱 가지로 분류하고 있다. 여기에다 예배인도자, 화해자의 기능을 추가할 수도 있다고 하였다. 이 가운데서 예언자의 기능 같은 것은 전문적인 수련으로 훈련이 될 수 없을는지 모르지만 그 밖의 기능들은 훈련을 통해서 기능적 목회자로서의 자질을 갖출 수가 있다."[89]

이러한 다양한 목회의 임무는 많은 재능을 요구받게 된다. 설교자

---

87) 한국기독교장로회, 『헌법』, 108.
88) 황의영, 앞 글, 66.
89) 박근원, 『오늘의 교역론』, 215.

로서 특수한 자질을 요청하는 교회의 교역자는 설교에 대한 연구와 전달을 잘하기 위해서 미디어의 도구를 활용해서 능력을 개발해 갈 수 있다. 가르치는 목회에다 역점을 둘 수밖에 없는 교회에는 교육에 관심을 가지고 있으며 그 분야의 특기를 갖춘 교역자를 요청하고 있고, 교회 전도에 목회의 우선순위를 둔 교회적 상황에서는 전도의 전문가를 교역자로 모시려고 한다. 근간에는 상담을 잘하는 교역자로서의 전문적 요청이 많아지고 있고, 행정을 잘하는 교역자, 기획을 잘하는 교역자 등도 요청되고 있는 현실이다.

담임목사가 이러한 목회사역 전체를 감당하는 것은 현실적으로 매우 어렵고 그에 따라 부교역자를 필요로 하게 되었다. 부교역자는 담임목사가 하는 목회사역의 일정부분을 맡아 사역을 하게 되었다. 그러나 이러한 필요에 의해 청빙된 부교역자를 일반교인들은 담임목사와 비교해서 상대적으로 낮은 '2류 목회자'[90]로 구별하고 있는 실정이다. '2류 목회자'로 여겨지는 장벽이 해소되지 않고는 부교역자의 전문적인 효율성과 소명받은 역할을 향상시킬 수 없을 것이다.

만약 교회가 한사람의 목사에 의해 목양될 수 있는 크기에 머무른다면 모르지만 그렇지 않고 어느 정도 교회 규모가 커지게 되면 그때는 부교역자가 있어야 한다. 부교역자는 담임목사를 통해서 하나님을 섬기는 것이고 교회를 섬긴다. 오직 담임목사가 하나님 앞에 온전히 교회를 이끌어 가면서 하나님의 비전을 완성할 수 있도록 돕는 것에 모든 관심을 집중한다. 그 과정에 있어서 담임목사의 눈치를 살피기보다는 하나님의 기준을 늘 염두에 두며 하나님이 자신을 부르신 소

---

90) 고훈, 앞 글, 71-73.

명과 비전에 초점을 맞추고 일해 나가야 한다.

부교역자는 담임목사의 사역의 일부분을 책임 맡아 사역을 하는 것이다. 담임목사가 교회 전체를 사역한다면 부교역자는 자신의 능력에 맞는 일정부분의 사역을 감당하는 것이다. 대형 교회에서는 부교역자의 역할이 극히 한정적이며 전문적인 역할을 하는 것이다. 그러나 작은 교회에서는 부교역자가 많은 부분을 감당해야 한다. 부교역자 혼자인 경우에는 교회 전반의 사역을 해야 하는 것이다.

따라서 부교역자의 역할은 교회의 사정에 따라 다르다고 할 수 있다. 그러나 여기에서는 담임목사가 일반적으로 부교역자에게 책임을 주는 사역을 생각해 보기로 한다.

첫째, 가장 먼저 부교역자를 청빙하게 될 때 보통 교육부분을 맡기기 위해서이다.

전임 부교역자를 청빙하기에 부족한 소규모 교회라도 교육전도사를 청빙하는 것이 일반적이다. 왜냐하면 담임목사와 어린이들 혹은 학생과의 세대 차이로 인하여 함께 공유하지 못하기 때문이다. 새로운 프로그램과 변화된 문화를 담임목사가 따라가기가 쉽지 않다. 또한 교육부서 모임과 장년 예배 시간이 일치하여 담임목사가 돌아볼 여지가 없기 때문이다. 교육전도사로 신학생 혹은 신학대학원생을 청빙하게 된다. 교육은 교회의 존재이유이기도 하는데 교인들은 담임목사가 경험과 실력 없는 부교역자를 청빙하여 교회학교 교육을 홀대하고 있다고 투정을 하기도 한다. 그만큼 경험과 능력이 있는 교육담당자를 청빙한다는 것이 쉽지 않다. 교회 내에서는 성인교육, 그리고 청년, 학생회 교육, 어린이 교육 등 연령별로 다양한 교육이 이루어지고 있다. 그중에서 특히 어린이와 청소년 교육에 부교역자들이 큰 역할을 하고 있다. 각 부서를 책임 맡은 경우에 부교역자는 부서에서 말씀을 선포할 뿐 아니라 교사들을 관리 감독하기도 한다. 교사들에게 성경을 가르칠 수 있도록 교사교육을 시키기도 한다. 이러한 교육전반적인 부분을 다루기 위해서 경험도 중요하지만 부교역자가 체계적인 교육을 받아야 한다.

부교역자는 가르치는 교육자로서 지식만이 아니라 교육 프로그램 등도 기획하고 실행할 수 있는 능력을 가져야 한다.

둘째로 부교역자의 역할은 행정 분야이다.

보통 부교역자로 부임하게 되면 매 주일 주보를 내는 일을 한다. 담임목사에 따라 약간의 차이는 있으나 부교역자가 주보를 하는 것이 일반화되어 있다. 이렇게 부교역자가 주보를 만드는 데 정성을 기울이지 않으면 교회의 얼굴이라 할 수 있는 주보가 엉망이 되어 나오게 된다. 따라서 주보의 오자 한 자 한 자 그리고 빠진 것이 없는지 살펴보고 또 살펴보아야 한다. 잘못된 주보가 나가면 이 일로 인해 실족하는 자들도 생기게 된다. 특히 이름이 들어가야 할 부분에 빠진 경우나 잘못된 이름으로 나가는 경우 더욱 신경 써야 할 일이다.

또한 교회에서 필요한 행정 서류를 분류하여 자주 사용되는 서류, 보관할 서류[91] 및 자료 등을 잘 보관하도록 해야 한다. 필요한 서류 및 서식 등을 파일로 따로 보관하고 쉽게 찾을 수 있도록 해야 한다. 또한 부교역자는 교회 행사를 기획하거나 실행하는 일을 해야 한다.

---

91) 이주영, 『부목사학』, 116.

심지어는 교회 신문이나 각종 홍보물을 만들어 내기도 한다. 담임목사의 설교를 정리하여 책을 편집하여 내야 하는 경우도 있다.

셋째로 부교역자의 역할은 상담 분야이다.

교인은 신앙 부분 뿐만 아니라 가정 일도 목회자에게 상담하는 경우가 많이 있다. 이때 사소한 일을 가지고 담임목사에게 찾아가서 상담하는 것을 부담스러워한다. 그러나 부교역자에겐 편안히 이야기하는 경우가 있다. 이때 부교역자는 상담을 거절하지 말고 적극적으로 듣는 데 열심을 내야 한다. 상담의 기법 중 경청하는 것으로도 상담이 이루어진다고 보기 때문이다. 따라서 부교역자는 상담에 대한 학문과 실제에 대한 교육을 기본적으로 학습한 이후에 부교역자로 임하는 것이 좋다.

넷째로 부교역자의 역할은 심방 사역이다.

심방이란 용어는 목회적 차원의 용어로서 "하나님으로부터 파송받은 심방자가 피심방자(교인)를 찾아가 예배와 상담을 통해서 위로하고, 돌보며, 치유하는 하나님의 일이다."[92] 성서에서 찾아보면 '방문하다, 돌보다, 권고하다'는 뜻을 지니고 있다.

심방은 부교역자가 하는 사역이지만 담임목사의 주 사역이 되기도 한다. 담임목사가 심방 사역을 통해 교인들의 이야기를 듣고 목회에, 설교에 자료로 사용된다. 따라서 부교역자의 심방은 담임목사의 손길이 미치지 못하는 곳에 중점을 두면서 심방해야 한다. 특히 담임목사

---

92) 박원근, 『목회심방의 이론과 실제』(서울: 대한기독교서회, 1997), 20-22.

가 알고 싶어 하는 각 가정의 대소사를 부교역자는 담임목사에게 전달해 주는 역할을 해야 한다. 심방을 할 때에 한 가정에 너무 오래 있는 것은 바람직하지 못하다. 한편으로 형식적인 심방이 되지 않도록 열과 성의를 다해야 한다.

심방의 목적은 첫째, 교인의 사정을 잘 알아서 그리스도인으로서 양육하기 위해서이다. 특히 환난 중에 있는 교인이나 시험 중에 있는 교인들을 위로하고 격려하고 권면하기 위해서 심방이 필요하다. 둘째, 부교역자와 교인이 가정에서 만나 개인과 가정 문제에 대해서 충분한 대화를 나눔으로써 피차 상대방을 바로 이해하고 친밀한 관계를 형성할 수 있다. 부교역자가 담임목사에게 교인의 말 못 할 사정 등을 전해 주어 목회 사역에 반영할 수 있도록 해야 한다. 셋째, 심방을 통해서 불신 가정에 복음을 전함으로써 전도할 수 있는 기회로 활용할 수 있다. 넷째, 심방은 인력개발과 동원 훈련을 위해서도 긴요하게 활용할 수 있다.

즉 심방은 피심방자가 심방자에 의해서 그리스도를 만나고, 그의 음성을 듣게 될 뿐 아니라, 잃었던 하나님을 다시 찾게 되고, 상한 심령을 치료받고, 시험과 시련을 이겨내고, 당면한 문제에 해답을 얻으며, 감사하는 영적 대각성과 신앙부흥의 계기가 되도록 하는데 있다.

심방자인 부교역자는 심방하는 가정을 '어떻게 도울 것인가에 깊은 관심'을 가져야 한다. 구체적으로 심방자의 지침이라 할 수 있다면, "예배를 통해서, 심방대화를 통해서 최선의 도움이 되도록 노력한다. 그리고 심방 이후에도 그 가정을 위해서 계속해서 기도하는 일도 잊어서는 안 된다. 심방자는 어디까지나 섬기는 자요, 돕는 자요, 문제해결의 실마리를 암시해 주는 자로서 친밀감을 보여야 한다. 공식적이며 엄숙하고 긴장된 태도를 보이지 말고 되도록 친밀감과 사랑, 온유, 겸손한 태도로 가장 편안한 분위기를 만들어 주어야 한다. 그러면서도 신중하고 예의를 지켜야 하며 심방하는 가정에 위로와 기쁨, 소망을 주어야 한다."93)

다섯째로 부교역자의 역할은 찬양 사역이다.

오늘날은 찬양을 통한 감성을 움직이는 예배와 집회가 주류를 이루고 있다. 따라서 부교역자는 찬양에 대한 신학적 이해와 더불어 음악적 감각도 배워야 한다. 부교역자가 예배 시작 전에 찬양을 인도하는 사역뿐만 아니라, 찬양단을 조직하거나 운영 관리할 수 있어야 한다. 그리고 성가대를 관리할 뿐 아니라 지휘까지도 하는 경우도 있다.

따라서 새로운 찬양을 배워서 습득해야 하며, 찬양을 가르칠 수 있어야 한다. 찬양을 인도할 때도 찬양하는 대상과 분위기에 따라 찬양의 내용과 방법을 달리해야 한다.

여섯째로 부교역자의 역할은 멀티미디어 사역이다.

홈페이지를 관리 운영할 수 있는 사역이다. 개 교회마다 홈페이지를 만들고 있는 추세이다. 부교역자를 둘 정도의 교회는 홈페이지를 만들었다고 생각할 수 있다. 이러한 홈페이지를 직접 만들지는 못할지라도 운영 관리할 수 있는 능력이 필요하다. 홈페이지를 활용하여 교회의 디지털 목회를 이루어 나갈 수 있어야 한다. 한편으로 인터넷 검색을 통하여 다양한 정보들을 담임목사에게 제공해야 하며, 나아가

---

93) 위 글, 57.

엑셀 등을 활용하여 자료 정리 등을 하게 된다.

기타 각종 예식에서 담임목사가 집례하지 못하는 경우 담임목사를 대신하여 예식을 집례하는 사역이다. 결혼예식이나 장례식 등을 말한다. 또한 최근에 교회에서 사회복지 분야에 진출하는 경향이 짙다. 따라서 사회복지사 자격을 가지고 사회복지관련 여러 정책을 기획하거나 운영하는 사역을 하기도 한다.

설교나 각종 기도회 인도 등 담임목사의 사역을 맡아서 해야 할 일이다. 그런데 한편으로 담임목사의 개인적인 일들까지도 해야 하는 경우가 있으며 심지어 운전기사의 역할을 하는 경우도 있다.

이러한 잡다한 사역을 하다보면 부교역자로서 자기 정체성 문제에 부딪히게 된다. 목회 현장에 부임했을 때 자기 정체성과의 갈등을 느끼게 된다. 이것이 초년기에 오는 강한 스트레스의 요소가 된다. 여기서 교역자로서 뿌리를 내릴 수 있으면 곧 안정이 되지만, 그렇지 못할 경우는 짧은 기간 안에 교회를 옮기게 된다. 목회에 환멸을 느껴서 다른 직업을 찾아다니는 경우도 생긴다. 어느 경우가 되었든 교역자로서 고독을 느끼게 되고 새 교회로 옮길 때마다 그전 교회에 적용됐던 방침이 통하지 않음을 느끼게 된다. 새로운 형태의 좌절과 스트레스를 경험하게 된다. 자신의 목회자로 소명을 받았음에도 불구하고 부교역자의 역할을 감당하다 보면 자신이 목회자인가 아니면 교회 관리집사인가 하는 정체감의 위기를 맞게 된다. 특히 자신이 하는 일이 불명확하게 될 때 이런 위기는 쉽게 찾아온다. 교역자는 자기가 도대체 어떤 존재인지에 대해서는 완전히 혼돈과 고립 상태에 빠지게 된다. 이런 위기는 "규모가 크고 전문화가 잘되어 있는 교회일수록 줄어들게 된다."[94]

4) 부교역자의 현실

부교역자는 분명히 목회자이면서도 목회자로서 제대로 대접받지 못하는 경우가 많이 있다. 한국교회의 현실에서 그런 분위기가 더욱 많다. 목회자로서 담임목사의 목회를 실질적으로 돕는 것이 아니라 운전 등 잡무에 더 많은 시간을 할애하기도 한다. 여기에서는 부교역자가 한국교회에서 가지고 있는 현실적 위치를 살피고자 한다.

오늘날 부교역자의 현실을 '기독교신문'에서 특집으로 다음과 같이 설명하고 있다.

> "첫째, 당회원이 아닌 목사이다. 둘째, 부교역자의 임기에서 오는 불안감이 있다. 셋째, 천덕꾸러기가 된 부교역자들이 많다. 넷째, 사역에 있어서 자율성이 보장되지 않는 어려움이 있다. 다섯째, 부교역자의 설교시간이 거의 없다. 여섯째, 부교역자에게는 휴식이 없다. 일곱째, 부교역자는 사례비가 부족하다."[95]

첫째, 부교역자 중 부목사는 목사이면서도 정식 당회원이 아니다.

부목사는 목사이면서도 비당회원이다. 교회의 운영은 당회에서 이뤄진다고 할 수 있는데 부목사는 당회에 참석하지 못하기 때문에 당

---

94) Louis McBurmey, 『사역자 상담』 윤종석 역, (서울: 도서출판 두란노, 1997), 37.
95) 민성식 외 3인, 『기독교신문』, 1601－1603호, 2001. 3. 25∼4. 15.

회에 현실적 대안들을 적극 개진하지 못한다는 것이다. 우선 청년이
나 학생, 그리고 여성과 어린이부는 대부분 부교역자가 담당한다. 그
러나 이들 부서를 담당한 부교역자가 당회에 들어가지 못함으로 인
해, 각 부서에서 나타나는 문제점이나 요구가 당회에 제대로 전달되
지 못한다. 물론 장로들이 각부 부장을 맡고 있는 경우가 대부분이기
는 하지만, 부장 장로와 담당 교역자의 시각차에서 생겨나는 문제들
을 당회가 수용하지 못하는 것은 당연하다. 교회가 특별행사를 준비
하는 과정에서 당회에서 충분한 설명을 할 수 있는 기회가 제공되지
않음으로 표피적으로 보이는 상황 때문에 쉽게 수긍이 가지 않는 당
회원들은 강한 거부감을 나타내어 시작도 하기 전에 포기해야 하는
경우도 있으며, 교육부서장을 임명함에 있어서도 실제적으로 담당하
고 있는 부교역자의 의견이 당회에 제대로 반영되지 않고 일방적으
로 선임되는 경우가 많다.

둘째, 부교역자의 임기는 1년이며 계속 청빙을 받아야 한다.
한 교회로 부교역자로 청빙받은 사람은 1년 계약을 통해 교회에
부임하게 된다. 1년 계약이 끝나면 매년 제직회를 통해서 재신임을
받아야 하는 어려움이 있다. 그러나 1년 계약도 담임목사에 의해서
중도에 퇴직을 권유받거나 반 강제적으로 퇴직을 당하는 경우가 비
일비재하다. 이 때문에 담임목사와 부교역자의 관계는 동역자라는 수
평적 관계이기보다는 수직적인 명령과 복종의 관계가 된다. 당연히
부교역자들은 목회의 뜻을 마음껏 표출할 수 없고 사역의 자율성도
그만큼 줄어드는 것이다.
부교역자들이 언젠가는 떠날 사람이라고 인식하는 것도 이런 제도

적 불안 때문이며, 담임목사나 장로 등 당회원의 눈치만 살핀다는 비판도 이 같은 요인에서 비롯된 것이다. 또한 담임목사가 사임할 때는 부교역자도 자동사임 대상이다. 물론 모든 교회가 법대로 시행하고 있는 것은 아니지만 담임목사의 일을 위임받은 부목사들이 정작 담임목사 유고 시 그 권한과 임무를 대행할 수 없다는 것은 제도상 모순이라는 지적이다.

부교역자들이 때로는 교회를 자주 옮기는 것처럼 보이는 것도 처음 교회를 정할 때 선택의 여지가 없었기 때문에 일어나는 부산물이다. 부교역자들은 인격적으로, 신앙적으로 훌륭한 담임목사를 만나길 간절히 바란다. 좋은 모습, 좋은 처신, 좋은 방법을 따르고 배워서 더 성숙한 부교역자가 되고 싶어 한다. 그러나 섬기는 교회에 적응을 하지 못하는 경우가 있다. 이것은 교회 분위기 혹은 담임목사의 목회관과 맞지 않는 경우이다. 가끔은 "부목사들의 이동이 개인의 이익을 위해서 철새처럼 자주 옮기는 것"[96]처럼 보인다. 더 많은 사례비를 주는 물질적 유혹 때문에, 편안한 사역을 위해, 자신의 출세를 위한 디딤돌을 위해서 교회를 자주 옮기는 경우도 있다.

셋째, 천덕꾸러기가 된 부교역자들이 많다.

현재 한국교회는 경제위기 이후 어려워진 교회 살림과 다량으로 배출된 목사후보생들로 인해 교회 내에서 부교역자들을 다 수용하기엔 포화상태에 이르렀다. 그래서 현재 한 교회에서 목회경력 5년이 넘어 10년 이상 된 부교역자들도 많다. 그러다 보니 이들 부교역자들

---

96) 한세완, 『목회의 성공은 줄을 잘 서는 것이 아닙니다.』(서울: 아가페, 1998), 26.

은 교회 내에서 천덕꾸러기 신세가 되고 있다.

그래서 일부 대형교회 부목사들은 아예 눌러 앉으려는 분위기도 형성되고 있다. 부목사지만 대형교회이기에 작은 교회 담임목사보다 사례비나 대우 면에서 낫기 때문이다. 이 같은 생각을 교회 내에서 받아주는 교회가 있는 반면, 교회 몇몇 실세 장로들의 눈에 빗나가거나, 목회경력 3년만 지나면 이 핑계 저 핑계 되며 쫓아내려고 궁리하는 교회도 많아 그리 쉽지는 않다. 물론 부교역자가 한 교회에서 오래 사역하는 것이 전체적으로 바람직하나 개 교회의 형편에 따라 부교역자가 교회에 도움이 되지 못하고, 담임목사의 목회의 거침돌이 되어 있는 경우도 있다. 특히 자신이 맡은 일을 성실하게 하지 않고 교회에서 허송세월을 보내는 사역자가 있다.

최근엔 '전문목회'라 해서 한 분야에 오랜 목회경험이 있는 부교역자들에게 그 분야만 아예 맡겨 버리는데, 보수적인 한국교회 정서상 이런 관례가 오래가지 않는다는 점이다. 그래서 한 교회에 오래 머물고 있는 부교역자들은 눈칫밥만 먹는다고 하소연하고 있다.

넷째, 사역에 있어서 자율성과 전문성이 보장되지 않는 어려움이 있다.

목회자의 '카리스마(charisma)'를 중시하는 우리 교회의 풍토에서, 담임목사들은 부교역자들에게도 똑같은 카리스마를 행사하려 한다. 그러다 보니 자연히 담임목사와 부교역자의 관계가 상하관계로 고착화되는 것이다. 또한 '서열'을 중시하는 우리 사회의 풍토가, 대부분의 경우 교단 신학교 선후배 관계일 수밖에 없는 담임목사와 부교역자의 관계를 규정해 버렸다고 볼 수도 있다.

부교역자 자신에게 맡겨진 사역도 담임목사의 조급성 때문에 오래 사역하지 못하고 쉽게 인사이동이 결정되어 버린다는 것이다. 이 일은 부교역자의 전문성을 살리기에는 한 부서에 최소한 2년이 경과한 후에 보아야 함에도 불구하고 1년 단기의 성과를 요구하는 담임목사의 욕심 때문에 결국은 부교역자의 전문성을 충분히 활용하지 못하는 경우가 생긴다.

직무에 있어서도 담임목사의 보조자 혹은 동역자의 역할이 아닌 담임목사의 비서나 설교자료 제공자, 심지어는 교회관리, 사찰, 운전기사 등으로 전락되는 경우가 허다하다. 이런 잡무나 과중한 업무에 시달리고 있기 때문에 교역자 본연의 임무에 충실하지 못한 것이 더 큰 문제이다.

교육전도사도 주보 제작을 포함한 교회행정은 물론 유초등부 지도, 중고등부와 대학부 지도, 그리고 각종 성경공부 인도와 구역예배 인도, 새벽기도회와 철야기도회에다 성가대 지휘를 하는 경우도 있고 교회버스 운전과 숙직 그리고 반주까지도 요구하는 경우도 있다. 심지어는 교회의 장로, 집사들의 부당한 지시를 받기도 하고, 이들의 사적 심부름도 하는 일도 비일비재하게 경험하고 있다는 불만을 터뜨린다.

다섯째, 부교역자의 설교시간이 거의 없다.

설교는 교역자의 중요한 사역 중의 하나이다. 설교는 교역자가 하나님의 말씀으로 교인들을 만나는 것이다. 부교역자가 설교하는 기회가 많지는 않지만 항상 준비하고 있어야 한다. 부교역자의 설교는 담임목사가 외부 교회로 출타 중이거나 안식년을 맞았을 때만 기회가 온다고 볼 수 있다. 담임목사가 부재 시나 아플 때가 설교할 수 있는 기회이다. 그 외에는 설교할 수 있는 기회가 없다. 이때 설교를 함에 있어서 바쁘다는 핑계로 준비를 전혀 하지 않고 다른 목사의 설교를 그대로 베끼는 잘못을 범해서는 안 된다.

여섯째, 부교역자에게는 휴식이 없다.

부교역자는 항상 시간에 쫓기게 된다. 기본적인 업무(교구심방, 행정 등) 외에 특별기도회와 각종 예식(장례, 추도예식, 생일 등)과 담임목사와의 불특정 시간에 면담해야 하며, 보고 등으로 인하여 자신이 가질 휴식 시간을 내놓아야 한다.

부교역자는 목회 사역이 담임목사를 보좌하는 것이기 때문에 쉬는 날에도 담임목사의 휴식을 위해 대신 수고하는 경우가 있다. 부교역자의 휴일은 월요일이지만 월요일 새벽기도회 인도, 교인 장례식 등으로 쉬지 못할 뿐 아니라, 교회 행사나 교회 탐방으로 오는 손님 접대 등으로 제대로 쉴 수가 없다. 충분한 휴식을 취하지 못하므로 건강에 적신호가 올 수 있다. 출근시간은 정해져 있지만 퇴근시간은 정해져 있지 않다. 따라서 사역을 하다 보면 집에는 잠자는 시간 외에는 들르지 못한 경우도 있다. 부교역자는 자신에게 주어진 휴식시간을 잘 활용하여야 한다. 자신의 건강관리와 성장을 위하여 사용하고, 가족들과 함께하여 가정을 행복하게 만드는 시간을 보내야 한다.

일곱째, 부교역자는 사례비가 부족하다.

요새 부교역자들은 고학력에 장시간 노동, 저임금이면서 동시에 실업의 위기에 시달리고 있다. 담임목사와 부교역자와의 차이는 이른바

목회자 사례비에서 더욱 극명하게 나타난다. 몇몇 대형교회를 제외하고는 대부분의 많은 교회들의 경우 사례비라는 것이 그리 만족할 만한 것이 못 되기 때문이다. 그것은 교역자 사례비가 그만큼 적다는 것을 의미하는 것이다. 담임목사와 부교역자의 사례비는 지역과 교회마다 큰 차이를 보이고 있다.

구세군의 경우 부교역자가 별로 없기도 하지만 사례비만큼은 직위에 상관없이 가족 수에 의해 지급되고 있다. 구세군에는 계급이 있다. 구세군은 처음 신학교에 입학을 하면 사관이라고 부르며 목회 연한이 지나면 자동으로 계급이 올라간다. 처음 사관학교(신학교)를 졸업하고 임관되었을 때의 계급을 부위라 하며, 5년이 지나면 정위, 정위로부터 15년이 지나면 참령이 된다. 이처럼 계급이 올라간다고 해서 사례비도 함께 올라가는 것이 아니다. 구세군의 경우 사례비는 철저하게 가족 수 등 실제 생활을 하는 데 드는 비용을 계산, 계급에 상관없이 지급된다. 구세군의 사례비의 내역을 뜯어보면 대부분 참령보다 부위가 수령하는 금액이 더 많은 것을 볼 수 있다. 그것은 참령보다 부위가 부양하는 가족 등 실제로 생활비가 더 많이 들기 때문이다. 왜냐하면 구세군의 경우 자녀가 만 20세가 넘으면 가족수당에서 제외되기 때문에 이러한 경우는 극히 당연한 것이다.

여덟째, 부교역자는 각종 스트레스에 시달리고 있다.

담임목사의 스트레스가 많이 있음을 모든 교역자는 인정한다. 부교역자에게도 담임목사 못지않은 스트레스가 있다. 사역의 역할에 대한 모호함과 언제나 시간에 쫓기듯 하는 사역, 자신의 영적 생활에 대한 둔감에서 오는 스트레스, 미래에 대한 불안, 교회에서의 교인들에 대한 무시 등 여러 스트레스가 존재한다.

부교역자가 되는 것은 담임목사로 나가려던 것이 뜻대로 되지 않아 부교역자로 눌러앉은 경우가 많이 있다. 이런 사람은 기회만 되면 담임목사로 나가려고 하기 때문에 교회의 사역이 힘겹게 된다. 부교역자로 남아 있는 것에 대한 절망감과 또 다른 교회를 찾아보면서 오는 불안감, 그리고 사역을 마지못해 함으로 인해 오는 힘겨움 등은 부교역자에 대한 또 다른 스트레스로 다가온다.

또한 부교역자의 스트레스의 많은 부분은 관계에서 온다. 담임목사와의 관계에서 담임목사의 질투와 무관심으로 스트레스를 받게 되며, 담임목사를 가장 가까이에서 볼 수 있기 때문에 담임목사의 비인격적인 모습에 스트레스가 오며, 또한 목회철학이 맞지 않게 되면 스트레스가 오게 된다. 지나치게 담임목사에게 잘 보이려고 하다 보면 스트레스를 받게 된다.

교인들과의 갈등에서 오는 스트레스가 있다. 일반적으로 부교역자의 임기는 당회의 결의에 의해서 움직이기 때문에 당회원인 장로들의 눈치를 보는 가운데 오는 스트레스가 있다. 한편 장로들이 부교역자를 이용하여 담임목사를 견제하려고 하면 중간에 끼인 부교역자는 정말 괴로운 시간을 보내야 한다. 또한 가정에서 오는 스트레스가 있다. 부교역자로서 시간에 쫓기다 보면 가정 일에 소홀하게 되고 이것은 가정의 불화를 일으키는 원인이 된다. 부교역자의 사례 또한 높지 않기 때문에 살림을 해야 하는 부교역자 사모와는 재정적인 문제로 인하여 관계의 어려움을 겪기도 한다.

부교역자에 있어서 여자전도사란 한국교회에 있어서 특유한 여교역자 제도이다. 다른 나라에서는 여자목사 혹은 종교교육을 맡은 지도자가 있을 뿐 여전도사 제도는 없다. 현재 여전도사 대부분은 심방을 담당하고 있고, 이 외에 교육, 전도, 상담, 행정 등 교회 안에서 여러 가지 많은 역할을 담당하고 있지만 이들의 위치는 애매모호하다. 한국교회가 여교역자들을 남성교역자와 같이 인정을 안 해 주고 있는 현실이지만 기도의 능력이 있는 자, 감화력이 있는 설교자, 설득력 있는 교육자, 분쟁을 없애는 화해자, 진실한 사랑의 지도자 등에서 탁월한 능력을 발휘하는 교역자도 있다.

교육전도사는 헌법상으로는 교회의 임시직원에 속한다. 그리고 아직은 신학교에서 훈련받고 있는 목사 후보생이다. 헌법에 보면 "목사 후보생은 직무상으로는 노회의 관리 아래 있고 개인적으로는 당회의 관리 아래 있다."[97]고 되어 있다. 교육전도사의 문제점은 오래 사역하지 않는다는 것이다. 교육전도사는 교회의 필요에 의해 사역을 하지만 또한 본인의 필요에 의해 사역을 하기 때문에 필요 충족조건이 맞지 않으면 사역지가 자주 바뀌게 된다. 교육전도사는 학생 신분으로 대부분 학업과 병행하기 때문에 충분한 사역의 시간을 낼 수 없다는 것이다. 어느 교회에서는 새벽예배까지 포함한 모든 예배 참석을 요구받기도 한다.

교육전도사는 아직 배우는 학생이기에 교육기관을 맡아 학생들과 교사들을 관리하는 데 어려움이 있다. 교회는 교육전도사의 사역을 위한 실험 장소로 전락할 수 있다. 교육전도사 본인들 스스로가 아르바이트생으로 인식하는 문제도 있다. 소명감을 가지고 맡겨진 사역에

---

97) 한국기독교장로회, 앞 글, 122.

최선을 다하는 것이 아니라 잠시 머무르는 장소로 인식하고 있다는 것이다.

담임목사가 부교역자를 개인 비서로 알고 여러 잡다한 일을 시키거나 동역자로 인식하지 못하고 경쟁의 대상 혹은 '계륵'[98]과 같은 존재로 여겨서는 안 된다.

---

98) 닭의 갈비뼈는 먹을 것은 없으나 그래도 버리기는 아깝다는 뜻에서, 무엇을 취해 보아도 이렇다 할 이익은 없지만 버리기는 아까움을 나타내는 말이다.

5

헬퍼로서 부교역자의 자기 개발

한국교회의 현실은 부교역자와 담임목사가 동등한 파트너 관계를 맺지 못하고 있다. 대부분의 교회는 담임목사와 부교역자와의 수직적 관계를 유지하고 있다. 이러한 현실을 실제적으로 타파하기 위해서는 담임목사의 확고한 목회철학의 변화가 필요하며, 총회 차원에서 부교역자에 대한 헌법 개정 등 신분을 보장해 주어야 한다.

교회는 부교역자가 사역이 기쁨이 될 수 있도록 주변 환경을 조성해 주어야 하며, 부교역자에게 교육의 기회도 최대한 허용하여 부교역자가 실력 있는 부교역자가 되도록 해야 한다. 이것은 단순히 부교역자의 성장만이 아니라 교회의 성장에도 영향을 미치는 것이다. 또한 교회는 부교역자에 대한 인식을 전환하여야 한다. 부교역자를 담임목사와 달리 함부로 대하는 경우가 있다. 말투나 행동에서 예의 없이 대하는 이들이 많이 있다. 부교역자일지라도 목회자이기 때문에 최대한 존중하고 섬길 수 있어야 한다. 이것은 담임목사의 부교역자에 대한 인식과 비례한다고 볼 수 있다.

안산제일교회 고훈 목사는 부교역자와 함께 팀목회를 하기 위해 많은 노력을 하였다. 이러한 팀목회에 대한 부교역자와 교인들의 이해가 부족하여 어려움이 있었지만 팀목회를 그의 목회철학으로 삼았기에 훌륭하게 극복할 수 있었다. 지용덕 목사는 팀목회에 대한 긍정적인 부분을 말하고 있지만 이 팀 구성원이 교인들을 중심으로 할 만큼 부교역자와 팀목회를 하기가 어렵다는 것을 인정한다. 한국교회 대부분의 교회는 아직도 부교역자를 자신의 목회 사역의 동역자로 보기보다는 '조사'로 보는 경우가 많다.

이제는 부교역자에 대한 인식이 변화되어야 하고, 부교역자에 대한 적극적인 지지가 필요하다. 이것은 단순히 담임목사만의 차원이 아니라 교회와 노회 그리고 교단과 신학대학원 차원에서 문제를 접근해야 한다.

총회와 학교에서 부교역자의 개발을 위해서 적극 지원해 주어야 한다. 첫째로 부교역자에 대한 재교육이 계속되어야 한다. 부교역자는 스스로가 배우는 자로 인식하고 배울 수 있는 기회를 최대한 활용해야 한다. 교육의 내용도 새로운 학문과 더불어서 구체적으로 목회 현장에 부딪히는 문제들을 다루어야 한다. 아직 경험하지 못한 것들을 간접 경험하도록 해야 한다. 또한 부교역자가 가지고 있는 은사를 발견하고 그 은사를 개발하여 목회를 도울 수 있는 사역에 대한 지도를 해야 할 것이다. 여러 다양한 사역들을 발굴하고 그에 헌신할 수 있는 사명자를 찾아야 한다. 둘째로 목회의 멘토를 찾을 수 있도록 해야 한다. 목회자로서 존경받는 선배 목사들과 연결시켜 목회의 다양한 경험들을 실질적으로 도움을 받을 수 있으면 좋겠다. 셋째로 법적으로 신분보장을 해 주어야 한다. 부교역자의 사역 기간이 매년 재신임이기에 연말만 되면 임지 문제로 고통을 받게 된다. 이러한 불합리한 부분들을 헌법에서 법으로 규정하면 한결 심적 부담에서 줄어들게 될 것이다.

그러나 이러한 변화가 있기까지는 시일이 오래 걸릴 것 같다. 이러한 현실을 인정하고 이 책에서는 무작정 담임목사의 결단만을 요구할 것이 아니라 '부교역자 스스로 차선책'을 찾아가는 방법을 정리하고자 한다.

부교역자들의 대부분은 부교역자로서 특별한 소명감보다는 단독목회를 하기 위한 수순에 불과하다고 인식한다. 적당히 시간 때우고 빨리 다른 목회지를 찾아야 한다는 생각을 가지고 목회한다면 그것은 교회적으로나 본인으로나 결코 바람직하지 않다. 나중에 어떻게 될지라도 자기가 현재 몸담고 있는 사역지에서 최선을 다하여야 할 것이다.

부교역자 시기야말로 미래를 준비하고 역량을 갖춘 목회자로서 준비하는 기간이라고 생각한다. 무엇보다 "이 기간은 자아를 발견하고 자아를 개발할 수 있는 기간이다. 원래 뛰어난 사람은 예외일 수 있지만 대부분의 평범한 부교역자들은 끊임없이 노력하고 스스로를 개발하지 않으면 미래가 보장되지 않기 때문이다."[99]

부교역자는 비전이 있어야 한다. 비전이 없을 때 사역이 힘겨워지게 된다. 부교역자로서 자신을 위한 비전과 교회를 위한 구체적인 비전을 분명히 하게 될 때 사역이 힘이 생기고 즐겁게 된다. 부교역자의 사역은 자신에 대한 목회 비전을 정립하는 시기로 삼아도 좋다.

---

99) 이권희, 「부교역자의 자아발견과 자기개발」 『목회와 신학』(2004. 11), 156.

비전은 의욕을 일으키는 원동력이다. 의욕을 가지고 일한다는 것은 열정으로 나타나게 되고 이러한 열정은 좋은 열매를 맺게 된다. 일을 진행함에 있어서 타성에 젖어서 하거나 수동적인 것이 아니라 적극적이고 능동적인 일의 주체자로서 일을 하여야 한다. 자신의 10년 후의 모습을 생각해 보면서 지금 현재의 위치에서 자신을 어떻게 변화시켜야 하는가를 돌아보아야 한다.

분명한 자기 비전을 놓고 기도하면서 사역을 해 나가야 한다. 자신의 목회 비전이 무엇인가? 없다면 목회 비전을 만들어야 하고, 혹 있다면 하나님이 원하시는 비전인가를 점검해야 한다. 비전이 있는 자만이 자신의 개발을 위해 시간과 물질을 아낌없이 투자할 수 있다.

특별히 부교역자의 사역에 있어서 중요한 것은 주인의식을 가져야 한다. 모든 목회 사역을 삯군의식이 아닌, 교회의 주인이라는 사명을 가지고 맡겨진 사명에 최선을 다해야 한다. 부교역자의 경우 자신의 목회 사역의 열매를 담임목사가 거둔다고 해서 실망하거나 불평해서는 안 된다. 자신이 직접 거두지 않는다고 하더라도 하나님의 사역으로서 열매를 거두기에 함께 기뻐하며 감사해야 할 것이다.

부교역자에게는 내가 부교역자로 성공해야 담임목사도 성공할 수 있다는 의식이 필요하다. 부교역자는 분명 차세대 담임목사들이다. 그런 점에서 부교역자는 교회가 보유하고 있는 핵심적인 인재들이다. 부교역자가 소모적인 사역보다는 창조적이고 생산적인 사역을 할 수 있도록 여건이 만들어져야 한다. 설정된 교회 목표에 맞추어 담임목사와 함께 기획하며 역할분담을 해서 함께 교회를 세워 나갈 수 있어야 한다.

부교역자에게 있어서 중요한 것은 자신의 위치를 정확히 알고 그

자리를 잘 지키는 일이다. 자신의 위치를 지킨다는 것은 부교역자로서 무슨 일을 어떻게 해야 하는지 그 존재 이유를 확실히 아는 일이다. 즉 "직책상의 위치 혹은 직능상의 위치를 이해함과 동시에 역할 분담에 따른 책임을 효율적으로 감당해야만 한다. 위치가 중요한 것은 개인적으로 능력이 탁월하더라도 조직 속에서 그 기능을 제대로 감당하지 못한다면 바다 속에 있는 진주와 다를 것이 없다."[100)

그런가 하면 부교역자들은 부교역자대로 훈련을 받는 자로서 인내하며 훈련을 잘 받아야 하고 계속 성장해야 한다. 배우는 자세가 필요하다. 일을 하다가 담임목사의 일처리가 정말 잘못된 것으로 판정이 났을 때에도 비난하거나, 충돌하거나, 교인들을 자기편으로 끌어들이지 아니하고 그것을 교훈으로 삼아 훗날 담임목사가 되었을 때 같은 잘못을 저지르지 않도록 거울삼아야 한다.

사람들은 많은 경우, 지도력은 반드시 교육시켜야 한다고 믿고 많은 리더십스쿨에서 다스리는 기술을 가르치는 데 반해, '따르는 기술'은 그냥 자연스럽게 누구에게나 본능적으로 잠재되어 있다고 생각하는 것 같다. '선 무당이 사람 잡는다.'는 말이 있듯이 부교역자에 대한 훈련을 받지 않고 목회 현장에 뛰어들어서 좌충우돌하는 순간에 교회와 담임목사, 그리고 동료 교역자 및 교인들에게 커다란 상처를 주게 된다. 따라서 목회현장에 나가기 전에 헬퍼로서 부교역자에 대한 분명한 인식과 훈련을 통하여 좋은 헬퍼로 섬기는 자가 되어야 한다. 제대로 된 부교역자의 기술을 한홍은 다음과 같이 정리한다.

---

100) 황의영, 『교회직임과 리더십』, 292.

"첫째, 본인 자신의 독립적이고 창조적이고 객관적인 사고(思考) 능력을 가지는 것이 중요하다. 둘째, 개인 자신의 목표와 단체 목표의 연관점을 확실히 맞추어 조율하는 것이 필요하다. 셋째, 절제 있는 자기 관리를 해야 한다. 자기 관리는 성실하게 일함으로써 신뢰를 쌓는 것, 반대 의견을 제시할 때 분명한 대안을 겸손하게 제시하는 것, 언어와 행동을 절제 있게 사용하는 것을 의미한다. 넷째, 책임 있게 행동하는 자세를 가져야 한다. 아무리 탁월해도 단체에 대하여, 동료들에 대하여, 리더에 대하여 책임 있게 행동하는 자세가 중요하다. 다섯째, 리더와 팔로어의 역할 사이를 자연스럽게 오갈 수 있는 유연한 실력과 사고를 갖추는 일일 것이다."[101]

부교역자는 배우는 자이다. 물론 모든 교역자는 배우는 자임을 인정해야 한다. 배우는 자로서 중요한 것은 겸손, 즉 자기 비움이다. 자신의 부족함을 인정하고 부족한 부분을 채우기 위해서 부단한 노력이 필요하다. 한국교회의 부교역자 생활은 만능 플레이어가 될 것을 요구하기 때문에 부교역자들은 긴급하고 중요한 일에 늘 쫓기게 되어 있다. 이렇게 쫓기는 삶을 살다 보면 긴급하지 않는 일들을 대부분 미루고 살아가기 때문에 자신의 성장 기회를 잃어버리게 된다.

장래 사역을 계획하고 그 사역을 위해서 구체적으로 준비하는 일도 긴급하지는 않지만 중요한 일이다. 자신을 변화시키는 구체적인 계획을 가지고 부교역자로 사역을 해야 한다. 자칫 자기개발에 소홀하게 되면 매너리즘(mennerism)에 빠지게 된다. 특히 자신의 사역에 대한 부정적인 생각을 가진 자에게서 이와 같은 일이 많이 발생한다.

---

101) 한홍, 앞 글, 172.

부교역자는 자기 관리를 철저히 해야 한다. 프로 권투 선수는 체중을 조절하기 위하여 모진 애를 쓰면서 먹는 음식부터, 잠자는 시간, 심지어 성생활까지도 철저히 관리한다. 체중 조절에 실패하게 되면 아예 링 위에 올라가지 못하고 실격패로 끝나기 때문이다. 자신을 절제하지 못하거나 제대로 훈련을 하지 못한다면 단독 목회의 성공을 보장받을 수 없을뿐더러 담임목사로 나가기 전에 목회를 접어야 할지도 모른다. 따라서 부교역자는 자신을 성장 발전시켜 나가는 것에 시간과 정열을 쏟아야 한다.

1) 영성훈련

영성(靈性, Spirituality)이란 간단하게 정의할 수 있는 성질의 개념은 아니다. 그러나 영성의 핵심 부분은 하나님과의 관계에서 생각해 볼 수 있다.

"영성이란 모든 인간에게 내재하는 영혼의 핵으로서 하나님과의 만남을 가능케 하는 신적인 능력이며, 하나님의 성령이 임하는 자리이기도 하다. 그런데 인간의 영성은 정체되어 있는 어떤 상태라기보다는 변화하고 성장해 가는 동적인 능력"[102]으로 하나님께서 성령을 통하여 주신 은혜로 하나님의 형상(Imago Dei)을 닮아가게 하는 역사이다. 김경재는 "그리스도교의 영성을 '하나님 중심의 영성', '말씀의 영성', '영과 진리 안에서 예배하는 영성, 즉 영과 진리 안에서 자유

---

102) 정태기, 『교역과 영성』(오산: 한신대학출판부, 1991), 94.

하는 영성', '십자가의 영성', '성육신적 영성', '순례자의 영성'으로 개념을 정리하고 있다.[103] 이러한 영성은 시대마다 다르게 나타나기도 하며, 문화적인 상황에 따라 다르게 표현되기도 한다. 그러나 중요한 것은 그리스도교의 영성은 예수가 중심에 있어야 한다는 것이다. 이 땅에 육신의 몸을 입고 오신 성육신적 영성은 이 세상을 사랑하셔서 예수를 보내시고 예수의 십자가 사건으로 참된 구원과 해방을 맞이하게 된다. 이 바탕 위에 생명 사랑의 영성이 세워지는 것이다. 목회자는 먼저 하나님과의 관계에서 자신을 바라보아 자신을 발견하고, 그리스도인으로서 세상 속에서 어떻게 살아가야 하는가를 결단할 수 있어야 한다.

전문가로서 교역자에게 요구되는 것은 무엇보다 깊은 영성이다. 다가오는 미래시대는 교역자의 깊은 영성을 요구한다. 부교역자의 영성 관리도 교역자 자신의 전 목회 사역 가운데 끊임없이 지속되어야 한다. 왜냐하면 영성은 특정한 분야의 기술을 숙달함으로써 전문가가 되려는 것이나 어떤 목표를 정하고 그 목표에 도달하기 위한 훈련이 아니기 때문이다. 교역자의 영성은 어느 한 경지에 올라서서 그대로 정체되는 것이 아니라 끊임없이 성장하기도 하고 퇴보하기도 하는 것이기 때문이다. 영성에서 정체는 곧 퇴보라는 것을 명심하고 날마다 자신을 채찍질하여 영성 함양에 정진하는 교역자가 되어야 한다.

오성춘 교수는 목회자의 영성 훈련에 대하여 다음과 같이 정리한다.

"첫째, 영성훈련은 그리스도 정신을 나의 것으로 받아들여 예수 그리

---

103) 김경재, 『그리스도교 신앙과 영성』, (오산: 한신대학교출판부, 1997), 186-192.

스도의 삶을 내 안에 구현시키는 훈련이다. 둘째, 살아계신 우리 주 예수님을 만나고 교제하며 끊임없이 그분의 능력을 받아 그분의 뜻을 순종하는 삶의 훈련이다. 셋째, 오늘 우리에게 오셔서 우리 안에서 역사하시는 성령의 능력을 받아 성령의 능력으로 하나님의 형상을 회복하는 훈련이다."104)

영성은 어느 날 갑자기 독서나 훈련을 받아 형성되는 것이 아니다. 오랜 연단과 인격적 수련을 통해서 영적 성숙에 이르는 것이다.

영성 함양을 위해서

첫째는, 소명감에 대한 재확인이 필요하다.

부교역자의 소명의식은 영성의 척도가 될 뿐만 아니라 부교역자의 사역에도 큰 영향을 끼치게 된다. 우리나라는 현재 IMF의 위기 이후에 심각한 실업난을 겪고 있다. 이러한 실업난은 신학대학교에도 영향을 주었다. 세상에서 직업을 구하지 못하고 실직했던 사람들이 목회라도 해 보겠다는 생각을 가지고 신학대학교에 문을 두드린다는 것이다. 목회자로 소명감이 없이 목회를 시작하게 될 때 목회의 사역이 고통이 될 것이며, 가정과 교회에 어려움을 가중시키는 결과를 낳는다. 또 한편으로 목회자로 소명감을 가지고 시작하였다 할지라도 계속된 자기 점검으로 영성을 훈련시켜 나가야 한다.

목회자로서 소명은 하나님과의 관계에서 확인되어야 할 사항이다. 하나님께서 자신을 그리스도인으로 불러 주셨는가에 대한 확인이다. 이것은 구원에 대한 확신이 필요하다. 구원에 대한 확신이 없이는 구

---

104) 오성춘, 『영성과 목회』(서울: 장로회신학대학교 출판부, 1992), 8.

원에 대한 선포가 이루어질 수 없다. 구원의 확신이 없이 목회를 한다는 것은 목회를 하나의 직업으로 여기는 것과 다름없다. 더 나아가 목회자로서 소명이 있어야 한다. 하나님께서 구원받은 백성 가운데 특별히 목회의 사역을 하도록 불러주셨는가에 대한 확인이다. 옛날에 교회에서 열심히 신앙생활을 하거나 믿음 있는 분들의 자녀들을 보면 무조건 목회를 하라고 하는 경우가 있었다. 또한 서원하였다고 목회를 반 강제적으로 강요하기도 하였다. 그 결과 목회가 즐거움이 아니라 무거운 짐이 된다. 이런 소명의식이 없는 경우는 목회가 힘들고 어렵다는 생각을 하게 된다. 목회자에게 있어서 중요한 것은 하나님을 사랑하는 것이 남달라야 한다는 것이다. 하나님을 위해서 자신을 포기하거나 십자가에 못을 박을 수 있어야 한다는 것이다. 자기 헌신이 없이는 건강한 사명자라 할 수 없다. 나아가 영혼을 사랑하는 마음이 있어야 한다. 한 영혼이 천하보다 귀중하다는 예수님의 말씀처럼 교인들의 영혼을 차별 없이 사랑하는 마음을 가져야 할 뿐 아니라 교회 밖의 영혼들도 사랑하여야 한다. 소명감에 대한 확인은 내가 과연 목회자로 소명감이 있는가를 자기 스스로에게 질문을 하고 답하면서 소명의식을 재확인해야 하는 것이다.

목회사역에 있어서 소명의식을 가지고 시작했을지라도 부교역자로서 소명감을 가지고 있는가도 중요하다. 부교역자의 소명감은 또 다른 차원의 소명감이다. 하나님의 사역을 위해 무슨 일이든 할 수 있다는 것뿐만 아니라 교회와 담임목사를 위한 섬김의 소명도 함께 있어야 한다는 것이다.

이러한 소명의식 위에 영성훈련을 통해 전인적인 목회자로서 변화되어야 한다. 아무리 부교역자가 학문적으로 탁월하고 뛰어난 지식이 있을지라도 목회사역의 성공적인 수행을 위해서는 무엇보다도 하나님과의 영적 교제가 필요하다. 영적 교제를 통해 부교역자로서 하나님께 어떻게 헌신할 것인가를 깨닫고 순종하는 것이다.

둘째는, 영성훈련은 말씀 묵상 훈련이다.

영성훈련은 말씀을 통하여 심화될 수 있다. 하나님의 말씀을 가까이 하여야 한다. 따라서 모든 교역자는 말씀을 묵상하는 훈련이 필요하다. 부교역자는 바빠서 성서 볼 시간도 없다는 말이 있을 정도로 매우 바쁜 사역을 하고 있다. 그렇다고 하나님의 말씀인 성서를 묵상하는 시간이 없어서는 안 된다. 하나님의 말씀을 묵상하는 시간을 따로 정해서 자신과 하나님이 말씀을 통해 만나야 한다. 성서 말씀을 읽고 일상에서 일어나는 크고 작은 일들을 말씀 안에서 비추어 보면서 하나님을 만나고 하나님의 뜻을 깨달아야 한다.

말씀묵상 훈련은 일반적으로 큐티(Queit Time)라 부른다. 말씀 묵상은 성서를 통해서 하나님이 어떤 분이신지를 관찰해야 한다. 둘째로, 말씀 속에 있는 사실을 관찰하여 현재에 대조되는 메시지를 찾아야 한다. 셋째로, 나를 향한 하나님의 의도가 묵상의 최종 결론, 즉 현실 적용으로 확인되어야 한다.

이러한 세 가지 원리를 생각하면서 말씀 훈련의 단계를 살펴보면

"처음에는 본문 말씀의 읽기 단계이다. 여기에서는 낱말을 잘 파악해 가면서 전체 대의를 파악해야 한다. 그리고 본문이 상황과 주제를 간략히 정리하면서 제목을 찾는다. 두 번째는 말씀을 되새기는 단계이다. 본문 말씀을 반복적으로 묵상한다. 세 번째는, 묵상의 영역을 넓혀 가는

단계이다. 자신의 삶의 영역을 정해 놓고 말씀을 구체적으로 대조해 보아야 한다. 목회자는 이러한 묵상훈련을 통하여 말씀을 깊이 있게 이해하고, 말씀의 주제를 가지고 하나님과 대화할 수 있는 둘만의 시간이 필요하다."105)

셋째는, 영성훈련에서 중요한 것은 기도 훈련이다.

기도는 "하나님의 주권을 인정하는 행위이며, 하나님의 뜻에 모든 것을 맡기는 행위이다. 기도는 하나님의 전능하신 능력을 인정하고 그 능력을 힘입기를 간구하는 행위이며, 인간은 하나님의 피조물임을 고백하는 행위이며, 하나님의 약속의 말씀을 믿고 의지하는 행위이며, 자기를 부인하고 하나님만 바라보는 행위"106)이다.

예수님께서도 바쁜 사역 가운데 한적한 곳에서 기도를 하셨다. 기도는 교인으로 당연히 해야 할 의무이다. 하물며 교역자는 더 많은 기도를 요구받고 있다. 사무엘선지자는 기도하는 것을 쉬는 것이 죄라고 말할 정도로 기도를 강조하고 있다. 부교역자도 기도하지 않는다면 교역자로서 바로 서지 못한다.

부교역자는 기도 훈련을 통하여 하나님께서 내게 말씀하시는 것을 들으며, 나의 문제들을 낱낱이 아뢸 뿐만 아니라 부교역자로서 중보의 기도를 드려야 한다.

기도는 우리의 마음을 하나님께 집중하여, 하나님께 향하여 우리를 위탁하는 것이다. 하나님을 사랑하는 행위는 구체적으로 우리의 기도로 나타난다. 즉 우리의 관심과 마음을 하나님께 향하여 집중하고 쏟

---

105) 라채광, 『큐티가 어려우십니까?』(서울: 두란노서원, 1990), 32-35.
106) 오상철, 『세 가지 영성 훈련』(서울: 머릿돌, 1992), 41.

을 때에 우리에게 일어나는 모든 일을 합력하여 선을 이루는 결과를 가져오게 된다. 진정한 기도는 생활을 변화시키고 또 생활을 창조하는 것이다. 기도는 우리를 세상의 불안과 기쁨에 대하여 하나님과 함께 이야기하는 일이다.

기도는 일반적으로 하나님과 대화하는 기도가 있으나 통성기도, 묵상기도, 관상기도 등 방법에 따라 분류할 수 있다. 영성훈련에 있어서 기도의 중요성은 당연하다. 특히 기도는 자신의 성격에 따라 기도의 형태도 달라지는데 타인의 기도에 대하여 비교 평가해서는 안 된다. 중요한 것은 예수의 말씀 가운데 중언부언하지 말라는 것이다. 구체적인 기도를 해야 하며 화려한 미사어구도 중요하지 않다. 내게 있는 솔직한 마음이 그대로 하나님께 투영될 수 있도록 해야 한다.

기도는 부교역자의 가장 중요한 습관이 되어야 한다. 부교역자로서 아무리 바쁘고 힘들더라도 기도하는 것을 쉬어서는 안 된다. 주어진 시간 안에서 기도를 할 수 있어야 한다. 매일 새벽마다 기도할 때, 철야 기도할 때 기도회의 단순한 참석이 아니라 하나님을 만나고 하나님의 음성을 듣고, 하나님의 뜻을 깨닫는 기도를 드려야 한다. 또한 자신만의 하나님과의 만남의 시간을 가져야 한다. 전체 교인들이 참여하는 기도시간 외에 자신과 하나님과 일대일의 기도 시간을 가져야 할 것이다. 이러한 기도 시간은 아침에 출근시간보다 30분 일찍 출근하여 가지는 것도 좋은 방법이 될 수 있다.

특별히 기도할 때는 중보기도도 빼놓지 말아야 한다. 부교역자의 중보기도는 교회를 위한 기도이기도 하다. 교회가 편안하고 부흥하게 될 때 부교역자의 기쁨도 있다. 또한 부교역자는 자신만을 위해 기도하는 것이 아니라 담임목사를 위해서도 기도할 수 있어야 한다. 담임목사가 바로 서게 될 때 부교역자의 사역이 기쁨의 사역이 되기 때문이다.

넷째는, 영성훈련으로 금식훈련이 있다.

금식은 자신이 평소에 먹던 음식을 먹지 않는 것이다. 이것은 음식을 많이 먹지 않는 절식과 음식을 먹지 않되 하루에 한 끼를 먹지 않는 한 끼 금식 그리고 물 이외에는 모든 음식물을 먹지 않는 금식이 있다. 이러한 금식은 자신의 식욕을 억제하면서 인간의 욕망을 죽이는 훈련이다. 성서에서 이사야는 금식에 대하여 하나님이 기뻐하시는 금식을 말하고 있다.

> "우리가 금식하되 어찌하여 주께서 보지 아니하시오며 우리가 마음을 괴롭게 하되 어찌하여 주께서 알아주지 아니하시나이까 보라 너희가 금식하는 날에 오락을 구하며 온갖 일을 시키는도다 보라 너희가 금식하면서 논쟁하며 다투며 악한 주먹으로 치는도다 너희가 오늘 금식하는 것은 너희의 목소리를 상달하게 하려는 것이 아니니라 이것이 어찌 내가 기뻐하는 금식이 되겠으며 이것이 어찌 사람이 자기의 마음을 괴롭게 하는 날이 되겠느냐 그의 머리를 갈대같이 숙이고 굵은 베와 재를 펴는 것을 어찌 금식이라 하겠으며 여호와께 열납될 날이라 하겠느냐 내가 기뻐하는 금식은 흉악의 결박을 풀어 주며 멍에의 줄을 끌러 주며 압제당하는 자를 자유하게 하며 모든 멍에를 꺾는 것이 아니겠느냐"(이사야 58:3-6)

예수님께서는 금식할 때 위선적인 모습이 아닌 진실한 모습(마6:16-18)으로 해야 하고 자랑하려고 금식해서는 안 된다고 말씀하신다.

금식을 하면서 자신의 의를 나타내려고 해서는 안 된다. 금식은 자신을 낮추고 온전히 하나님을 바라보는 것이다. 금식의 시간에 너무 연연해서도 안 된다. 그리고 금식하는 시간에 기도를 하여야 한다. 단순히 음식을 먹지 않는 것이 아닌 기도하기 위한 시간으로 정해서 식사시간에 음식을 먹지 않고 기도해야 한다.

이러한 훈련 외에 자신이 정한 기간 동안 일절 말하지 않는 침묵훈련, 자신의 소유를 최소화시키며 모든 소유가 하나님의 것을 인정하는 청빈훈련, 삶의 욕망으로 살아가는 것이 아니라 자신의 욕망을 제어하는 절제 훈련, 삶의 방식 가운데 노동이라는 땀 흘리며 일하는 가운데 체험하는 노동 훈련 등이 있다.

영성훈련에 방해가 되는 것들이 있다. 목회자의 '게으름'이다. 바쁘다는 핑계로 자신을 돌아보지 않는다. 교인들의 영적 상태를 진단하고 바로 세우는 일을 하면서 정작 자신의 영적 상태를 살펴보지 않는다.

부교역자는 자신이 목회를 하고 있는 것이 아니라 교회 직원이라는 생각을 하여 영성훈련에 소홀 할 수 있다. 그러나 영성훈련을 제대로 하지 않으면 목회자로서, 부교역자로서 성공할 수 없다. 영성훈련은 부교역자에게는 필수적이다.

2) 인격(人格)함양

인격이라는 말을 한마디로 정의하기 어렵다. 영어에서도 'Personality'로 사용하기도 하며 'Character'로 사용하기도 한다. 우리말로 번역한다면 '인격(人格)' 또는 '성품(性品)'으로 말할 수 있고 합쳐서 '인성(人性)'

이라는 말로 사용된다. 따라서 인격이란 사람다운 사람으로서 갖추어야 할 성품이라고 할 수 있다.

목회자는 하나님의 부름을 받은 목회자이기 전에 사람이다. 사람으로서 가져야 할 품성이나 자질, 즉 인격을 갖추어야 하는 것은 당연한 것이다. 인격(人格)이란 사람이 사람으로서의 가치를 갖는 데에 필요한 정신적 자격으로 사람의 품성으로 말할 수 있으며, 더 쉽게 풀이하면 인격을 구비한 사람이란 바른 습관을 몸에 익힌 사람이요, 안정된 성격형성을 가진 사람을 뜻한다. 또한 사회인으로서의 기능을 감당할 만한 책임감과 독립심을 지닌 사람으로 원만한 대인관계에 필요한 태도를 습득한 사람이라 할 수 있다.

인격이란 우리 삶의 작은 순간순간 형성된다. 인격은 하루아침에 이루어지는 것이 아니기 때문에 계속 개발해야 한다. 제대로 된 인격을 갖추기 위해선 오랜 시간에 걸쳐 피나는 노력과 훈련을 해야 한다. 부교역자가 사역을 위해서 어떤 기술을 연마하는 것만으로는 안 된다. 풍부한 지식을 갖추는 것뿐만 아니라 인간으로서 가장 기본적인 것이라 할 수 있는 인격을 가져야 한다.

신약성서는 목회자가 기본적으로 갖추어야 할 인격에 대하여 바울의 목회서신에서 말하고 있다.

①책망할 것이 없는 자(딤전 3:2, 딛1:6-7) ②한 아내의 남편인 자(딤전 3:2, 딛1:6) ③절제하는 자(딤전 3:2) ④근신하는 자(딤전3:2, 딛1:8) ⑤아담한 자(딤전 3:2) ⑥ 나그네 대접을 잘하는 자(딤전 3:2) ⑦가르치기를 잘하는 자(딤전 3:2) ⑧술 취하지 아니하는 자(딤전3:2, 딛1:7) ⑨구타하지 아니하는 자(딤전3:3, 딛1:7) ⑩관용하는 자(딤전 3:3, 딤후2:24) ⑪다투지 아니하는 자(딤전3:3, 딤후2:24) ⑫돈을 사랑

치 아니하는 자(딤전3:3, 딛1:7) ⑬자기 집을 잘 다스려 자녀들로 모든 단정함으로 순종케 하는 자(딤전3:4) ⑭외인에서도 선한 증거를 얻은 자(딤전3:7) ⑮제 고집대로 하지 아니하는 자(딛 1:7), 급히 분내지 아니하는 자(딛1:7), 더러운 이를 탐하지 아니하는 자(딛1:7), 선을 좋아하는 자(딛1:8), 의로운 자(딛1:8), 거룩한 자(딛 1:8).

위와 같이 인격적인 부교역자의 구체적인 삶의 모습들을 보면, 인격적인 삶은 단순히 교역자에게만 요구되는 것이 아니라 그리스도인이면 기본적으로 갖추어야 할 모습이다.

첫째, 인격적인 부교역자는 예의가 있어야 한다.

부교역자는 상냥하고 친절해야 한다. 태도가 밝아야 한다. 피곤에 지쳐서 마치 도살장에 끌려가는 사람처럼 얼굴을 하고 있으면 보는 사람들이 피곤하고 더 힘들게 된다. 부교역자의 입가에는 냉소가 아니라 항상 미소가 있어야 한다. 신앙인으로 사는 행복한 모습들이 드러나야 한다. 하나님이 좋으신 분이라는 것과 하나님은 우리가 그분을 찾을 때 우리에게 기쁨을 주시고, 상 주시는 분임을 명심하여야 한다. 얼굴을 근엄하게 하면서 무게를 잔뜩 잡은 교역자에게서 사람들은 카리스마의 위대성을 느끼는 것이 아니라 교역자의 가면을 본다.

예의는 "상식 있는 사람들 사이에서 통용되는 일반적인 습관이다. 뛰어나고 고매한 인격은 나중이고 먼저 상식이 통하는 사람"[107]이 되어야 한다. 예의가 있다는 것은 외모에서부터 달라야 한다. 부교역자는 자신의 의상에 신경을 써야 한다. 자신이 편한 대로 옷을 입거나,

---

107) 김남준, 『자네 정말 그 길을 가려나』, 116.

다른 사람들에게 거북스러운 옷을 입거나 너무 화려하게 치장해서는 안 된다. 외모를 통해서도 부교역자의 사역을 하는 것이기 때문이다. 부교역자의 모습에서는 언제나 단정함이 배어 있어야 한다.

또한 예의는 말의 조심에 있다. 말은 부교역자의 기본 예의라 할 수 있다. 말을 예의 없이 하면 말하는 사람 또한 예의 없어 보이고, 말을 예의 바르게 하면 말하는 사람은 역시 예의 바르게 보인다. 대화 시의 억양, 어투, 제스처, 눈빛 등도 예의에 벗어나지 않도록 조심하는 습관을 가져야 한다. 온갖 손짓 발짓으로 너무 경망스럽게 하거나, 주위가 떠들썩하도록 요란스럽게 떠들거나, 비속어 등을 함부로 남발하거나 거칠고 불손한 어투로 장황하게 수다를 늘어놓는 것 등은 예의에 어긋나는 행동이다.

경어사용은 기본이다. 누구에게나 경어를 쓸 수 있어야 한다. 학생 같은 주부도 있고 집사 같은 권사도 많다. 공부를 많이 못 해서 무식한 것이 아니라 예의 바르지 못한 언어가 무식이다. 화가 나서 흥분하게 되면 오랜 시간 쌓아올렸던 인격의 탑이 순식간에 무너질 수도 있다. 또한 교인들과 친하다고 말을 함부로 하거나 욕을 섞어서 하는 것도 바람직하지 못하다.

부교역자는 인사를 잘해야 한다. 담임목사나 같은 동역자 간의 인사뿐만 아니라 교인들과의 관계 또한 다른 사람들과의 만남에 있어서 인사를 바르게 잘해야 한다. 인사는 그 사람과의 만남에 있어서 지대한 영향을 미치게 되며 처음 보는 사람에게는 결정적인 인상을 심어주기 때문이다. 인사를 할 때는 형식적인 인사를 하거나 무례하게 해서는 안 된다. 인사는 상대의 인격을 존중하는 의미도 포함되어 있기에 최대한 상대방을 배려하면서 진실함의 마음을 가지고 해야 한다.

사람들은 곧잘 인사를 잘하느냐 못 하느냐에 따라 그 사람의 인간성을 판단하기도 한다. 상대방이 인사를 하는데도 바쁘다고 제대로 돌아보지 아니하면 상대방이 무시당했다는 생각을 가질 수 있다. 목회자라고 인사를 받으려고 하지 말고 먼저 인사를 할 수 있어야 한다. 간혹 인사를 했는데도 상대방이 받아주지 않거나 무시하는 경우가 있다. 물론 그것은 예의를 모르는 행동이다. 그럼에도 인사를 하는 측은 자신의 의무를 다해 성실히 인사해야 한다. 더 밝고 명랑하게 인사를 하게 되면 상대방도 미안하게 생각하게 될 것이다. 같은 인사를 해도 의무적이 아닌 '성의를 다하는 인사'를 하여 상대방의 기분을 좋게 하여야 할 것이다. 박종신은 좋은 인사요령으로 "1) 가까이 가서 할수록 좋다. 2) 빨리 할수록 좋다. 3) 허리를 깊이 숙일수록 좋다. 4) 여러 번 하는 것보다 정성스럽게 한 번 하는 것이 좋다."[108]고 말한다.

부교역자는 인내심이 있어야 한다. 사역을 하면서 피치 못할 상황에 놓이게 될 때가 있다. 담임목사와의 갈등이나 부교역자 간의 불협화음 그리고 교인들 간의 사역에서 오는 크고 작은 문제들이 생길 수 있다. 이때 화를 내고 싶은 상황이 벌어지게 된다. 무조건 참는 것이 능사가 아니지만 가능하면 참아야 한다. 작은 일에 화를 잘 내거나 신경질을 부리게 된다면 목회자에 대한 이미지를 망치게 하는 것이다.

둘째, 인격적인 부교역자는 모든 일에 긍정적이고, 적극적인 사고를 가져야 한다.

긍정적인 사고란 모든 사물의 장점을 보고 낙관적으로 생각하는

---

108) 박종신, 앞 글, 124-126.

것이다. 교회 행사를 할 때 무조건 부정적인 의견을 피력하며 반대 의견을 내세우면 안 된다. 긍정적인 결과들을 볼 수 있어야 한다.

그리고 무엇을 할 때나 명확한 목표를 가지고 행해야 한다. 자신에게 주어진 일을 회피하지 않고 적극적으로 그 일을 이룰 수 있도록 노력하는 것이다. 하찮은 일이라 생각하여 소홀하거나 무시해서는 안 된다. 작은 일이라도 최선을 다하여 완수하여야 한다.

또한 부교역자는 겸손하게 타인의 말을 잘 들을 줄 아는 경청의 훈련이 필요하다. 경청의 자세나 태도 그리고 반응하는 법 등을 훈련하여 경청을 통하여 상대방을 이해하고 상대방을 세워 나갈 수 있어야 한다. 상대방의 의견에 즉시 반발을 하거나 따지고 덤비면, 상대방과 관계에 문제를 유발시킨다. 타인의 의견을 비난하거나 함부로 평가를 해서는 안 된다. 먼저 좋은 의견으로 받아들인 후에 그 의견에 대한 구체적인 것들을 검토해 보아야 한다. 부교역자는 사역의 많은 부분들을 긍정적이고 적극적으로 감당해야만 훌륭하게 일을 마칠 수 있다.

교회에 부임하여 사역을 하게 될 때 중심적으로 하는 사역과 더불어 공동으로 사역하는 일이 발생한다. 자신의 중심 사역에는 열정을 가지면서 공동의 사역은 소극적으로 참여해서는 안 된다. 부교역자에게 주어진 모든 사역을 열정을 가지고 적극적 참여 하여야 한다.

셋째, 인격적인 부교역자는 진실성, 성실성이 있어야 한다.

예수를 주로 고백하는 자는 하나님 앞에서 살아가는 사람이다. 하나님께서는 우리의 머리털 하나라도 세시고 계시며 우리의 중심을 보시는 분이다. 하나님을 경외하며 진실한 모습을 보여야 할 것이다.

목회자는 하나님 앞에서 담임목사와 교인에게 거짓을 말하지 않고 진실하여야 한다. 간혹 습관적인 거짓말을 하는 교역자들이 있다. 맡겨진 사역의 내용과 그 결과들에 대하여 자신의 실적을 올리기 위해서 거짓으로 보고하는 것이다.

또한 순간적인 위기를 넘기기 위해서 거짓말을 하게 되면 후에 더욱 악화된 관계를 갖게 된다. 거짓은 언젠가는 다 밝혀지기 때문이다. 거짓은 거짓을 낳고 더 큰 죄를 범하게 된다. 따라서 자신의 잘못을 솔직하게 시인하는 용기를 가져야 한다. 거짓이 탄로 나게 되면 신뢰도를 잃게 되며 이는 돌아올 수 없는 강을 건너는 것과 같다. 교인들은 솔직한 교역자를 좋아한다. 자신의 권위를 나타내기 위해 거짓의 가면을 쓰고 순간적으로 위기를 넘기려고 하지 말아야 한다. 거짓의 교역자는 존경받을 수도 없고 도리어 비난의 대상이 되며, 신뢰도를 잃어 사역을 하는 데 힘이 들게 된다.

인격적인 부교역자는 성실함이 있어야 한다. 부교역자는 신학을 공부하고 사역자로 특별히 사명받은 사람이다. 따라서 무슨 일을 하던 최선을 다해야 한다. 성의 없이 대충 처리해서는 안 된다. 보이지 않더라도 진실함으로 성실하게 사명을 감당해야 한다.

부교역자는 담임목사의 힘이 미치지 못하는 부분을 메우고 더 많은 부흥을 기대하면서 열심히 뛰어야 한다. "눈치나 보고 요령만 부리고서는 많은 결실과 좋은 결과를 기대할 수 없다. 열심히 뛰지 않을 때 평신도 또는 교구장보다 못한 자로 무시"[109]당하기도 한다.

---

109) 장달윤, 『섬기는 종으로 변화되자: 부목사 처신법과 목회상식』(서울: 부림, 2000), 19.

넷째, 인격적인 부교역자는 감사하는 마음을 가져야 한다.

신앙인에게 있어서 범사에 감사하라는 말씀은 모두에게 적용되는 말씀이다. 목회자인 부교역자는 감사의 본이 될 수 있도록 해야 한다. 부교역자가 처한 현실이 어둡고 힘들더라도 감사할 수 있어야 한다. 먼저 하나님께 감사해야 한다. 목회자로 불러주셨고 부교역자로 사역을 할 수 있는 것에 하나님께 감사해야 한다. 부교역자의 사역을 마지못해서 하고 있다는 생각을 하게 되면 감사가 나올 수 없다. 하나님에 대한 감사의 마음은 담임목사에게 감사의 마음을 가지게 된다. 교회에서 부교역자에 대한 처우 등에 대하여 원망과 불평 그리고 부정적인 것을 나타내는 것이 아니라 감사하여야 한다. 또한 같은 동역자에게도 함께 사역하는 것에 대하여 감사하는 마음을 갖고 표현해야 한다. 이러한 감사는 부교역자의 사역이 기쁨의 사역이 되게 한다.

다섯째, 인격적인 부교역자는 성적인 유혹을 이겨내야 한다.

교역자들은 성적 범죄에 노출되어 있다. 특히 젊은 부교역자들에게 딴 마음을 품고 접근하는 여성 교인들이 간혹 있다. 가정생활과 결혼생활에서 빚어지는 갖가지 문제 해결책을 요구하며 교역자를 찾는 교인들과의 관계에서 목회자의 언행 혹은 인간관계에서 도덕적 해이와 안일한 태도를 유발할 수도 있다.

실제적으로 부교역자의 성적 타락으로 인해 교회에서 소란이 일어난 것을 본 적이 있다. 남편과 이혼을 위한 재판을 진행하기 전에 상담을 맡았던 부교역자는 상담을 하는 중에 여자 교인과 잦은 만남을 통해 호감을 갖게 되었고 결국 넘지 말아야 할 선을 넘었다.

목회자의 성적 탈선의 결과에 대하여 조용훈은 다음과 같이 말한다.

"①사역하던 교회를 사임하거나 목사직을 그만두어야 할 경우가 있으며, 목회자 자신의 가정이 파괴되어 부끄러운 남편, 존경받지 못하는 아버지가 된다. ②상대 여성과 상대방의 가정을 파괴하고 깊은 상처를 받게 된다. ③목회자가 사역하던 교회에 위기가 찾아온다. 교인들의 신앙적 혼란이 온다. ④목사에 대한 사회적 신뢰를 떨어뜨려 교회도 세상 사람들의 웃음거리가 되고 교회의 선교활동이 막힌다."[110)]

구체적으로 이성의 유혹으로부터 이길 수 있는 방법은 다음과 같다.

첫째, 여자 교인의 집에 부교역자 혼자 심방하지 말아야 한다. 여자 교인이 심방을 요청하더라도 부교역자 홀로 심방을 해서는 안 된다. 아무런 일이 생기지 아니하여도 그것은 소문나기 좋은 행동이다. 따라서 여자 교인을 심방할 경우에는 구역장 등과 함께하거나 다른 부교역자와 동행하는 것이 좋고 오랫동안 상담을 할 때는 교회 안에서 하는 것이 좋다. 둘째, 여자 교인과 상담할 때 구체적인 성 문제에 대해서는 말하지 않는 것이 좋다. 또한 목회자 자신의 결혼 생활의 여러 문제를 언급해서도 안 된다.

훌륭한 교역자는 성경 지식을 많이 알고, 설교를 잘하고, 교회를 성장시킨 사람이 아니라 인격이 되어 있는 사람이다.

3) 전문성 개발

전문가란 보통 "일정한 교육이나 훈련을 전제로 한 해당 직종의

---

110) 조용훈, 「목회자의 성적 탈선과 목회윤리적 과제」 『신학사상』 124집(2004), 197.

숙련자들로 자기 자신들의 사리사욕이나 이해관계를 떠나서 그 전문적 본래의 궁극적 목표를 위해 봉사할 것이라고 여겨지는 사람"[111]을 말한다.

현재는 모든 분야가 전문직이라 할 수 있지만 서구 전통에서는 의사, 변호사와 더불어 교역자는 전문직으로 알려졌다. 전문직은 대학에서 배운 4년의 시간 이상으로 배워야 한다. 따라서 교역자는 대학을 졸업하고 신학대학원을 나와야 목회자가 된다. 이러한 교역자는 아마추어가 되어서는 안 된다. 오늘날 교회에서도 교역자의 전문성이 요구되고 있다. 그러나 교역자가 가져야 할 전문성은 자신이 가지고 있는 은사와 능력을 발견하는 데 있다. 자기가 받은 은사를 좋아하고 그것을 개발하며 일하는 교역자는 전문성을 갖춘 사역자라고 할 수 있다.

첫째, 부교역자는 전문가 의식(professional)을 가져야 한다.

부교역자를 배우는 자라 할 때 아마추어(amateur)라 생각하는 경우가 있으나 부교역자는 일정한 신학을 공부하였고, 목회 경험을 통한 전문가이다. 따라서 부교역자는 프로의식을 가져야 한다. 프로의식은 일을 할 때의 자세, 대화 시에 태도 등에서 프로다운 모습들을 발견할 수 있다. 프로의식이란 살아남느냐 퇴출되느냐 하는 절체절명의 생각을 가져야 하는 것이다. 그래서 전문가는 적당주의를 배격한다. 적당히 요령껏 하면서 넘어가려는 자는 프로의식을 가진 자라 할 수 없다. 아마추어들은 세상의 잡다한 상식들을 어설프게 연결시키고 자신의 경험으로 대충 일을 진행시키는 사람이다. 이러한 아마추어는

---

111) 게이로드 노이스, 앞 글, 253.

자신뿐만 아니라 조직에게 손해를 끼치는 사람이다. 사실 내가 일하는 분야에 있어서만큼은 철저한 '프로 의식'과 전문성이 필요하다. 즉 "프로로서 생각하고 프로로서 일해야"[112) 한다.

어느 교회에서 부교역자의 할머니가 죽게 되었는데 주일이 중간에 끼어 있었다. 이때 부교역자는 할머니가 죽었기에 주일날 사역을 할 수 없다고 일방적으로 통보하였다고 한다. '잠깐 와서 맡은 바 사역을 할 수 있으면 좋았을 텐데' 하는 아쉬움을 말하면서 '목회자로서 프로의식이 없다'는 담임목사의 불평을 들은 적이 있다.

둘째, 부교역자는 자신에게 있는 장점을 개발해야 한다.

평범한 사람들의 특징은 남이 가진 것에 관심이 많고 자신이 가진 것에는 관심이 없다. 남의 장단점은 자세히 아는데 정작 자신의 장단점에는 어둡다. 그러나 부교역자는 전문가다. 자신의 은사를 발견하고 그 은사를 활용하여 사역의 극대화를 이룰 수 있어야 한다. 부교역자는 자신의 목회사역에 필요한 전문적인 신학지식뿐만 아니라 현대사회의 전체적인 흐름을 이해하고 우리가 처한 현실과 구조적 모순을 파악하는 사회과학적 진단과 함께 신학적 판단과 신앙적 수용을 통해 목회사역을 풍성하게 하여야 한다. 그러기 위해서는 신학과 목회에 관한 책만 섭렵하는 것이 아니라 다양한 서적들을 읽어야 한다.

한국교회의 실정하에서 보면 부교역자의 사역이 대단히 광범위하기 때문에 사역을 하는 시간 이외로 자기 개발의 시간을 갖는다는 것은 대단히 어렵다. 그러나 부교역자의 독서 시간을 유혹하는 것은 게

---

112) 홍혜실, 앞 글, 93.

으름이다. 게으르다는 것은 사역을 하는 데 있어서 게으름이 아니라 바쁜 사역을 핑계로 그 이외의 것에 대한 관심과 시간을 보내면서 정작 해야 할 일은 하지 않는다는 것이다. 한편으로 불필요한 일에 시간을 보내면서 정작 연구하는 시간은 없다고 말하는 이도 있다. 부교역자는 매일 매일의 생활 가운데 새벽시간이나 저녁 시간을 이용하여 규칙적인 연구시간을 가져야 한다.

셋째, 부교역자는 교회에서 일어나는 응급 상황에 대처할 준비가 있어야 한다.

목회자가 항상 준비해야 할 일이 있다면, '죽을 준비'로 순교자의 자세로 살아야 하고 또한 '이사 준비'로 언제든 떠날 때가 되면 미련 없이 떠나야 한다. 그리고 '설교 준비'가 있다. 준비된 설교가 필요하다.

부교역자도 어떠한 상황이 급작스럽게 이뤄진다고 하더라도 이것에 대처할 수 있는 자세가 되어 있어야 한다. 담임목사 부재 시에 갑작스럽게 생기는 상황에서 침착하게 대처해 나갈 수 있도록 미리 준비해 두어야 한다. 부교역자는 돌발 상황을 예측하고 어떻게 대처할 것인가를 생각해 놓고 있어야 한다.

목회자의 중요한 업무이면서 특권은 예식을 주관하는 데 있다. 이러한 예식을 주관함에 있어서 예식에 대한 무지와 잘못된 이해는 예식에 참여하는 사람들을 당혹게 한다. 장례식이 갑작스럽게 생기는 경우가 있는데, 이때 우왕좌왕하지 않고 침착하게 준비된 진행을 하게 될 때 교인들로부터 신뢰감을 얻게 된다. 그리고 환자 심방, 임종예배 등 돌발적인 상황이 일어나도 당황하지 않고 침착하게 대처할 수 있어야 한다.

넷째, 부교역자는 성서에 대하여 해박한 지식을 가져야 한다.

신학대학과 신학대학원에서 여러 신학과 이론에 대하여 공부를 한다. 그러나 성서에 대한 전체적인 교육이 이루어지지 않아 부교역자로 사역할 때 어려움을 겪게 된다. 일반 성도들은 성서에 대한 욕구가 강하다. 그러므로 평신도에게 성서공부를 충분히 지도할 수 있는 성서에 대한 해박한 지식이 필요하다. 성서에 대한 사랑 없이는 교역자로서 전문가라 할 수 없다. 성서에 대한 감동이 없이 열정적으로 설교할 수 있다는 것을 김남준은 "코미디(comedy)"[113]라고까지 말하고 있다. 따라서 성서연구에 많은 시간을 투자해야 하며 성서를 체계적으로 연구하며 성서의 이야기를 자유롭게 말할 수 있도록 해야 한다. 기회가 된다면 '성서연구 프로그램' 등에 참여하여 성서에 대한 전문가로 인정받을 수 있어야 한다.

다섯째, 부교역자는 영혼 구원에 대한 열정이 있어야 한다.

그리스도인은 영혼을 사랑하는 마음과 복음에 대한 확신 등이 있어야 한다. 특히 부교역자는 전도에 대한 훈련을 받고 자신만의 전도 경험을 정리하여 자신의 것으로 만들어야 한다. 부교역자의 가장 확실한 자리 매김은 전도를 잘하는 데 있다. 어느 교회는 전도만 전문적으로 하는 부교역자를 청빙하는 것을 볼 수 있는데 부교역자에게 있어서 전도의 전문성은 담임목회자에 큰 도움이 될 수 있는 능력이 된다. 시중에는 여러 전도 방법이 개발되고 있고 소개되고 있다. 부교역자가 전체의 전도 방법을 익힐 수는 없으나 자신이 가지고 있는 장점을

---

113) 김남준, 『자네 정말 그 길을 가려나』, 74.

살릴 수 있는 전도 방법을 활용할 수 있는 능력을 가져야 한다.

여섯째, 부교역자는 회의를 잘 진행할 수 있도록 해야 한다.

교회의 크고 작은 모든 일이 여러 부서의 회의에 의해 결정되므로 회의를 은혜롭게 생산적으로 진행하는 기술과 능력을 배양하는 것은 중요한 일이다. 부교역자는 회의를 진행하는 방법 등을 배우고 익혀서 회의 진행을 제대로 하지 못해 교회의 질서를 어지럽히고, 교역자의 권위를 떨어뜨려서는 안 된다. 지도자는 문제 해결과 의사 결정에 있어서 회의를 준비하고 문제를 제시하며, 문제의 원인을 진단하고 대안을 마련하며, 최종 대안을 선택하는 과정을 진행하여 모든 구성원들에게 최대의 유익을 줄 수 있는 전문성을 개발해야 한다.

부교역자는 전문가이지만 한편으로 교회의 실질적 리더인 담임목사에게 교회를 관리 운영해 나가는 것과 치리해 나가는 여러 가지 방법이나 기술 등을 보고 익혀 나가야 한다. 부교역자가 "'나는 배우고 실력을 쌓는다.'는 입장을 가지고 겸허한 자세로 노력한다면 담임목사 밑에서 시종과 같이 일하고 있다는 마음은 없어질 것이다. 그러나 무조건 답습 차원이 아니라 부여된 영역에서 창조적으로 개발해 나가는 자세가 필요하다."[114]

현대 교회는 점점 다양화되고 전문화되고 있다. 과거와 달리 교회의 모든 행정 업무나 목회 자료가 전산망 시스템을 구축하고 있다. 예배의 형식도 역동적인 영상예배로 빠르게 변화하고 있다. 따라서 부

---

114) 지용덕, 앞 글, 210.

교역자는 자신이 가지고 있는 은사를 변화하는 시대에 적응할 수 있도록 전문성을 개발하여야 한다. 이제는 신학뿐만 아니라 컴퓨터, 인터넷, 영상 프로젝트, 음향 및 조명 등등을 습득해야 한다. 이러한 전문성은 앞으로 계속 발전해 나가는 IT 분야를 이해할 수 있는 원천이되며 교회에 부임하여 담임목회를 하게 될 때에도 큰 자산이 된다.

또한 상담에 대한 전문성, 찬양에 대한 전문성, 교회학교 교육에 대한 전문성 등 부교역자는 자신이 가지고 있는 은사를 알고 그 은사에 맞는 전문성을 개발해야 한다.

부교역자가 전문성을 갖추기 위해서는 먼저 신학대학원에서 자신의 재능을 발견할 수 있는 기회를 가져야 한다. 신학을 공부하면서 목회 전반에 배운다고 하지만 자신의 재능이 무엇인지도 모르고, 목회 현장에 뛰어들 때가 많이 있으며 그때서야 자신의 능력을 개발하는 것은 결코 쉽지 않다. 전문성은 교육이나 훈련으로 어느 정도는 습득할 수 있기 때문에 신학대학원에서 전문성을 갖춘 교역자를 배출할 수 있도록 해야 한다. 이것은 신학 교육이 이론 중심의 교육보다 교역자에 폭넓은 목회의 경험과 은사를 개발하는 교육으로 변화되어야 한다.

자신만이 가지고 있는 은사를 살려서 그것을 중심으로 하여 폭넓은 목회 사역을 이룰 수 있도록 기본적인 것들에 대한 전문성은 모두 갖추어야 한다.

4) 시간관리

오늘의 교역자들에게 부딪히는 문제 가운데 '시간문제'는 그 심각성으로나 빈도로나 아주 중요한 문제이다. 시간은 하나님께서 우리에게 허락하신 은총이다. 우리 각자에게 맡겨 주신 24시간을 시간의 주인이신 하나님의 목적을 위해서 사용해야 한다.

시간은 모든 일을 할 때 필요하다. 시간은 모두에게 주어졌지만 그 시간을 어떻게 활용하는가는 각기 다르다. 각자가 가지고 있는 개성과 중요도에 대한 생각에 따라 시간을 사용하는 것이 다르다. 자신이 가지고 있는 시간을 적절히 배분하여 각 일들마다 적당량의 시간을 사용하여 무리 없이 시간을 관리하여야 한다. 시간을 잘 활용하려면 어떻게 해야 할까?

첫째, 일의 우선순위를 정한다.

자신이 보내는 시간을 체크한다. 현재 자신이 하루 24시간을 어떻게 활용하고 있는가? 한 주간을 어떻게 활용하고 있는가를 정리해 본다. 교역자들의 시간문제 해결을 위해서는 중요한 일부터 먼저 하는 훈련이 필요하다. 바쁜 교역자들은 별로 중요하지도 않은 일 때문에 대부분의 시간을 빼앗긴다. 이 경우 무엇이 더 중요하며 무엇이 덜 중요한지에 대한 '우선순위'[115]를 결정하는 일은 시간 관리에 있어서 매우 중요하다. 그것은 "목사마다 목회관, 그 교회의 특수한 사정에

---

115) 이성희, 『밀레니엄 목회리포트』(서울: 규장문화사, 1999), 188에서 이성희는 목회 사역의 우선순위를 설정하는 데 있어서 중요한 두 가지 기준을 제시하는데 중요성(importance)과 긴급성(urgence)으로 말하고 있다.

따라 다소 차이가 있으나 공통분모를 제시할 수는 있을 것이다."[116)
박근원은 교역자의 우선적 시간 할애를 다음과 같이 제시한다.

"① 개인적인 명상과 경건의 시간이 무엇보다도 필요하다. ② 목사는
교인들의 위기에 민첩하게 반응을 보여야 한다. ③ 설교와 예배를 위한
준비가 되어야 한다. ④ 교회의 사무적이고 행정적인 일을 그때그때 처
리할 수 있어야 한다. ⑤ 목사는 개인적으로 독서를 하고 연구를 계속
하는 시간을 가져야 한다. ⑥ 목사의 생활이 제 아무리 바쁘다 해도 가
족과 더불어 지내는 시간이 있어야 한다. ⑦ 목회자는 자기의 건강관리
를 위한 시간이 있어야 한다."[117)

시간이란 사람이 사용하는 도구가 되어야 한다. 사람이 시간에 이
끌려 가는 노예가 되어서는 안 된다. 따라서 "시간을 도적질하는 요
소가 무엇인지를 알아 이를 제거해야 한다. 지나치게 일을 지연시키
고 문제해결을 미루는 것은 시간을 도적맞는 것과 같으며 업무의 효
율성을 저하시키는 가장 큰 방해꾼"[118)으로 이성희는 다음과 같이 말
한다.

"시간을 도적질하는 요소로 ① 지연: 업무를 적절한 시간에 수행하지
못하고 미루는 습관은 가장 큰 시간의 도둑이다. ② 비능률: 자신의 능
력으로 수행할 수 없는 지나친 업무를 위임받아 늘 분주하면서도 하나
의 업무도 수행하지 못하는 경우이다. ③ 방해: 불시에 방문하는 객으로

---

116) 박근원, 『오늘의 목사론』, 136.
117) 박근원, 위 글, 136-137.
118) 이성희, 앞 글, 201.

인하여 업무수행에 지장을 초래하는 경우에 발생한다. ④ 위임부족: 시간을 절약하기 위해서는 누구에겐가 자신의 업무를 적절히 위임해야 하는데 그렇지 못했다. ⑤ 잡동사니 우편물: 우편물 때문에 지나치게 많은 시간을 소모하게 된다. ⑥ 분명한 우선순위 결여: 우선순위가 분명하지 않으면 업무수행의 혼돈이 온다."[119]

둘째, 시간 약속은 반드시 지키도록 한다.

시간 약속은 지키기 위해 만들어진 것이다. 목회를 하면서 시간을 지키지 않는 사람은 신용을 얻을 수 없다. 박종신은 시간을 잘 지키는 사람이 되고자 한다면 다음과 같은 자세를 가져야 한다고 했다. "① 출근시간은 반드시 지킨다. ② 담임목사나 선배 교역자가 지시한 일은 반드시 기한 내에 끝내고 즉시 보고한다. ③ 약속과 회의 시간은 반드시 지킨다."[120]

첫째로, 출근시간은 반드시 지킨다. 아침에 지각하지 않는다. 공동체에 속한 사람들은 기본적으로 다른 사람에게 피해나 불쾌감을 주지 않는 것이다. 시간을 지키는 것은 공동체에 속한 사람들에게 최소한의 예다. 이것은 담임목사에게도 지켜야 할 도리인 것이다. 지난 밤에 늦은 업무를 감당하느라 늦게 귀가했다고 하더라도 출근시간의 유예가 주어지지 않는 한, 지각을 해서는 안 된다. 또한 출근하는 일에 있어서 담임목사의 보통 출근시간보다 10분 일찍 출근해야 한다는 생각으로 먼저 출근해야 한다. 또한 퇴근을 함에 있어서도 조용히 자기 일만 하다가 업무시간이 끝났다고 말없이 퇴근시간에 칼 퇴근

---

119) 이성희 『교회 행정학』(서울: 한국장로교출판사, 1994) 222-227.

120) 박종신, 앞 글, 137-138.

하는 경우를 볼 수 있다. 담임목사가 있을 경우에는 먼저 퇴근함을 알리고 퇴근해야 한다. 점심시간도 제대로 지키지 못하여 업무가 시작되어야 하는 시간에도 집에서 쉬고 있거나 잡담에 빠진 경우도 바람직하지 못하다.

둘째로, 담임목사나 선배 교역자가 지시한 일은 반드시 기한 내에 끝내고 즉시 보고한다. 기한 전에 끝마칠 수 없을 때는 그렇게 느낀 시점에서 즉시 보고한다. 그러나 밤을 새서라도 할 수 있다면 그 일을 마무리하는 것이 바람직하다. 자신이 할 수 없는 시간임에도 불구하고 아무런 대책을 세우지 않았다가 갑자기 그 문제를 해결할 수 없다고 하면 대처하는 상황도 좋지 않을 뿐 아니라 업무가 실패로 끝날 수 있으며 이로 인하여 상처받은 사람도 생길 수 있다.

셋째로, 약속과 회의 시간은 반드시 지킨다. 예를 들어 11인이 모이는 회의에 10분 늦게 도착했다면 그는 교회의 사역 시간을 100분 빼앗은 것이 된다. 약속한 시간은 특별한 경우가 없는 한 철저히 지켜야 한다. 사람과의 만남에서뿐만 아니라 예배시간도 늦지 않도록 해야 한다. 부교역자가 이러한 시간에 철저하게 되면 담임목사나 교인들로부터 성실과 신실함을 인정받게 된다. 간혹 모임 시간에 습관적으로 늦게 나타나는 사람이 있다. 심지어 예배 약속도 아무런 통보 없이 늦게 나타나기도 하고, 약속 시간도 항시 늦은 사람들이 있다. 이러한 습관적인 늦음은 다른 사람들에게 많은 반감을 사게 된다.

교회 안에는 각종 회의가 빈번히 있다. 어떤 회의들은 소모성 회의로 별로 중요하지 않은 것을 가지고 장시간 논의하기도 한다. 또한 회의의 진행이 제대로 이뤄지지 않아 아무 성과도 없이 끝나는 경우가 많다. 이런 회의는 시간만 잡아먹는 회의다. 회의를 하기 위해서

회의에 참여하기 전에 회의 내용을 숙지하고 나름대로의 정리를 하고 임하면 효과적인 시간을 관리하게 된다. 회의 시간에 집중해야 하며 불필요한 말들을 하지 말아야 한다.

한국교회의 현실에서 보면 부교역자가 사역시간 이외의 시간을 연구시간으로 할애한다는 것은 대단히 어렵다. 그러나 "매일 매일의 생활 가운데 새벽시간이나 저녁시간을 이용하여 규칙적인 연구시간을 할애한다는 것은 부목사의 목회사역을 보다 풍성하고 기름지게 해줄 것이다."[121]

부교역자의 시간 관리는 매우 중요하다. 왜냐하면 부교역자 자신이 계획하였던 시간들도 전혀 예상 밖의 상황으로 인해 틀어지기 때문이다. 어떤 때는 한밤중에도 나가야 하고 저녁 늦게까지 모임에 참여해야 하는 등 자신이 사용할 수 있는 시간이 많지 않다. 따라서 자신에게 주어진 시간에 자신만이 가지고 있는 시간관리가 필요하다.

5) 건강관리

목회에 가장 기본적인 것은 사역자의 건강이다. 사역자는 건강한 육체와 영적 상태를 유지해야 한다. 자신의 건강을 체크하면서 자신만의 건강관리를 해 나가야 한다. 자신만의 스트레스 해소법을 찾아 사역 가운데 오는 스트레스를 해결할 수 있어야 하며, 자신만의 건강

---

121) 이주영, 『부목사학』, 73.

관리로 건강을 지켜 나가야 한다.

첫째, 탈진(脫盡, burnout)

탈진(脫盡, burnout)은 어떻게 오는가? 탈진은 모든 사람에게 나타날 수 있다. 목회자라도 예외일 수는 없다. 사역에 온 열정을 쏟았을 때 오는 탈진이 있다. 목회 사역은 다양하게 이뤄지고 있는데 이러한 다양한 사역을 하다 보면 지치고 힘들게 되는데 이것이 탈진이다. 탈진은 교인들의 다양한 필요를 채워 주기 위해서 쉬지 못하고 계속된 헌신으로 오는 경우가 많다. 열심히 노력하여 성과를 거두었지만 그에 따른 피로감이나 허탈감이 몰려와 탈진을 하게 된다. 자신이 가지고 있는 능력에 재충전할 기회를 갖지 못하고 계속 사용함으로 오는 경우다.

탈진은 과도한 책임을 맡고 있는 사람에게 나타난다. 자신이 맡고 있는 책임이 과중하게 되면 그 일을 감당하려다 탈진하게 된다. 책임감이 탈진을 하게 만든다. 마음속의 부담감은 과도한 사역을 요구받게 되고 이러한 사역에 지치게 된다. 육체적 피로에 지쳐 기력이 쇠진하여 오는 현상이다.

한편으로 사역의 큰 장애물로 인하여 오는 탈진이 있고 여러 시험과 유혹 앞에 무너진 탈진이 있다. 자신의 사역에 크나큰 실패는 자신은 무능한 사역자라는 인식을 하게 되고 심한 좌절감을 느끼게 된다.

이러한 탈진은 부교역자에게도 나타난다. 부교역자는 자신에게 주어진 일에 최선을 다하다 보면 탈진 현상이 나타난다. 담임목사의 배려가 없다면 그 탈진은 횟수와 강도가 크게 될 것이다. 쉬는 날도 출근해야 하고 밤늦게까지 사역을 하다 보면 정작 자신의 육체를 돌볼 시간을 갖지 못하게 된다.

부교역자의 탈진은 정작 목회 사역을 펴보지도 못하고 그만두어야 하기도 한다. 몸이 아픈 사역자를 반갑게 맞이하는 교회는 없다. 몸이 아프게 되면 모든 사역에서 자신감을 잃어버리게 되며 한편으로 교회 사역이 힘들게 된다.

탈진을 하게 되면 육적으로나 영적으로 침체 상태를 갖게 된다. 이런 상태에서는 자기 자신을 비하하게 되고 아무런 일을 할 수 없는 형편없는 존재가 된다. 무슨 일을 하더라도 자신이 없게 된다. 물론 그 일을 제대로 완수할 수 없게 된다. 또한 사역을 하면서도 불안감에 휩싸여서 고통스럽게 하게 된다. 탈진에 제대로 된 충전이 없으면 상대방에게 공격적이게 된다. 즉 담임목사나 같은 동료교역자 그리고 교인들에게 화를 자주 내게 된다. 심지어는 사역에 대한 환멸감을 느끼기도 한다.

이러한 탈진을 이겨낼 수 있는 것은 자신에 대한 긍정이다. 부정적인 생각들을 떨쳐내고 긍정적인 결과를 기대하면서 최선을 다하는 것이다. 결과에 집착하게 되면 사역이 스트레스가 된다. 또한 자신에게 부여된 많은 업무를 돌아보아 불필요한 업무들을 조정하고 정리하여야 한다. 또한 사역 중간 중간에 쉬는 시간을 갖는 것이 좋다. 교회에서는 쉬는 시간에 대하여 이해할 수 없을지 몰라도 계속된 사역은 도저히 회복할 수 없는 상황에 이르게 된다.

둘째, 질병

목회자에게도 생각지 않는 질병이 생길 수 있다. 뜻하지 않는 사고도 발생하게 된다. 이럴 경우 교회는 난처하게 된다. 교회에서 필요해서 청빙하였는데 장시간 사역을 할 수 없을 정도가 되면 불만이 표출 되기도 한다. 장기간 목회자가 건강을 상하게 되면 교인들도 등을 돌리게 된다. 따라서 자신의 건강을 스스로 관리할 수 있어야 한다.

부교역자에게 선천적으로 타고난 질병이 있을 수 있다. 물론 사역을 할 수 없을 정도는 아니지만 사역하는 데 약간의 걸림돌이 되기도 하는 것이 질병이다. 이런 질병이 있을 때는 담임목사에게 솔직하게 말하고 배려를 부탁해야 한다. 그 질병이 사역에 방해가 되지 않도록 해야 하며 다른 일에 있어서 더 많은 노력을 함으로 그 질병으로 못한 사역을 대신할 수 있도록 해야 한다. 특별히 이러한 질병으로 인해 자신감을 잃어서는 안 된다.

가능하면 치료가 먼저 되도록 해야 한다. 치료할 수 있는 시간을 가져서 먼저 치료를 하고 사역자로 일하는 것이 바람직하다. 한편으로 사역에 전혀 지장이 없다면 항상 염두에 두고 질병에 굴하지 않고 질병 때문에 사역에 방해가 되지 않도록 해야 한다.

정기적인 건강검진도 필요하다. 정기검진은 초기 단계에 있는 질병을 발견할 수 있으며 병을 쉽게 고칠 수 있다는 장점이 있다. 기회가 있을 때 1년에 한 번 혹은 건강보험에서 실시하는 2년에 한 번은 검진을 받아야 한다.

셋째, 스트레스

목회자로서 오는 중압감이 있다. 목회자는 하나님의 사람으로 하지 말아야 할 일이 있다. 이러한 조심스러운 일들에 대한 염려는 스트레스가 된다. 그리스도인으로서 완벽해야 하며, 목회자로서 흠이 없어야 하고, 부교역자로서 완벽해야 한다는 중압감이 스트레스로 나타나게 된다.

부교역자로서 스트레스는 목회지에 대한 스트레스가 많다. 자신의 목회를 하지 못하고 부교역자를 어쩔 수 없이 하면서 오게 되는 스트레스다. 자기비하로 발전되고 자신을 혐오하기도 한다. 또한 교회를 옮기는 일에 있어서 뜻대로 되지 않아서 있기도 그렇고 그만두기도 그런 현실에서 오는 스트레스가 있다. 자신의 업무에 제대로 적응하지 못할 때 오게 된다. 자신의 은사와 재능을 발견하지 못하여 잘 못하는 업무를 맡게 되면 스트레스를 받는다. 부서의 잦은 이동으로 새로 맡은 곳에 적응할 때 오는 스트레스가 있다. 업무 중에 일어나는 여러 문제들로 인하여 오는 스트레스가 있다. 이러한 스트레스는 질병을 유발하기도 한다. 병원에 가면 '신경성'이라고 하는 질병은 대부분 스트레스에서 오는 병이라 할 수 있다.

부교역자는 담임목사와의 관계에서 스트레스를 가장 많이 받는다고 한다. 담임목사와의 관계가 제대로 되어 있지 않으면 얼굴을 대면하는 것 자체도 스트레스가 된다.

부교역자만이 가지고 있는 스트레스 해소법은 취미생활을 가지는 것이다. 자신의 목회 사역과는 전혀 연관되지 않은 취미생활을 가져야 한다. 따라서 틈틈이 취미생활을 통하여 스트레스를 해소하여야 한다. 운동, 사진 촬영이나 여행 그리고 그림이나 음악 등 예술 활동도 스트레스를 해소하는 데 도움을 준다.

넷째, 체력관리

건강한 육체가 건강한 사역을 할 수 있다. 따라서 부교역자의 사역도 체력이 뒷받침되어야 한다. 언제나 샘솟는 체력을 가지는 것이 사역에서 중요한 부분이다.

체력관리는 음식에서 온다. 어떤 음식을 먹어야 하는가도 중요하다. 건강을 유지하기 위해서는 몸에 필요한 영양소를 골고루 섭취할 수 있어야 한다. 성인병을 유발시키는 음식은 가급적 적게 먹어야 한다. 즉 적당한 칼로리에 여러 가지 영양이 균형 있게 포함되어 있고 비타민이나 미네랄이 풍부하며 지방이 비교적 적은 것이 건강한 음식의 식단이 되어야 한다. 사역을 하다 보면 과식을 하게 되는데 이것 또한 바람직하지 못하다. 음식에서도 절제가 필요하다.

적당한 운동이 좋다. 운동은 너무 과도하게 힘을 사용하거나 움직임이 너무 없는 것은 좋지 못하다. 자신에게 맞는 적절한 운동이 무엇인가를 찾아 꾸준히 해야 한다. 운동은 스트레스를 해소하면서 한편으로 체력을 강하게 하여 준다. 수영, 등산, 족구, 배드민턴, 탁구 등이 좋다.

충분한 휴식과 수면은 체력관리에 필요한 부분이다. 이러한 것이 부족하게 되면 불안해지며 능률도 떨어진다. 충분한 휴식을 위해서는 휴일이나 업무를 끝낸 후의 시간을 잘 활용하여야 한다. 이런 시간을 무의미하게 보내는 것이 아니라 계획성 있게 보내야 한다. 수면은 하루 8시간이 좋다고 하지만 사역을 하다 보면 하루 8시간을 제대로 수면하는 것은 쉽지 않다. 그러나 짧은 시간에도 깊은 수면을 할 수 있도록 편안한 마음을 가지고 샤워나 목욕을 하는 것이 좋다.

목회자의 건강은 누가 챙겨 주는 것이 아니다. 본인 스스로가 관리하여야 한다.

6

헬퍼로서 부교역자의 관계개발

 사람들은 다양한 관계를 맺고 살아가는 존재이다. 이러한 관계들이 올바르고 건전하지 못할 때 그 인생에 어려움이 찾아온다. 부교역자의 사역에 있어서도 부적절한 관계를 형성하게 되면 그 관계로 인하여 큰 고통을 겪게 된다. 이러한 관계를 저해하는 것들에 대하여 이성희는 "책임전가, 이기심, 편협심, 우월감, 열등감, 질투심, 배타심"[122]으로 설명한다.

 관계를 망치는 가장 큰 장애는 첫째, 책임전가이다. 직분자들은 자신에게 주어진 업무가 있다. 그에 따른 책임도 있다. 그런데 책임을 회피하거나 잘못된 책임을 상사나 동료에게 돌리는 경우가 있다. 책임을 전가하는 것은 함께하는 팀의 분위기를 망치게 되고 심지어는 팀원 간의 신뢰를 깨트리며 갈등관계를 형성한다. 따라서 각자에게 주어진 책임을 분명하게 하여야 하며 회피하지 않고 인정하는 것이

---

122) 이성희, 앞 글, 201-216.

관계를 좋게 한다.

둘째, 이기심이다. 자기의 이익만을 꾀하는 마음을 의미한다. 상대방이나 팀원에 대한 배려가 전혀 없다. 자신의 업무에 대한 지나친 욕심으로 협력하지 못하고 자기중심적인 판단과 행동으로 상대방에게 고통을 주는 경우이다. 자신의 욕심에 이끌리어 넓게 보지 못하는 경우이다.

셋째, 편협심이다. 어느 한쪽으로 치우쳐서 바라보는 경우이다. 이러한 편협심은 사물을 정확하게 보지 못하고 시각이 단편적이다. 우물 안 개구리처럼 자신의 것만이 옳다는 착각에 빠진 사람이다. 상대방에 대한 의견 등을 받아들이지 않는 이러한 편협심은 잘못된 판단을 하게 하고, 사고를 왜곡되게 만들며, 선입견을 가지고 불공정하고 편중된 시각을 가지는 경향이 있으며, 비판적이고 단정적인 판단력을 가지게 하며, 공격적이며 파괴적인 행동을 유발하게 한다.

넷째, 우월감이다. 우월감이란 자기 자신이 남보다 우수하다고 생각하는 일 또는 스스로에 대한 평가가 높아진 상태를 의미한다. 상대방에 대한 비교에서 지나친 자신감을 유발하며 교만하게 된다. 우월감은 개인의 발전과 자기 평가를 위하여 어느 정도 필요할지 모르지만 팀을 위해서는 전혀 도움이 되지 않는 장애요인이 된다.

다섯째, 열등감이다. 열등감이란 다른 사람에 비하여 자기는 뒤떨어졌다거나 자기에게는 능력이 없다고 생각하는 감정 또는 의식을 말한다. 열등감은 기형이나 장애 등의 신체적인 것, 학교 성적이나 미모 등 정신적인 것 그리고 학력이나 인종이나 신분 등의 사회적인 것에서 그 원인을 찾을 수 있다. 자기비하로서 매사에 소극적이며 자신이 없게 된다.

여섯째, 질투심이다. 질투란 남을 부러워하는 감정 또 그것이 고양된 격렬한 증오나 적의를 의미한다. 건전한 경쟁심은 동기를 부여하고, 자기 개발, 자기 혁신의 계기가 되며, 나아가서 사회의 발전과 문화의 향상을 가져온다. 그러나 질투심과 과다한 경쟁심은 인간을 무능하게 하고 자신을 왜소하게 만든다.

일곱째, 배타심이다. 배타심은 남에 대하여 반대하여 물리치는 태도나 서로 용납되지 않는 권리를 배척하는 태도를 일컫는다. 인간관계에서 사사로운 감정이나 배타심은 대립과 갈등과 모순을 심화하고 증폭시킨다. 배타성은 문제해결보다 오히려 문제를 증폭시키는 위험성이 있기 때문에 인간관계 형성이나 사회의 친화력을 훼손하게 마련이다.

좋은 인간관계를 만들어 가는 데 있어서 중요한 것은 사람과의 만남에서 진실함이 있어야 한다. 서로가 신뢰할 수 있는 관계가 유지되어야 한다. 특히 관계를 형성함에 있어서 개인적인 욕심이 들어가게 되면 바람직한 관계를 오래 지속할 수 없다. 부교역자의 관계 형성은 대부분 담임목사와 동료 교역자 그리고 교인들과의 관계, 그리고 가족과의 관계에서 이루어진다고 볼 수 있다.

관계에 있어서 중요한 것은 자신을 아는 것이다. 자신의 성격과 은사 그리고 자신의 비전 등 이러한 총체적으로 자신을 발견하여 그것을 토대로 상대방과 관계를 어떻게 해 나갈 것인가를 결정할 수 있다. 자신의 성격을 나름대로 파악할 수 있어야 한다.

1) 담임목사

부교역자와 담임목사와의 관계는 부교역자의 사역에서 가장 중요한 부분이 된다. 모든 문제가 여기에서 발생한다고 볼 수 있다. 부교역자가 자신의 위치를 망각하고 잘못된 처신을 하게 될 때 교회는 큰 혼란이 오게 되고 담임목사에 대한 치명적인 공격을 가하게 된다. 담임목사와 부교역자와의 갈등의 원인은 인식 차이에서 오는 작은 부분이 확대 재생산되어 큰 혼란을 주는 문제로 전개되기도 한다. 담임목사와 부교역자는 "부부사이, 예수님과 제자의 관계"[123]로 긴밀한 관계, 즉 상호 존중과 협력의 관계가 이루어져야 한다.

담임목사와 부교역자는 서로 궁합이 맞아야 한다. 궁합이라는 것은 담임목사의 목회스타일과 담임목사의 성격 등이 부교역자와 맞아야 하는 것을 말한다. 좋은 담임목사라 할지라도 부교역자와 좋은 관계를 형성하지 못하면 문제가 일어나게 되고, 또한 좋은 부교역자도 담임목사와 관계를 맺지 못하면 형편없는 부교역자로 낙인찍히게 된다. 따라서 부교역자로 사역하고자 하는 이는 사역지가 없어 급하다고 교회를 쉽게 선택해서는 안 된다. 담임목사의 성격과 목회관 그리고 교회가 지향하고 있는 것들을 살펴보고 자신의 은사, 성격 등을 고려하여 선택하는 것이 바람직하다.

헬퍼로서 부교역자가 담임목사와의 관계에서 가져야 할 태도는

첫째, 담임목사의 목회철학을 제대로 파악하고 순응해야 한다.

---

123) 지용덕, 앞 글, 210.

담임목사와 부교역자 사이에는 신학적 배경이나 목회 경험 자라온 환경, 새로운 학문의 접근 등에 따라 목회철학이 다를 수 있다. 부교역자는 자신의 목회철학을 고집할 것이 아니라 담임목사의 목회철학에 맞춰 나가야 한다.

팀목회를 성공으로 이끈 안산제일교회 고훈 목사가 팀목회를 실시함에 있어서 자신의 목회철학이 부교역자들에게 바로 전달되지 못하는 어려움을 토로한다. 담임목사의 목회철학이 구체적으로 '나의 목회철학은 이것이다.'라고 글로 표현된 경우는 별로 없다. 따라서 부교역자가 담임목사의 목회철학을 아는 데 어려움이 생긴다. 그러나 담임목사의 목회철학은 사역의 중심이 무엇인가를 파악하게 되면 어느 정도는 알 수 있다.

담임목사와 목회철학을 공유하기 위해서는 부교역자는 담임목사가 목회하는 것들을 유심히 살피고 그 가운데서 목회철학을 발견해야 한다. 또한 교회의 주보나 담임목사의 저서를 통해서도 알 수 있다. 교회에 부교역자가 부임하게 되면 담임목사의 저서가 있을 경우 그 책을 자세히 읽어 볼 필요가 있다. 책 가운데에 담임목사의 사상이 들어 있고, 주보에 실린 글 가운데서 담임목사가 무엇을 중요하게 여기는 것을 파악할 수 있다. 또한 담임목사의 목회철학을 알기 위해서는 담임목사에 대해 인간적인 관심을 가져야 한다. 담임목사에 대해 관심을 갖기 시작하면 담임목사의 행동 하나하나 말투 하나하나까지 예사로 보이거나 들리지 않는다. 부교역자가 담임목사와의 목회철학을 공유하지 못할 때 팀목회가 제대로 이루어지지 않는다.

담임목사는 본인이 의식하든 의식하지 못하든 간에 가장 중요하게 생각하는 기준들이 있다. 새벽예배를 중요하게 생각하는 담임목사가 있는가 하면, 팀워크를 중시해 개인 사정을 이해하지 못하는 담임목사도 있다. 또한 업무 능력보다도 예의 바른 태도를 가장 우선으로 삼는 사람도 있다. 부교역자는 담임목사가 무엇을 우선으로 하는지 스타일부터 파악해야 한다.

부교역자는 담임목사와 같은 비전과 목회철학이 있어야 한다. 그래야 마음을 같이하여 교회 부흥에 최선을 다할 수 있기 때문이다. 부교역자들은 담임목사와 자신의 목회 스타일이 맞지 않는다고 함부로 평가하고 불만을 토로해서는 안 된다. 부교역자는 수용력이 있어야 한다. 담임목사가 사역하는 것을 자세히 관찰하여 장점과 단점을 파악하여 자기 목회철학을 다듬어 자기만의 목회철학을 창조해야 하며 보다 높은 차원으로 자신의 목회철학을 정립하여야 한다. 한편 박종구 목사는 "좋은 부목사는 원목사가 목회원칙을 세우는 데에 결정적인 영향을 줄 수 있어야 하며, 목회원칙이 바람직한 방향으로 계발되고 새롭게 갱신되어 나갈 수 있도록 부목이 자극을 주고, 동기를 부여해 줄 수 있는 부목이라면, 결국은 원목의 의사만이 아니고 자기도 그 목회 전체 프로그램에 참여한다는 공동체의식이 있지 않겠느냐."[124]고 말하면서 부교역자는 담임목사가 가지고 있는 목회 철학을 바로 세우고 변화시키는 데 있어서 긍정적 역할을 해야 한다고 말한다.

둘째, 담임목사와 교인 간의 가교 역할을 한다.

교회가 성장하게 되면 교인들이 담임목사를 만나기 힘들 뿐 아니라 거리감이 생긴다. 따라서 오해가 생기는 경우가 있으며, 담임목사

---

124) 박종구, 「한국교회와 부목사에 대한 대담」 『월간목회』(1985. 12), 40.

에 대한 불만이 발생하기도 한다. 이때 부교역자의 입장이 곤란하다. 교인들은 마치 부교역자만을 신임하고 존경하기 때문에 부교역자와 의논한다는 듯이 담임목사에 대한 불만을 털어놓는다. 자칫 잘못하면 부교역자는 이중인격자가 되기 쉽다. 담임목사에게는 협조하는 자세를 취하면서도 불만 있는 교인들에게는 동조하는 것처럼 보이기 때문이다. 담임목사의 입장과 교인들과의 입장 차이가 클 경우 중간에서 더욱 어렵게 되기도 한다. 이러한 갈등을 잘 극복하지 못하면 도리어 트러블 메이커가 된다. 이때 중요한 것은 교인에 관한 것을 구체적으로 객관적 입장에서 전달해야 하며 주관에 치우쳐서는 안 된다. 특별히 부정적인 시각보다는 긍정적인 시각을 가져야 한다.

부교역자는 언제나 담임목사를 존경하고 순종하는 교우에게는 더욱 힘쓰게 하며, 타 교회에서 온 교우나, 불만과 오해가 많고 비판적인 교우에게도 지혜롭게 대하여 담임목사의 목회를 돕도록 지도해야 한다. 교회 안에서 담임목사에 대한 원성이 나올 때 부교역자가 화살받이가 되어야 할 때도 있다. 부교역자는 담임목사의 입장에서 신자들에게 납득이 가도록 이야기해 주고 담임목사에 대한 대변인 노릇을 해야 한다.

효과적인 담임목사와 부교역자의 관계를 이루기 위해서는 의사소통이 원활해야 한다. 담임목사와 부교역자 간의 의사소통은 교회 전체의 의사소통에 지대한 영향을 끼친다. 담임목사가 부교역자들과 의사소통이 안 되는 이유 중의 하나는 정확한 기대치의 표현이나 역할 분담이 이루어지지 않기 때문이다. 담임목사가 부교역자에게 무엇을 기대하는지에 대해 정확하게 전달되지 않으면 오해가 발생한다. 그러므로 담임목사는 교회와 담임목사가 무엇을 원하고 기대하는지 정확하게 표현하고 또 그것을 제대로 이해하고 있는지에 대해 확인해야 한다. 아울러서 부교역자 간의 역할분담에 대해 구체적인 사역 설명서가 있으면 좋다.

교인들과 접촉하는 기회가 많은 부교역자는 교회 안에서 이루어지는 모든 정보를 신속하게 담임목사에게 보고해야 한다. 교인들의 상황에서 환자가 발생하거나 실직, 이사 그리고 교인들의 신앙생활의 모습까지 교인들을 제대로 이해할 수 있도록 도움을 주어야 한다. 교회에서 각 조직 간의 움직임과 상황 그리고 교회 내에서 일어나는 일들까지도 정확하게 보고해야 한다. 또한 인터넷 홈페이지에 올라오는 게시판의 내용이나 교단 그리고 기독교계 전체의 내용까지도 담임목사가 참고할 사항이 있으면 정확한 정보를 제공해 주어야 한다. 즉 담임목사가 설교에 유용하게 사용할 정보 등을 폭넓게 제시해 주어야 한다.

셋째, 담임목사와의 신뢰관계가 이루어져야 한다.

이것은 둘 사이의 관계에서 매우 중요한 부분이다. 영국에서 담임목사와 부교역자들을 대상으로 설문조사를 했었다. 이 설문조사에서 드러난 문제들은 어떤 종류였을까? "담임목사들 가운데 많은 사람들은 대답하길, 젊고 야망적인 부교역자들에게서 받았던 비난들이 그들의 마음에 상처를 주었다고 말했다. 이와는 반대로 젊은 목회자들은 담임목사에 의한 부당한 대우와 오해들로 인해 화가 치밀었다고 말했다."[125] 이 말은 담임목사와 부교역자는 긴장관계가 아닌 신뢰관계

---

125) 톰홀랜드, 「담임목사와 부교역자의 갈등, 성경은 이렇게 말한다.」『목회와 신학』
     (1999. 10), 110.

를 형성해서 상호 보살핌과 배려가 있어야 되는데 자주 분쟁이나 의심이 생긴다는 것이다. 실은 담임목사와 부교역자와의 갈등 관계가 우리나라에서만 있는 것이 아니라 부교역자가 있는 모든 교회에서 발생한다고 볼 수 있다. 이러한 갈등의 중요한 요인은 '상호 신뢰'의 부족에서 온다.

신뢰가 없으면 부교역자들이 진심으로 따르지 않는다는 것을 담임목사가 놓치고 있으며, 부교역자가 담임목사로부터 신뢰를 잃게 되면 부교역자의 사역이 힘들게 된다. 신뢰는 요구할 수 없는 것이다. 신뢰는 획득해야 하는 것이며, 시간이 걸리는 일이다. "신뢰할 수 있는 사람이란 언행이 일치하고 자신의 신념대로 살아가는 사람이다."[126]

담임목사와의 신뢰는 담임목사의 마음을 헤아려 줄 수 있다. 담임목사의 여러 상황에 함께 아파하고 함께 기도할 수 있는 요인이 된다. 담임목사는 우리가 모르는 또 다른 고민과 근심을 갖고 있다. 여러 문제 앞에 힘들어 할 때 담임목사와 신뢰관계가 형성되었다면 그 고민을 함께 나눌 수가 있으며 담임목사의 큰 짐을 덜어 줄 수 있게 된다.

이런 신뢰감은 진실함에서 이루어진다. 부교역자는 담임목사에게 진실해야 한다. 거짓이 없고 속임이 없어야 한다. 부교역자가 만일 잘못한 일을 했을지라도 솔직하게 담임목사에게 말하고 용서를 구하는 것이 좋다. 거짓으로 속여 위기를 넘겼다고 하더라도 추후에 진실이 밝혀질 경우 담임목사와 신뢰관계는 회복할 수 없게 된다.

---

126) Robert E. Kelley, 앞 글, 62.

넷째, 책임감을 가지고 일해야 한다.

부교역자는 교회 내에서 실제적인 책임이 없다. 부교역자의 실수와 부도덕한 일까지도 담임목사가 책임을 진다. 부교역자는 엄격한 의미에서 자기 목회가 없다. 부교역자는 아무리 잘해도 영광은 담임목사에게 돌아가고 무능력한 부교역자의 결과에 대한 책임은 담임목사가 받는 것이다. 따라서 부교역자 책임은 담임목사의 말에 순종하는 책임뿐이다. 이 말은 한편으로 부교역자는 책임이 없고 담임목사에게만 책임이 있다는 소리로 들릴지 모른다. 그러나 부교역자의 책임은 자신에게 맡겨진 일에 대한 단편적 책임인 반면에, 최종적으로는 모든 책임은 담임목사에게 있다는 말이다.

부교역자는 충실한 '주의 종'으로서 책임감 있는 사명을 감당해야 한다. 충성스러운 종으로 책임감 있게 사역을 감당해 나갈 때 하나님께 인정을 받고, 담임목사에게도, 성도들에게도 사랑을 받을 것이다. 사실 부교역자는 언젠가 떠날 사람으로 인식되어 있기 때문에 성도들과 교회에 있어서 책임적인 사역을 하기가 어렵다. 부교역자는 담임목사에 비해 어떤 일에 대한 책임감이 떨어지기 때문에 그것을 핑계 삼아 부교역자 생활에 최선을 다하지 못하고 적당히 시간만 보내는 경우도 있다. 교회에서 대우받은 만큼만 충성하겠다는 생각을 가질 수 있다. 자신의 사역을 금전적으로 환산하고 그만큼만 하겠다는 것이다. 이것은 부교역자라 할 수 없고 하나의 직업인이라고 말할 수 있다. 교역자는 자신에게 어떤 대우를 해 주던 간에 하나님의 일이라고 생각하면서 '충성(忠誠)'해야 한다. 부교역자는 하나님의 충성된 일꾼이다. 충성된 일꾼은 자신에게 맡겨진 일에 전심전력을 다해야 한다. 생명 걸고 목회하는 자와 같아야 한다. 충성은 담임목사뿐만 아니라 부교역자에게 필수적인 덕목이다. 충성은 작은 것에서부터 시작된다. 충성은 매일 반복되는 것을 잘 할 때 생긴다. 부교역자는 자기 위치에서 담임목사를 섬기는 것을 사명으로 여겨야 한다. 리더십은 팔로워십(followership)을 통해 연마될 수 있다. 누군가를 섬겨보지 못한 사람은 다른 사람을 지도할 수 없다. 그런 점에서 "하나님께 충성하면 담임목사에게도 충성할 수 있다. 교회에 충성하면 담임목사에게 충성할 수 있다."[127]는 지적은 전적으로 옳다. 특히 하나님의 일을 하기 위해서는 하나님께 바쳐진 사람들에게 있어서 필요한 것이 헌신이다.

부교역자는 자기의 책임 역할에 대한 명확한 이해와 자기의 위치를 바로 알아야 한다.

"교회 행정구조와 절차와 자신의 위치와 역할의 한계를 분명히 알아야 한다. 그 교회 행정구조와 절차를 모르고 자기식대로, 아니면 어디서 보고 들은 것을 가지고 자기활동의 경계선도 모르고 왔다 갔다 하면 질서의 혼란이 따르고 좌충우돌한다."[128] 담임목사를 넘보지 말아야 한다. 각 교단의 헌법에서처럼 부교역자가 바로 담임목사가 되는 데는 일정한 제약이 존재한다. 따라서 자신의 위치를 분명히 자각하고 담임목사의 사역에 충성해야 한다.

부교역자의 책임감에는 사역 기간도 포함되어 있다. 부교역자 부임한 이후 2년 미만의 사역은 사실상 교회에 긍정적인 영향을 미치지 못한다. 처음 부임했을 때 1년 정도는 교회의 분위기와 상황을 파악하고 자신의 사역 프로그램을 구체화시키는 시기라면, 1년은 실제적

---

127) 이권희, 앞 글, 161-162.
128) 장달윤, 앞 글, 14.

이며 역동적으로 책임감을 가지고 사역해야 할 때이다. 그런데 그때 교회를 떠난다면 교회적으로 큰 손실이 된다. 또한 금방 떠날 것으로 생각하게 되면 사역에 대한 열정이 부족하게 된다. 따라서 교회에 부임하게 되면 자신에게 부여된 일을 책임 맡아서 순간순간 최선을 다해야 한다.

그러나 부교역자가 사역하고 있는 교회에서 그 역할이 맞지 않거나, 교회에 도움이 안 된다고 느끼는 것 같으면 즉시 적응력을 개발하든지 아니면 하루빨리 떠날 준비를 해야 한다. 더 있으면 담임목사의 목회를 돕는 자가 아니라 도리어 방해자가 된다.

다섯째, 담임목사를 존경해야 한다.

담임목사에 대한 사랑이 있어야 존경이 나온다. 담임목사에 대한 존경은 순종에서 나온다. 담임목사의 지시사항에 순종해야 한다. 참다운 권위를 행사하려면 자신이 먼저 권위에 순복하고 복종할 줄 알아야 한다. 부교역자들은 부교역자 생활이 '순종의 훈련'이라는 하나님의 섭리의 일부임을 명심해야 한다. 담임목사가 교회에서 실질적인 영향력을 발휘하지 못하고 부교역자가 자신의 능력이 뛰어나다는 교만한 마음이 들게 되면 담임목사를 함부로 평가하는 잘못을 범하게 된다. 이때 담임목사를 섬기지 않아도 그다지 미안한 마음도 안 들고 담임목사를 무시하게 된다.

담임목사에 대한 존경심은 담임목사에 대한 예의에서 찾아볼 수 있다. 담임목사와 많은 시간에 걸쳐 같이 행동하고, 식사를 하고, 교제를 하다 보면 담임목사가 어려운 상대에서 쉬운 상대로, 먼 상대에서 가까운 상대로 느끼게 된다. 이때가 실수를 하는 시점이다. 가까워지고 편하게 느껴지면 그때부터 말이나 행동이 완만해지고 도를 넘는 언어와 행동을 하게 되는 경우가 있다. 언제나 담임목사에 대한 관계에서 항상 거리를 유지할 수 있어야 한다. 대화를 할 때도 태도를 바르게 해야 한다. 말하는 자세나 사용하는 언어 등에 신경을 써야 한다.

담임목사와 함께 심방을 갈 때는 특히 예의에 신경을 써야 한다. 담임목사 주도하에 심방이 이루어져야 하는데도 불구하고 부교역자 자신이 심방을 주도하려고 하고, 부교역자의 사적이며 개인적인 말을 통해 심방 분위기를 해치는 경우가 있다. 자신이 담임목사보다 앞서서 행동하면 담임목사의 미움도 받을 수 있지만, 동시에 교인들에게도 좋은 인상을 주지 못한다. 부교역자가 담임목사와 함께 외부인을 만날 때도 자신이 끼어들어가 말을 해야 하는지를 바르게 판단해야 한다. 부교역자는 "특별한 경우를 제외하고는 맞장구를 치는 정도에 머물러야지 담임목사보다 더 많은 말을 해서는 안 된다."[129]

담임목사에 대한 존경은 담임목사의 설교를 듣는 태도에서 찾을 수 있다. 보통 부교역자는 예배의 상황을 준비하기 때문에 예배에 적극적으로 참여치 못하는 경우가 있다. 또한 예배를 참여해도 집중하지 못하는 경우가 있으며 많은 사역으로 피곤하여 설교시간에 조는 경우도 발생한다. 그러나 이러한 것들이 습관적으로 계속되지 않도록 해야 한다. 담임목사의 설교에 집중하고 담임목사의 설교에 은혜를 받을 수 있을 때 부교역자의 사역이 기쁨이 되고 즐겁게 되는 것이다. 특히 담임목사의 설교에 대한 비평을 하는 것도 바람직하지 못하다.

---

129) 박종신, 앞 글, 164-166.

담임목사에 대한 존경은 험담하지 않고 칭찬하는 것에 있다. 담임목사와 함께 생활하다 보면 담임목사에 대한 여러 부분들이 보일 것이다. 담임목사의 장점이 보이기도 하며, 단점도 보이게 된다. 특별히 담임목사의 단점을 발견하게 되었을 때, 다른 교역자나 교인들에게 말을 하고 다녀서는 안 된다. 또한 담임목사 본인이 인식하고 있는 콤플렉스에 대해 부교역자의 지적은 담임목사의 자존심을 상하게 할 수 있다. 그렇다고 아부하거나 아첨해서는 안 된다. 구영삼 조태현은 "일그러진 리더를 사람들 앞에서 험담하거나 암묵적으로 대적하는 말을 하거나 아니면 약점을 즐겨 이야기하는 것은 하나님이 원치 않는 일이다."130)고 하면서 리더를 섬김에 있어서 가슴으로 섬겨야 한다고 한다.

담임목사를 존경하고 따를 수 없다면 다른 임지를 알아보는 것이 좋다. 정직하게 자신을 돌아보고 진정으로 존경하고 따를 수 없는 담임목사라고 판단된다면 다른 곳으로 옮기는 것이 좋다. 교회와 자신을 위해서다.

여섯째, 담임목사와 사역적 관계를 잘 맺어야 한다.

자신이 해야 할 일, 자신의 위치를 정확히 알아야 한다. 팀워크를 위해 제자리를 지키는 자가 되어야 한다. 부교역자가 무슨 일을 해야 하는지 그리고 자신의 존재 이유, 직책상의 위치, 직능상의 위치를 이해함과 동시에 역할 분담에 따른 책임을 효율적으로 감당해야만 한다. 담임목사의 생각과 의중을 잘 파악하여 그에 맞는 행동을 할

---

130) 구영삼 · 조태현, 앞 글, 212.

수 있도록 한다.

특별히 담임목사에게 보고를 할 때도 원칙에 맞는 보고서를 작성하여 보고하는 것이 바람직하다. 바른 보고 요령은 결론을 먼저 말하고 그 결론에 이르게 되는 이유를 설명한 후에 상황을 설명해야 한다. 박종신은 보고를 잘하는 6가지 요령으로 다음과 같이 말한다. "① 결론-이유-상황설명의 순으로 하라 ② 5W2H(When, Where, What, Who, Why, How, How Much)를 확실히 정리해 보고한다. ③ 나쁜 일부터 보고한다. ④ 필요한 자료를 첨부하여 보고한다. ⑤ 객관적인 사실과 자신의 주관을 명확히 구분하여 전달한다. ⑥ 담임목사가 질문할 것을 미리 예측하여 그에 대한 답변을 준비한다."[131] 덧붙이면 객관적인 사실과 주관적인 자신의 생각을 구분하여 전달해야 한다. 주어지는 부서와 책임에 대하여 자세히 보고하며 정기적인 만남을 통하여 일의 진행 사항도 계속 보고하는 것이 바람직하다. 특별히 계속 진행되는 상황에서 어려운 문제는 즉시 보고하고 담임목사의 도움과 지원을 요구하는 것도 좋다.

담임목사에게 교회의 전반적인 일에 대하여 제안하는 것도 지혜로워야 한다. 교회 일에 어느 정도 익숙해지면 부교역자 쪽에서 담임목사에게 적극적으로 기획 및 제안을 해야 한다. 이때도 제안한 내용이 받아들여지기 위해서는 제안할 때의 시기와 장소 등도 고려하는 것이 바람직하다. 또한 담임목사 지시사항을 메모하고, 되도록 신속히 실행해야 한다. 뚜렷한 기억보다 희미한 잉크가 정확하다는 말을 부교역자는 새겨들을 필요가 있다. 특히 교역자 회의 때는 반드시 수첩

---

131) 박종신, 앞 글, 162.

과 펜을 준비하여 회의에 임하고, 심지어 심방 중에 그 가정에서 내놓는 기도제목 하나까지도 세심하게 적어 둘 필요가 있다. 부교역자의 업무가 과다하다 보면 지시사항을 쉽게 잊어버릴 때가 많은데 이럴 경우 그저 잊어버렸다고 변명으로 치부하기에는 전문가로서 부교역자라 할 수 없다.

담임목사에게 부교역자는 항상 보고하고 연락하고 상담하는 일을 생활화해야 한다. 언제나 부교역자에게 주어지는 책임의 범위에서만 단독으로 일을 추진해야지 모든 일을 부교역자 독단으로 진행하다 보면 담임목사와 갈등을 겪게 되고, 동료 교역자들과 사이가 벌어지게 된다.

여자 부교역자는 담임목사와의 관계가 이성적으로 비춰지지 않도록 유의해야 한다. 여자 부교역자는 담임목사와의 성적인 농담을 해서는 안 되며, 신체적 접촉 등에 있어서 분명한 거부의 의사 표현을 해야 하며, 항상 거리를 유지할 수 있도록 해야 한다. 특히 담임목사와의 부적절한 소문이 나지 않도록 모든 면에서 주의해야 한다. 또한 여자 부교역자는 사모와의 관계도 고려해야 한다.

2) 동역자

부교역자가 담임목사와의 관계가 수직적인 관계라 한다면, 동역자 간의 관계는 수평적이다. 한 교회에서 함께 교역을 하는 동역자는 마치 한 부모 아래 혈육을 나누는 형제와 같은 관계를 맺어야 한다. 각자가 가지고 있는 재능과 은사에 따라 주님의 몸 된 교회를 섬기고

있기 때문에 상호 보완하는 관계로서 동역을 이루어야 한다. 부교역
자 간의 좋은 동역관계를 맺게 될 때는 서로에게 큰 힘이 된다. 또한
사역이 즐거워지며 교역자 전체의 분위기와 더불어 교회에까지도 영
향을 미치게 된다.

부교역자 간의 서열이 있어서는 안 된다. 물론 업무적으로 선임부
교역자가 있을 수 있으나 지나친 서열화는 경색된 관계를 가져온다.
잠시 있다가 떠날 자리임에도 불구하고 선임 부목사를 찾고, 선후배
를 따지고, 목사 안수나 나이로 서열을 찾으려고 하다가 갈등을 유발
하는 자는 자기 자신이 부교역자로서 자질에 문제가 있음을 알아야
한다.

부교역자가 자신의 사역을 위해 동역자들과 원만한 관계를 유지한
다는 것은 대단히 중요하다. 어려운 일을 당했을 때 또는 어떠한 일
을 결정하기 어려울 때 등등의 목회사역에서의 위기상황은 언제나
닥쳐올 수 있기 때문에 동역자와 관계를 잘 유지해 나간다면 서로 도
와줄 수 있게 된다.

부교역자가 여러 명 있는 교회에서는 부교역자 간의 사역이 명확
해야 한다. 이것이 불분명하게 되면 각 목회자들은 자신이 맡은 부서
이외에 많은 시간을 소비하게 되며 이 일은 동역자에 대한 불만이 되
기도 한다. 또한 교회 전체 프로그램은 망각한 채 각자 자신의 맡은
부서만을 생각하고 챙기는 '부서 이기주의'가 생겨나게 된다. 특히
부교역자 간의 지나친 경쟁은 교회에 어려움만이 아니라 목회자에
대한 반감을 줄 수도 있다. 어느 교회에서는 부교역자 간의 사역의
지나친 경쟁으로 인하여 불협화음을 내게 되었고 결국은 모두가 사
임하는 아픔을 겪게 되었다.

첫째, 부교역자는 동역자를 존중해야 한다.

같은 교역자와의 인간관계를 잘 맺어야 한다. 한번 악화된 인간관계를 다시 본래 상태로 회복시키려면 많은 인내와 노력이 필요하므로, 처음부터 좋은 인간관계를 형성해 가도록 노력하는 일이 무엇보다 중요하다. 이것은 같은 교역자의 자존심을 건들지 않는 것과 연결된다. "담임목사나 여러 사람 앞에서 다른 교역자를 모욕하거나 부끄럽게 만드는 일을 하지 않는다. 교역자와 함께 심방을 할 때 선배 교역자인 경우에는 먼저 나서지 않는다. 교역자 회의나 담임목사 앞에서 다른 교역자의 의견을 강하게 반대하거나 과오를 추궁하지 않는다."[132)

부교역자들은 서로 경쟁 관계에 들어가 담임목사와의 사랑을 독차지하려고 해서는 안 된다. 서로 격려하여 함께 사역을 하는 데 어려움이 없도록 해야 한다. 부교역자들은 서로에게 칭찬의 말을 많이 하도록 한다. 칭찬을 듣고 화내는 이는 없다. 그러나 무분별한 칭찬은 오히려 반감을 살 수 있다.

같은 동역자와의 만남에서 담임목사에 대한 험담을 하지 말아야 한다. '낮말은 새가 듣고 밤 말은 쥐가 듣는다.'는 말이 있다. 즉 같은 동역자라고 편히 생각하여 담임목사를 비난하게 되면 그 말은 고스란히 담임목사에게 들어간다고 생각하면 된다. 또한 다른 동역자를 비방하거나 무시하거나 조롱해서는 안 된다. 우리가 뱉은 말은 다시 되돌릴 수 없다.

같은 동역자로서 철저히 예의를 지켜야 한다. 선배는 선배로서 후배를 대하고, 후배는 선배를 대할 때 정중하게 대하여야 한다. 이러

---

132) 위 글, 196.

한 예의는 인사를 할 때에도 나타난다. 인사를 할 때 겸손하게 인사해야 한다. 언어에서도 후배라고 말을 함부로 해서는 안 된다. 사적인 만남에서는 가능하지만 공적인 자리에서는 같은 동역자로서 서로를 높여 주어야 한다.

또한 같은 부교역자의 설교를 경청할 수 있어야 한다. 이것은 성도들에게 좋은 '본'을 보여주는 것이다. 목회자가 하나님의 말씀을 듣는 것은 당연하다. 같은 동역자와의 관계에서도 하나님의 말씀을 듣는 좋은 모습을 보이면 서로 간의 관계 형성에 매우 좋다. 하나님의 말씀을 들으면서 설교에 대한 평가를 하거나 의문을 제시해서는 안 된다.

동역자끼리 서로 배울 수 있는 기회를 가져야 한다. 부교역자들은 다양한 재능을 소유하고 있다. 그런 은사들을 전문가인 동역자들로부터 배우는 데 열심을 내야 한다. 필자는 부목사로 섬기고 있을 때 교육전도사에게 기획하는 능력을 배웠다.

부교역자의 존중은 동역자 간 서로 비교 평가하지 말아야 한다. 부교역자는 담임목사뿐만 아니라 같은 동역자와의 관계에서도 서로 존중해야 한다. 동역자들 간의 사역이나 기타 여러 부분에서 평가하고 비난하고 무시한다든지 하면 교역자의 갈등의 골이 깊어만 간다. 또한 동역자 간의 서로 비교 평가는 부교역자 간의 친밀 그룹을 형성할 수 있는 계기가 된다. 부교역자들 사이에서 편 가르기와 같은 분열이 있어서는 안 된다. 부교역자 간의 편 가르기는 교역자 전체의 화합을 깨트리게 되며 교회에 혼란을 가중시키는 결과를 가져온다.

또한 부교역자가 담임목사에게 어떤 목회적인 재능을 인정받았다고 해서 우월감을 가져서는 안 된다. 반대로 다른 동역자와 비교하여 열등감에 빠져서도 안 된다. 하나님께서 달란트를 주시되 각기 다른 달란트를 주셨다는 것은 각자 받은 능력이 다르다는 것이다. 그것을 인정하고 내게 주어진 상황에서 열매를 맺는 일이 중요하다. 동료교역자의 입장에서 생각하며 선입견을 가지지 않도록 해야 하며 단점을 보려고 하지 말고 장점을 발견하도록 노력해야 한다. 나아가 긍정적으로 판단하고 자신을 볼 수 있는 기회로 삼아야 한다.

둘째, 전임 부교역자와 신임 부교역자의 정리를 잘해야 한다.

새로 부임하여 자신에게 맡겨진 업무를 하면서 욕심을 갖게 된다. 평가나 성과에 급급하다가 전임 목회자가 시행했던 프로그램을 전적으로 부정하고 새로운 것을 개발하고 무리하게 추진하는 경향이 있다. 이것은 자신을 내세우는 것 같지만 교인들이 볼 때는 전임 목회자와 별다름이 없는 것으로 인식된다. 이런 경우가 잦게 되면 부교역자에 지나친 의존 관계에 빠지게 된다.

새로운 임지에서 행정체제, 교육체제 등의 체제나 프로그램 등에 문제가 있을 때에는 비교적 작은 부분부터 서서히 고쳐 나가도록 하는 것이 바람직하다. 부교역자가 너무 빠르게 성장을 시도하거나 교회의 조직구조나 프로그램에 지나치게 비판적이어서는 안 된다. 부교역자는 자신이 담당한 부서를 잘 이끌어야 하는 사명을 가졌다.

부교역자는 임지를 옮기면 전임지의 활동과 교인에 대하여 잊어야 한다. 부교역자는 담임목사와 달리 임지를 옮기는 경우가 많다. 지역이 다른 곳으로 혹은 같은 지역의 타 교회로 옮기게 된다. 이때 부교역자와 긴밀한 관계를 유지했던 교인들은 계속해서 부교역자와 관계를 유지하려고 한다. 이것은 신임 부교역자와 함께 사역하는 데 지장을 주게 된다. 그동안 정들었던 교역자와 관계로 인해 신임 부교역자와 관계를 제대로 맺지 못하게 된다. 이 일은 사역을 하면서도 신임 부교역자보단 전임 부교역자의 의견을 받아 실시하기도 한다. 이런 경우에 신임부교역자의 리더십에 어려움이 발생한다. 따라서 부교역자는 자신이 떠난 교회에 미련을 갖지 말고 정리를 할 필요가 있다.

심지어 교회를 떠났기 때문에 자신 있게 담임목사의 부정적인 모습을 교인들에게 이야기한 경우가 있다. 이 일은 교회에 혼란을 가져오게 된다. 따라서 특별한 경우가 아니면 떠나온 교인에게 연락을 해서는 안 된다.

셋째, 자기가 맡은 부분에 대해 책임감을 가지고 성실하게 일한다.
자기가 맡은 부분이 미흡하게 되면 나머지 일은 동료교역자가 해야 한다. 그것은 동료교역자에게 있어서 자신의 업무 외에 또 다른 일을 담당하도록 하는 것이요 이것은 동료교역자에게 스트레스로 연결된다. 그렇다고 다른 동역자의 영역을 침범해서는 안 된다. 인간관계와 경쟁의식에서 비롯되는 갈등은 교인 간의 파당을 만드는 결과를 가져올 수 있다. 자신이 실수를 범했을 때, 담임목사의 추궁을 두려워하여 다른 동료교역자에게로 그 책임을 돌려서는 안 된다. 다만 자기에게 주어진 위치에서 겸허한 자세로 하나님께 충성하고 좋은 협력자가 되어야 할 것이다. 동료들로부터 신뢰를 잃지 않도록 해야 한다.

교회 전체를 생각해야 한다. 부교역자는 항상 교회의 규칙에 따라 일하도록 노력하고 자기중심의 독단적인 행동을 삼가는 것이 중요하다. 부교역자는 교회를 섬기기 위해 부임하는 것이기 때문에 교회에 혼란과 분열을 조장하는 언행을 해서는 안 된다. 또한 다른 동료교역자의 도움이 필요할 때는 정중하게 요청한다. 자기 멋대로 행동하면 협조체제가 무너져 업무 능률이 저하될 뿐만 아니라 주위 사람들을 불쾌하게 만든다.

넷째, 곤경에 빠졌을 때 서로 돕는다.

부교역자들이 사역을 하면서 혼자의 힘으로 감당하지 못할 일을 만나기도 한다. 이때 할 수만 있으면 힘껏 도와주는 것이 좋다. 도움을 받은 동료교역자는 그때의 고마움을 잊지 못할 것이다. 이러한 도움이 부교역자 사이의 신뢰를 쌓는 데 큰 도움이 될 것이다. 또한 서로 간에 도움을 주고받는 데 있어서도 "능숙해야 할 뿐만 아니라 이와 관련하여 솔직하고 유연한 자세를 길러야 한다."[133]

다른 동역자의 업무를 이해하고 협력해야 한다. 일례로 다른 교구에서 일어난 일을 우연히 알았을 때, 담임목사에게 직접 보고할 수있지만 그것보다는 먼저 담당교구 교역자에게 알려 준다면 동역자와의 관계가 좋아질 것이다. 그리고 동료 교역자를 배려하고 관심을 가지고 도와주어야 한다. 나와의 차이점을 인정하고 헐뜯는 농담이나 비교를 통하여 무시해서는 안 된다.

동역자 간의 수평적 차원에서의 윤리를 살펴보았는데 사실상 거의 상식의 수준에 머물러 있는 것들이지만 이러한 상식적인 차원의 것들도 준행하기란 쉽지 않다. 따라서 항상 조심스럽게 동역자와의 관계형성을 시도해 나가야 할 것이다. 부교역자가 자신의 사역을 통해

---

133) 스티븐 스토웰 · 최치영 · 매트 스타르세비치, 『원원파트너십』(서울: 21세기북스, 2002), 10.

동역자들과 원만한 관계를 유지하는 것은 대단히 중요하다.

동료교역자에 대한 동역자로서 책임을 가져야 한다. 부교역자들 모두에게는 각자의 유혹이 도처에 깔려 있다. 이러한 유혹에 직면한 동역자들을 바라보면서 구경꾼으로 남아 있어서는 안 된다. 이들을 위한 기도의 동역자가 되면 좋을 것이다.

3) 교인

부교역자는 담임목사보다 교인들과 직접 만나는 일이 많이 있다. 교인들과의 만남을 지혜롭게 해야 한다. 교인들과의 만남이 독이 되어 자신에게 돌아오는 현상이 자주 일어난다. 부교역자는 교인들로부터 늘 섬김을 받아 왔기 때문에 권위를 앞세우며 순종이라는 미명 아래 복종을 강요하지 말고, 겸손한 가운데 섬김의 모습을 보여야 한다. 또한 부교역자라 해서 교인들의 요구를 무조건적으로 수용해서는 안 되며, 교회와 담임목사에 대한 유익이 되도록 인도해 나가야 한다. 교인들을 대할 때 밝은 미소를 짓고 친절해야 한다. 그리고 교인들을 보면 먼저 인사해야 한다. 인사를 통해 처음 분위기를 좋게 만들 수 있다.

첫째, 부교역자는 교인들과의 만남에서 품격 있는 행동을 하여야 한다.

부교역자는 언제나 목회자라는 신분을 가지고 교인을 만나야 한다. 부교역자와 교인들과의 만남이 친해지다 보면 도를 넘어서는 경우가 있다. 따라서 부교역자는 개인적인 친분이 있을지라도 교인과의 만남을 목회자로서 흐트러짐이 없이 만나야 한다. 교인을 만날 때 목회자로서 신앙생활과 삶에서 그리스도인다운 모습을 보여야 할 것이다. 교인들 앞에 당당하기 위해서 부교역자는 자신을 절제하여 흠잡을데 없는 교역자가 되도록 해야 한다. 몸가짐과 태도가 비굴하거나 너무 고압적이어서는 안 된다. 간혹 부교역자를 신분이 높은 위치로 착각하는 경우가 있다. 그래서 성도들에게 고압적인 자세를 가지게 된다. 이때 성도들은 상처를 받게 된다. 예수님께서 제자들의 발을 씻기신 것처럼 교인들을 겸손히 섬기게 될 때, 교인들로부터 목회자로 존경을 받게 된다.

특히 교인들과 관계에서 진실해야 한다. 인위적 거짓의 모습을 보여서는 안 된다. 거짓은 또 다른 거짓을 낳게 되고 그러면 부교역자의 모든 모습이 거짓으로 보이게 된다. 부교역자로 권위가 서지 않는다. 진실은 지금 목회자의 권위가 내려가는 것 같지만 그것은 후에 큰 득이 될 것이다.

언제나 공명정대하게 일을 처리해야 한다. 사사로운 감정으로 일을 진행한다면 교인들의 반발을 살 수 있다. 또한 교인들과 대화를 나눌 때 태도를 바르게 하고 경청의 바른 자세를 가져야 한다. 경청 기술을 습득하여야 한다.

둘째, 부교역자는 자신이 맡은 부분에 있어서 전문가가 되어야 한다.

교인들 앞에서 형편없는 실력을 가진 부교역자가 되지 않도록 해야 한다. 교인들은 부교역자들에게서 신앙의 많은 부분을 도움받기를 원한다. 이러한 도움을 주기 위해서 부교역자는 성서에 정통해야 한다. 성서를 자주 읽어서 교인들보다 더 많이 성서를 알아야 한다.

한번은 교인들과 성경공부를 하는 부교역자를 본 적이 있다. 성경 공부 교재를 사용하는데 성서에 대한 약자를 틀리는 사건이 있었다. 교재 앞부분에서 요나에 대한 언급이 있었다. 이어서 성경약자로 '요' 라고 되어 있는 것을 보고 요나서를 찾자고 하였다. 그때 성경공부에 참석한 교인들이 '요한복음인데요.'라는 대답에 당황한 부교역자를 본적이 있다.

부교역자는 성서에 능통해야 할 뿐 아니라 또한 자신이 맡은 기관 의 기획이나 행정에 대해서도 능통해야 한다. 자기가 담당한 분야에 있어서는 전문가로 인정을 받을 수 있어야 한다. 요즘 교인들은 많은 부분에 있어서 부교역자보다 더 많은 노하우(knowhow)를 가지고 있 기도 한다. 그런데 부교역자가 그 분야에 제대로 알지 못할 뿐 아니 라 최선을 다하려는 열정마저 없으면 교인들로부터 무시를 당하는 경우가 생긴다.

중요한 것은, 기획력이나 보고서를 작성하는 것 그리고 프로그램을 진행하는 것이 교인들보다 못할 수도 있지만, 성서에 관한 지식 등은 교인들보다 뛰어나야 한다는 것이다.

셋째, 부교역자는 담임목사와 성도들과의 연결이다.

담임목사는 교인들과 일일이 만나지 못한다. 그러나 담임목사는 교 인들의 이야기를 속속히 알고 싶어 한다. 이 일을 부교역자가 해야 한다. 부교역자는 먼저 담임목사의 목회방침에 대하여 충분히 인식한 후에 담임목사의 목회 방침을 교인들에게 알려야 할 책임이 있다. 담 임목사의 목회방법에 불만을 가진 사람도 있겠지만 그들을 최대한 설득하여 이해시키도록 해야 한다. 종종 불만을 품은 자와 함께하다 보면 그들에게 동화되어 함께 불만하는 자가 된다. 이것은 부교역자로서 바른 처신이 되지 못한다. 교인들과 이야기할 때 말을 특히 조심해야 한다. 아무 생각 없이 뱉은 말 한마디로 인하여 교회에 큰 혼란이 오게 된다.

교인들의 이야기를 많이 들어주는 것이 중요하다. 교인들은 담임목사를 어렵게 생각할 수 있기 때문에, 담임목사보다는 부교역자에게 편안하게 이야기를 한다. 물론 많은 경우는 자연스럽게 담임목사에게 그 말이 들어가기를 원하는 경우도 있지만 또한 부교역자만 알기를 바라는 경우도 있다. 이때 부교역자는 지혜롭게 처신해야 한다.

넷째, 부교역자는 교인들과 파당을 만들어서는 안 된다.

교인들을 대할 때 편애가 있어서는 안 된다. 자신에게 사랑을 주는 사람만 사랑하고 다른 교인들에게는 관심도 두지 않는 일이 생겨서는 안 된다. 특히 내 편을 만들어서는 안 된다. 교인들을 선별하여 만나고, 그 교인들 가운데 자기 사람이라고 하는 파당을 만드는 행위를 해서는 안 된다. 간혹 자신이 개척할 때 도움을 줄 수 있는 교인이라는 생각을 가지고 그들에게 정성과 사랑을 베푸는 경우도 있는데 이는 부교역자로서 해서는 안 되는 일이다.

또한 교인들의 인기를 얻으려고 행동하지 말아야 한다. 교인들의 마음과 눈이 담임목사를 향하도록 해야 한다. 자신의 은사를 지나치게 강조하여 교인들로부터 인기를 얻으려고 해서는 안 된다. 이것은 '다윗이 죽인 자는 만만이요, 사울이 죽인 자는 천천'이라는 말을 들은 사울 왕이 시기하여 다윗을 죽이려고 하였던 것처럼 교인들에게 인기를 얻는 것이 정작 부교역자에게는 독이 되는 경우가 있다. 부교역자들에게는 교인들로부터 유혹이 온다. 특별히 담임목사를 싫어하는 교인일수록 부교역자에게 더욱 친밀하게 접근한다. 이러한 접근에 마치 자신을 좋아하는 것으로 착각해서는 안 되고 자신이 인기가 있다고 교만해서도 안 된다.

부교역자와 관계가 좋지 못한 교인들이 발생할 수 있다. 이때에 부교역자는 그 교인을 미워하여 다른 교역자에게나 교인들에게 불편함을 이야기해서는 안 된다. 교인에 대한 비방은 절대 금물이다. 그 교인에게 비방의 내용이 들어간다는 것은 분명한 사실이다.

다섯째, 부교역자는 교인 중 이성과의 관계를 조심해야 한다.

부교역자는 젊은이들과 함께하는 경우가 많이 있다. 교사로, 찬양대로 봉사하는 젊은 이성과의 잦은 만남은 분별력이 없는 이들로 하여금 애정공세를 받는 경우가 있다. 따라서 이성 교인과의 문제는 분명하게 매듭을 지어야 한다. 이성 교인과 개인적으로 가까이할 수 있는 시간을 가져서는 안 된다. 상담에 있어서 단 둘만의 공간을 가급적 만들지 말고 개인적으로 자주 상담을 해서도 안 된다. 한편으로 부교역자가 이성으로 끌리는 교인이 있을 수 있다. 이때는 그 교인과의 만남을 의식적으로 피하도록 해야 한다. 교회 안에서 부교역자의 여자 문제가 생길 경우에 교역자의 권위가 떨어지며 이것은 담임목사에게 그 피해가 고스란히 간다.

여섯째, 부교역자는 인내하여야 한다.

교인들과 함께 사역하게 될 때는 교인들과 갈등이 생길 수 있다.

일반적으로 사역의 인식 차이에서 갈등이 온다. 부교역자는 전문가로서 이론적으로, 신학적으로 자신의 의견이 옳다고 주장하거나, 교역자의 권위를 가지고 자신의 주장이 관철되어 실행되기를 원한다. 그러나 교인은 그 분야의 오랜 경험에서 쌓은 노하우를 가지고 주장할 수 있다. 또한 이 시각의 차이는 교역자로서 보는 시각과 교인들이 보는 시각이 차이가 난다. 교회를 생각하고 담임목사를 생각하며 전체적인 숲을 보는 것이 부교역자라면, 교인들은 보통 자신의 문제, 즉 나무만 보게 된다. 한편으로 교인들이 부교역자를 무시하는 경우가 발생하기도 하는데 그럼에도 불구하고 참고 기다리면서, 교인들을 존중하는 가운데 그 문제를 풀어 나가야 한다. 특히 부교역자는 자신의 감정을 조절할 수 있어야 한다. 지나친 감정 표현은 목회자에 대한 인식을 좋지 않게 만든다.

일곱째, 부교역자는 교인들과 금전거래를 해서는 안 된다.

부교역자로 생활하다 보면 경제적인 어려움이 생기는 경우가 있을 수 있다. 가정에서 돈이 급히 필요할 때가 생기는 경우이다. 넉넉지 못한 부교역자의 사례비로는 도저히 감당할 수 없는 문제가 발생한다. 그래도 경제적인 어려움을 다른 동역자나 담임목사와 상의하여 풀어 나가야지 교인들을 만나 돈을 빌리는 경우가 생겨서는 안 된다. "교인들과 돈거래는 절대 금물이다."[134]

부교역자는 교인들의 생활 정도, 그리고 신앙의 유형 등에 대하여 바르게 판단하여 적절하게 대처해 나가야 한다. 각 교회의 지역적인

---

134) Homer A. Kent, 『목회학』 이주영 역, (서울: 성광문화사. 1983), 72-73 참조.

상황과 사회적 상황에 따른 교인들의 신앙의 유형이 다르기 때문에 신학교에서 배운 것만 가지고 쉽게 판단을 하여 그대로 실천해 나간 다면 많은 문제점을 도출하게 될 것이다. 따라서 교인들과의 접촉점 (point of contact)을 찾아 좋은 관계를 만들어 가야 한다.

4) 가족

가정은 사회의 기초 공동체이다. 따라서 건전한 가정 없이는 건전한 교회를 기대할 수 없다. 지체가 병들면 몸이 건강할 수 없는 것과 같은 원리이다. '목회를 잘하기 위해서는 가족을 희생'시켜야 한다는 왜곡된 전거를 이젠 버려야 한다. 오히려 건강한 가정을 가진 목사라야 그의 목회사역도 풍성해진다. 건전한 가정은 목회자로 하여금 무거운 짐 하나를 덜어놓고 목회의 길을 갈 수 있게 해 주는 것이다. 건강한 가정을 갖기 위해서 먼저 목회자 자신이 가족에 대한 의무에 충실해야 한다. 목회자의 가족도 땅 위에 발을 붙이고 사는 사람들이다. 그들도 경제적인 필요와 육체적인 기본적인 필요의 충족이 요구된다. 또 정서적인 요구도 있을 것이다. 가족과 함께 보내는 시간이 요구되고, 대화가 요구된다.

목회자 부부의 "결혼생활에서의 가장 큰 문제의 하나는 아내는 대화를 하고 싶어 하는 욕구가 계속 증가하는데 남편은 거기에 참가하거나 듣는 경향이 계속 감소하는 것이다."[135] 아내와 대화를 할 때는

---

135) 김남준, 『목회자의 아내가 살아야 교회가 산다.』, 64.

교인들에 관한 내용보다는 가정에 관한 이야기, 즉 목회자 자신의 이야기, 아내에 관한 이야기, 자녀들에 관한 이야기 등 가족 중심의 대화를 하는 것이 좋다. 또한 대화를 함에 있어서 서로 진실함이 있어야 한다. 이때는 목회자라는 것을 내려놓고 남편과 아내로서 대화, 아버지와 자녀로서 대화를 이루어 나가야 한다.

성도들 앞에서 부부간의 인격을 무시하지 말아야 한다. 성도들 앞에서 아내를 존중하고 예의를 갖추어야 한다. 교인들은 교역자의 가정을 통해 자신들의 가정을 돌아본다. 부교역자의 가정은 담임목사의 가정보다 더 노출이 되어 있기 때문에 부교역자의 가정을 유심히 보기도 한다. 이때 부교역자와 아내는 서로가 존경하며 지내는 본을 보여야 한다. 부부간의 성생활에 대한 만족도가 있어야 한다. 피곤을 핑계로, 거룩함을 핑계로 성생활이 만족하지 않을 때 성적 타락의 유혹을 받게 된다.

교인들에게 교역자 가정의 중요성을 주지시켜야 한다. 교역자의 가정이 평안해야 사역도 잘 할 수 있다는 점을 교인들에게 이해하도록 각인시켜야 한다. "목회자 자신과 목회 사역을 위해 건강한 결혼, 건강한 가정을 건축하고 유지하는 일이 중요하다는 사실을 교인들에게 알려야 한다."[136] 교역자의 가정에 문제가 발생하면 그 여파는 교회 전체로 퍼지게 된다.

교역자의 자녀들에 대한 교인들의 민감함은 교역자에 대한 큰 부담으로 다가온다. 그러나 교역자 자녀라는 틀에 너무 집착해서는 안 된다. 교역자 자녀도 똑같은 아이들이다. 다만 교역자 자녀들을 자신

---

136) 닐 와이즈맨, 『목사』, 207.

의 자식으로 보지 않고 목회할 양으로 보는 것이 중요하다. 교회 안에서 내 아이라고 특별하게 대우하지 않고, 또한 모든 일에 뒤에 쳐져 양보해야 한다는 생각도 하지 말고, 일반 교인의 자녀들처럼 대해야 한다.

자녀들은 부모들의 사랑에 민감하다. 부모가 자기를 사랑하고, 부모의 관심사에 자신들을 최고 우선순위에 두고 있다는 사실을 깨닫도록 해야 한다. 당신의 자녀가 주님을 신뢰하고, 신실한 신앙생활을 하고 있다면 그들의 그런 모습이 당신에게 얼마나 중요한 의미를 지니는지 분명하게 말해야 한다. "당신의 자녀들에게 그들의 부모가 된 것이 자랑스럽다고 말하라."[137]

---

137) 위 글, 196-204.

7

끝내면서

최근의 사회적 상황에서 '이인자'라는 말들이 자주 등장한다. 이 말은 지금까지는 리더, 즉 1인자에게만 시선을 돌렸던 것이 이제는 2인자, 3인자에게도 관심을 가져야 한다는 것이다. 헬퍼는(helper)는 이인자에 관한 내용이라 할 수 있다. 이러한 사회적 추세에 리더십에 대한 다양한 이론들에 국한하지 않고 헬퍼에 대한 연구도 계속하여 이루어질 것이라 본다.

헬퍼십이라는 용어만 생소할 뿐이지 리더십에서도 팔로워에 대한 간단한 언급이 있었다. 또한 다른 여러 언어적 개념들이 헬퍼와 유사한 경우를 찾을 수 있었다. 그러나 언어 각자가 가지고 있는 고유의 의미들이 있음을 발견할 수 있다.

'파트너(partner)'는 한마디로 동역자라 할 수 있다. 상하의 관계없이 어떠한 목적을 이루기 위해 함께 협력하는 자이다. '팔로워(follower)'는 역할에 있어서 리더를 따르면서 돕는 자로, '멘토(mentor)'는 리버스멘토링에서처럼 정보를 제공하여 필요한 것을 공급해 주는 자로,

'참모(參謀)'는 리더의 바른 판단을 돕고 실행하는 자로, '코치(coach)' 는 리더의 성격과 기질을 알고 그에 맞는 잠재력 개발을 위하는 자로 서 헬퍼를 설명할 수 있다.

이러한 여러 의미들을 헬퍼십이라고 구영삼·조태현 씨가 처음으로 사용하였다. 기존의 개념들을 정리하여 수동적인 개념으로서의 팔 로워가 아닌 능동적이고 적극적인 헬퍼로서 헬퍼십을 말하고 있다. 헬퍼십에 대한 연구가 다시 일어나기를 소원한다. 학문적인 체계를 이루지 못하고 있는 현실이지만 이제 헬퍼십도 어엿한 학문체계로 자리 매김을 하기를 원한다.

바람직한 헬퍼는 '돕는 사람, 거드는 사람, 협력자, 후원자, 원조자, 지지자, 구조자, 위안자'[138] 모습을 가져야 한다. 헬퍼는 돕는 사람이 다. 돕는 사람이란 자신이 가지고 있는 재능과 장점을 가지고 리더를 도와주어야 하는 것이다. 성서에서 처음 헬퍼로 부름 받은 사람이 아 담의 헬퍼인 하와다. 하와는 아담을 돕는 자로서 역할을 하지 않고 도리어 하나님께 불순종하도록 하였다.

헬퍼는 언제나 조연이라는 자기 인식이 필요하다. 헬퍼는 조연에 만족해야 한다. 자신의 위치를 인정하고 리더의 위치를 넘보는 자가 되어서는 결코 안 된다. 자신은 이인자로 부름 받은 사명자임을 인정 해야 한다. 마지못해서 이인자의 위치에 있다는 생각은 바람직하지 않다. 특히 리더가 되기 위한 단순한 수순으로서의 이인자의 역할도 바람직하지 않다. 성서에서 아론은 모세가 이방여인과의 결혼을 한 것에 대하여 자신도 리더가 될 수 있음을 주장하였다가 누이 미리암

---

138) 권민·김영수·김우형. 『성공하는 30대의 리더십: 헬퍼십』. (서울: 고즈윈, 2005), 166-169.

이 문둥병에 걸리는 고통에 빠지게 되었다. 따라서 리더의 그림자로서 리더를 돋보이게 하는 것이 헬퍼의 역할이다. 리더를 가르치거나 리더 위에 존재한다는 망상을 버려야 한다. 자신의 공(功)을 아낌없이 리더에게 줄 수 있어야 한다. 리더의 성공을 시기해서는 안 되며 자신의 성공으로 받아들일 수 있어야 한다.

헬퍼는 언제나 리더의 편이 되어야 한다. 성서에서 여호수아의 모습에서 찾아볼 수 있다. 이스라엘 백성들이 리더인 모세에 대하여 부정적인 시각을 가지고 있을 때에 여호수아는 모세의 편이 되어서 모세를 지지해 주는 사람이 되었다. 리더십이 약화되었더라도 헬퍼는 리더의 편에 서서 리더를 지지해 주어야 한다.

헬퍼는 리더와 좋은 관계를 맺는 데 주력해야 한다. 리더와의 관계가 악화되었을 때나 혹은 헬퍼로서 제 역할을 하지 못하였을 때는 스스로 물러날 수 있는 용기가 필요하다. 성서에서 에바브로디도는 바울을 돕기 위해 빌립보에서 파송되어 왔지만 병으로 인하여 도리어 바울에게 짐이 되었다. 에바브로디도는 바울의 사역을 돕기 위해 다시 빌립보로 되돌아간다.

헬퍼는 언제나 긍정적인 생각을 가지고 전체를 조망하면서 리더에게 다양한 정보를 제공하여 리더가 바른 결정을 하도록 도와야 한다. 헬퍼의 주관적 판단을 주장하게 되면 리더의 판단을 흐르게 할 수 있다. 객관적이고 검증된 자료를 항상 준비하여야 한다.

이러한 헬퍼들이 교회 각 현장에서 활동할 때 그 조직이 활성화되는 것이다. 한편으로 중요한 것은 헬퍼들의 관계성이다. 사람이 사는 곳에서는 누구나 관계를 맺으며 살아가게 된다. 그 관계를 바르게 맺지 못하면 업무를 아무리 잘한다 하더라도 문제의 소지가 많게 된다.

따라서 헬퍼와의 관계를 단순히 상사에 대한 관계에 머물러서는 안된다.

한국교회에도 헬퍼십에 대한 논의가 필요하다고 본다. 지금까지는 담임목사에 대한 리더십에 대하여 많은 연구들이 있었다. 그리고 평신도에 대한 역할, 평신도 개발에 대하여서도 많이 연구되어 있다. 이제 교회성장의 한 축인 부교역자에 대하여서도 연구되어야 할 것이다. 담임목사의 헬퍼로서 부교역자를 조명할 수 있어야 한다.

한국 교회에서 부교역자에 대한 현실은 매우 열악하다. 부교역자에 대한 법적인 보장이 되어 있지 않아 언제나 불안감을 가지고 사역할 수밖에 없다. 이러한 불안감으로 인해 사역에 자신감을 잃게 되고 나아가 기쁨이 없는 사역이 된다. 법적인 문제는 총회 차원에서 다뤄져야 하지만 개 교회에서도 부교역자에 대한 적극적 지원이 필요할 때이다. 또한 부교역자에 대한 처우가 좋지 않음도 사실이다. 부교역자는 교회에서의 위치가 불분명하고 사역의 내용들도 수동적인 부분들이 대부분 차지하고 있다. 이러한 현실이 앞으로 극복해야 할 문제이다. 그와 아울러 부교역자의 사역에 대한 담임목사의 절대적인 신뢰와 도움이 있어야 한다. 특히 담임목사의 절대적인 지원이 없이는 부교역자들의 사역은 고달프기만 하게 된다.

이러한 부교역자의 현실에서 담임목사의 변화에 대한 기다림으로 세월을 보낼 것이 아니라, 왜곡된 현실을 인정하고 그 바탕 위에서 할 수 있는 차선의 길을 이 책에서 찾아보았다. 담임목사의 변화를 헬퍼인 부교역자의 역할을 통해 시도해 볼 필요가 있다. 열악한 환경에서 사역해야 하는 부교역자들이 헬퍼로서 리더인 담임목사를 도울 수 있는 것들은 무엇이 있을까를 정리하였다.

부교역자가 헬퍼가 되기 위해서는 자기 인식이 필요하다. 부교역자는 사역자로 부름 받기 이전에 하나님의 부름을 받은 구원받은 백성임을 자각해야 한다. 구원에 대한 확신이 있어야 한다. 또한 사명자로 부름 받은 소명감이 있어야 한다. 세상의 직업을 구하기가 어려우니 먹고 살기 위해서 목회자가 되고자 한다면 그의 인생은 불행하게 될 것이다. 나아가 자신의 영성을 개발하는 데 게을러서는 안 된다. 부교역자에게는 많은 유혹과 시험이 있는데 이러한 것들을 극복하기 위해서는 하나님과 바른 관계를 맺어야 한다. 부교역자의 사역이 하나님과의 바른 관계를 맺고 이뤄질 때 고통도 참고 견디어 낼 수 있을 것이다. 부교역자는 자기 변화에 두려워하거나 게을러서는 안 된다. 끊임없는 성숙을 향한 변화를 시도해야 한다.

부교역자는 교회에서 많은 관계를 맺으며 사역을 하고 있다. 담임목사와의 관계, 그리고 동료 부교역자들, 교인들 등의 관계에서 바르게 처신해야 한다. 이러한 관계가 바르지 못할 때 교회에 혼란을 주기도 하며 하나님의 영광을 가리게 된다.

헬퍼로서 책임 있는 부교역자의 자세는 무엇일까? 가장 중요한 것은 담임목사와의 관계이다. 부교역자는 담임목사와 함께 사역하며 담임목사를 돕는 헬퍼이다. 이러한 담임목사와의 관계에서 중요한 것은 '신뢰감'이다. 부교역자는 담임목사로부터 신뢰를 잃지 않도록 해야 한다. 이 신뢰가 무너지면 다른 사역들도 헛것이 되는 것이다. 신뢰를 잃지 않기 위해서는 진실해야 한다. 거짓말을 해서는 안 된다. 솔직한 모습이 신뢰를 만든다. 나아가 최선을 다하는 모습이 있어야 한다. 적당히 시간만 때우는 것이 아니라 맡겨진 일은 밤을 새서라도 할 수 있을 때 신뢰감이 있게 된다. 자신에게 주어진 업무는 완벽하게 끝내려는 열정이 있어야 하는 것이다.

부교역자는 담임목사에 대한 예의와 존경이 있어야 한다. 부교역자가 예의가 없으면 이것은 기본적인 것이 잘못된 것이다. 지금까지 배우지 못한 예절이라도 부교역자로 사역하는 동안에는 담임목사에 대한 깍듯한 예의가 있어야 한다. 한편으로 부교역자는 담임목사를 존경해야 한다. 헬퍼는 리더인 담임목사를 존경하게 될 때 자신도 존경받게 되는 것이다. 섬김의 모습이 부교역자에게서 나타나야 한다.

상호 신뢰와 존경은 바람직한 의사소통에서 이루어진다. 의사소통이 원활하지 못하면 작은 일에도 오해가 생기고 서로 갈등을 유발하게 된다. 의사소통은 모든 관계에서 매우 중요한 역할을 한다. 관계를 유지시키고 발전시키는 것이 의사소통이라고 할 수 있다. 의사소통은 충분한 대화 가운데 이뤄질 수 있다.

부교역자의 헌신으로 인한 개 교회의 성장을 논한다는 것은 매우 어렵다. 부교역자들의 사역이 두드러지게 나타나지 않기 때문이며, 모든 공이 담임목사에게로 돌려지기 때문이다. 그러나 성장하는 많은 교회들은 대부분 부교역자들이 소리 없이 주어진 일에 최선을 다하고 있음을 알 수 있었다. 그리고 연구하는 중에 부교역자가 처신을 잘못하여 교회가 혼란이 오고 어려움을 겪고 있는 일부 안타까운 교회를 발견할 수 있었다.

이러한 교회에서는 부교역자가 헬퍼로 사명을 망각하고 자신의 이익만을 위해서 교회에 존재하고 있으며, 특히 주어진 업무도 게을러서 달성하지 못하고 동료들에게 책임을 돌리며 적당히 시간만 보내고 있는 부교역자를 볼 수 있었다. 교회에서 떠나기를 바라며 말도 못하고 속병을 앓는 담임목사도 만날 수 있었다. 담임목사에게 계륵

같은 존재가 된 경우도 있다.

헬퍼로서 부교역자는 자신이 속한 교회의 성장을 위해 자신의 능력과 열정을 다 쏟아야 할 것이다. 이러한 사역 가운데서 중요한 것은 인간관계를 잘해야 할 것이다. 나아가 담임목사에게 꼭 필요한 존재가 되도록 해야 할 것이다. 그래야만 부교역자와 담임목사 간의 공동교역 형태의 팀목회로 발전되어 갈 수 있다.

이 책은 헬퍼십(helper)에 대한 정확한 의미를 찾고자 하였다. 좋은 헬퍼의 모습을 찾는 선에서 책을 마치게 되어 많이 아쉽지만, 앞으로의 연구는 헬퍼십이라는 학문적 용어로 자리 매김할 수 있는 연구가 진행되기를 바란다. 한편 헬퍼로서 부교역자에 대한 연구는 본격적으로 진행되어야 할 것이다. 이 책은 각론 부분에서 구체적이고 깊은 연구가 되지 못하고 지금까지의 사역에 대한 정리를 한 것으로 만족하였다. 부교역자에 대한 전반적인 연구가 깊이 있게 진행되기를 원한다. 부교역자에 대한 법적 지위 확보와 아울러 지원에 대한 구체적인 내용을 제시하지 못한 것은 차후의 연구로 보완되기를 원한다.

앞으로 계속 연구되어야 할 부분은 부교역자에 대한 훈련에 관한 것이라 본다. 신학대학원에서 공부를 한 것으로 부교역자로서 필요한 모든 것을 훈련받았다고 생각해서는 안 된다. 부교역자를 훈련하기 위한 훈련 프로그램이 개발되어야 할 것이다. 신학대학교 교육 이후의 훈련 프로그램과 교육과정 등이 연구되어 좋은 헬퍼로서 부교역자를 만들어 가야 할 것이다. 이러한 바람직한 헬퍼들이 있는 교회는 분명 성장하게 될 것이다.

참고문헌

1. 국내서적

강병도 편. 『호크마주석: 창세기』. 서울: 기독지혜사, 1989.

강병도 편. 『호크마주석: 출애굽기』. 서울: 기독지혜사, 1989.

강병도 편. 『호크마주석: 에베소서 – 빌레몬서』. 서울: 기독지혜사, 1989.

강준민. 『무대 뒤에 선 영웅들』. 서울: 도서출판두란노, 2005.

강준민. 『뿌리깊은 영성으로 세워지는 교회』. 서울: 도서출판두란노, 2000.

강준민. 『자아발견과 영적성숙』. 서울: 도서출판두란노, 2001.

고   훈. 『교회성장을 위한 팀목회』. 서울: 베드로서원, 1996.

교회와 신학연구소편. 『교역과 영성』. 오산: 한신대학출판부, 1991.

곽종운. 『플러스 인생을 경영하라』. 서울: 예영커뮤니케이션, 2002.

구영삼 · 조태연. 『헬퍼십 이야기』. 서울: 한세, 2000.

권민 · 김영수 · 김우형. 『성공하는 30대의 리더십: 헬퍼십』. 서울: 고즈윈, 2005.

기독교대백과사전편찬위원회, 『기독교 대백과사전 5권』. 서울: 기독교문사, 1981.

기독교대한감리회. 『교리와 장정』. 서울: 기독교대한감리회, 2001.

김경섭. 『파워리더 여호수아』. 서울: 도서출판프리셉트, 2002.

김경준. 『뛰어난 직원은 분명 따로 있다』. 서울: 원앤원북스, 2004.

김남준. 『자네 정말 그 길을 가려나』. 서울: 도서출판두란노, 1997.

김덕주. 『멘토링 핸드북』. 서울: 교회멘토링연구원, 2005.

김덕주. 『멘토링 & 멘토』. 서울: 교회멘토링연구원, 2006.

김동수 편. 『목회사전』. 서울: 예장총회교육부, 1971.

김상복. 『목회자의 리더십』. 서울: 도서출판 엠마오, 1993.

김연태. 『성서주석 – 빌립보서』. 서울: 대한기독교서회, 1994.

김원규 · 조영숙. 『비서학』. 서울: 남두도서, 1999.

김이곤. 『구약성서의 고난신학』. 충남: 한국신학연구소, 1996.

나채운. 『삼국지에서 배우는 2인자 리더십』. 서울: 도서출판비움, 2005.

대한예수교장로회(통합). 『헌법』. 서울: 대한예수교장로회 출판사, 2002.

대한예수교장로회 총회. 『대한예수교쟝로회 로회 회록』

대한예수교장로회 총회. 『예수교쟝로회 죠선로회 데 스회 회록』

대한예수교장로회 총회. 『예수교쟝로회 죠선로회 데 육회 회록』

대한예수교장로회 총회. 『대한예수교장로회총회 제 37회 회의록』

라채광. 『큐티가 어려우십니까?』. 서울: 두란노서원, 1990.

박 건. 『멘토링 목회전략』. 서울: 나침반, 1999.

박관순. 『현대 목회를 위한 사모학』. 서울: 도서출판광림, 1990.

박근원. 『오늘의 목사론』. 서울: 대한기독교서회, 1993.

박근원. 『오늘의 교역론』. 서울: 대한기독교서회, 2004.

박근원 편. 『전환기의 선교교육』. 서울: 한신대학출판부, 1991.

박근원 편. 『교역의 전문화 교육』. 서울: 대한기독교출판사, 1985.

박원근. 『목회심방의 이론과 실제』. 서울: 대한기독교서회, 1997.

박은몽. 『상사 죽이기』. 서울: 도서출판문예춘추사, 2004.

박종신. 『담임목사가 부교역자들이 알고 있길 원하는 것들』. 청주: 도서
　　　출판기드온, 2002.

백낙준. 『한국개신교사』. 서울: 연세대학교출판부, 1973.

성서교재간행사. 『성서백과대사전 9권』. 서울: 성서교재간행사, 1991.

송은명. 『역사를 바꾼 이인자들: 역사의 수레바퀴를 돌린 이인자의 삶을
　　　조명한다.』. 서울: 시아출판사, 2003.

시사영어사. 『The New World Comprehensive Korean－English Dictionary』.
　　　서울: 시사영어사, 1979.

신성종. 『이런 교회가 성장한다.』. 서울: 도서출판하나, 1995.

신인철. 『팔로워십: 리더를 만드는 힘』. 서울: 한스미디어, 2007.

심창섭 · 손병호 · 이성희. 『오늘의 한국 장로교 정치제도 이대로 좋은가?』.
　　　서울: 도서출판 엠마오, 1998.

양교철. 『교회와 행정』. 서울: 쿰란출판사, 2005.

오상철. 『세 가지 영성 훈련』. 서울: 머릿돌, 1992.

오성춘. 『영성과 목회』. 서울: 장로회신학대학교출판부, 1992.

오정현. 『잠들지 않는 사역자』. 서울: 생명의말씀사, 2006.

윤경로, 『새문안교회 100년사』. 서울: 새문안교회역사편찬위원회, 1995.

윤재풍 외 2인. 『조직 관리론』. 서울: 법문사, 1982.

윤청광 편. 『역사의 명참모』. 서울: 동국출판사, 1983.

이상운. 『목회학』. 서울: 한국장로교출판사, 1993.

이성희. 『디지털 목회와 팀』. 서울: 한국장로교출판사, 2004.

이성희. 『밀레니엄 목회리포트』. 서울: 규장문화사, 1999.

이성희. 『교회 행정학』. 서울: 한국장로교출판사, 1994.

이원설. 『성경이 가르치는 크리스챤 리더십』. 서울: 쿰란출판사, 2000.

이재철. 『회복의 목회』. 서울: 홍성사, 1998.

이종범. 『이런 목회자를 원한다』. 서울: 기독신보사, 1997.

이종성. 『이종성 저작전집 9권 교회론(2)』. 서울: 한국기독교학술원, 2001.

이종성. 『이종성 저작전집 24권 교회의 직제와 교육』. 서울: 한국기독교
학술원, 2001.

이주영. 『부목사학』. 서울: 성광문화사, 1987.

이주영. 『여전도사학』. 서울: 성광문화사, 1998.

이주영. 『현대목회학』. 서울: 성광문화사, 1985.

이중표 외. 『교회발전을 위한 사역개발』. 서울: 쿰란출판사, 2000.

이철희. 『1인자를 만든 참모들』. 서울: 위즈덤하우스, 2003.

이형기. 『장로교의 장로직과 직제론』. 서울: 한국장로교출판사, 1998.

이희경. 『코칭입문』. 서울: 교보문고, 2005.

임수택. 『교육전도사론』. 서울: 개혁주의신행협회, 1992.

한경직 외. 『장로시무핸드북』. 서울: 양서각, 1987.

임택진. 『목회자가 쓴 목회학』. 서울: 기독교교문사 1974.

임택진 외. 『장로학』. 서울: 소망사, 1991.

장달윤. 『섬기는 종으로 변화되자: 부목사 처신법과 목회상식』. 서울: 부
림, 2000.

정진우. 『21세기 리더십은 코칭이다』. 성남: NCD, 2004.

조성종. 『목회자 리더십론』. 서울: 성광문화사, 1997.

지용덕. 『팀 목회』. 서울: 쿰란출판사, 2002.

최치영 · 스티븐 스토웰 · 매트스타르세비치. 『윈윈 파트너십』. 서울: 북21,
2002.

하해룡. 『목회 현장론』. 서울: 대한기독교서회, 1992.

한국교회장기목회연구원 편. 『신바람목회』. 서울: 서로사랑, 1998.

한국기독교장로회 총회. 『헌법』. 서울: 한국기독교장로회 출판사 2005.

한국기독교장로회총회 교역지침서 발행위원회. 『교역지침서』. 서울: 한국
기독교장로회출판사 1992.

한세완.『목회의 성공은 줄을 잘 서는 것이 아닙니다』. 서울: 아가페출판
　　사, 1998.

한 홍.『거인들의 발자국』. 서울: 비전과리더십, 2004.

황의영.『교회의 직임과 리더십』. 서울: 생명의 말씀사, 1993.

황의영.『목회학』. 서울: 성광문화사, 1980.

황의영.『목사학』. 서울: 성광문화사, 1983.

2. 번역서적

콜린스 게리.『크리스챤 코칭』정동섭 역. 서울: 한국기독학생회, 2004.

게이로드, 노이스.『목회 윤리』박근원 역. 서울: 도서출판 진흥, 1992.

더치 쉬츠·크리스 잭슨『2인자 리더십』박상명 역. 서울: 올리브북스 2007.

데이빗 히넌·워렌 베니스.『위대한 이인자들』최경규 역. 서울: 좋은책
　　만들기, 2000.

도날드, E. 메서.『새 시대 새 목회』이면주 역. 서울: 기독교대한감리회
　　홍보출판국, 2001.

디쎈, C. 존.『중소교회 목회론』김만풍 역. 서울: 아가페출판사, 1980.

랄프 G. 턴블 편.『(베이커의) 실천신학 사전 제 3권』박근원 외 역. 서
　　울: 대한기독교출판사, 1977.

래드클리프 로버트 J.『성공적인 부교역자』안승철 역. 서울: 대한기독교
　　서회, 2002.

런던 H. B·와이즈맨 B. 닐.『목사』배응준 역. 서울: 규장, 2002.

레슬리 B. 플린,『또 다른 열두 사도』이국진 역. 서울: 생명의말씀사, 1991.

로리 베스 존스.『최고경영자 예수』송경근 김홍섭 역. 서울: 한언, 2004.

어윈 루쪄 W. 『목사가 목사에게』 김용호 역. 서울: 나침반, 1989.

맥스웰, 존. 『당신 안에 잠재된 리더십을 키우라』 강준민 역. 서울: 두란 노, 1999.

맥스웰, 존. 『성경에서 배우는 불변의 리더십』 채천석 역. 서울: 도서출 판청우, 2003.

멕버메이 루이스. 『사역자 상담』 윤종석 역. 서울: 도서출판 두란 노, 1997.

모토오리타다시. 『삼국지 경영참모학』 정성호 역. 서울: 사람과사람, 1997.

빌 밥. 『멘토링』 김성웅 역. 서울: 도서출판데모데, 2004.

블레인. 『지도력의 원칙』 장성민 역. 서울: 김영사. 2001.

아담스 밥. 『팀장리더십 』 임태조 역. 서울: 위즈덤하우스, 2005.

아이라샬레프. 『겁없는 폴로어가 리더를 만든다』 박영수 역. 서울: 시그 마북스, 2007.

에노스 마틴 외 7인. 『교회내 병적요소를 치료합시다』 배응준 역. 서울: 나침반, 1996.

투르나이젠 에드워드 『목회학 원론』 박근원 역. 서울: 성서교재간행사, 1987.

엘머 타운스, 『성장하는 교회는 무엇이 다른가?』 김홍기 역. 서울: 요단 출판사, 1994.

토마스 오덴 C. 『목회신학』 이기춘 역. 서울: 한국신학연구소, 2004.

위어스비 위렌 W.·위어스비 데이비드 W. 『건강한 사역자입니까?』 김 모루 역. 서울: 디모데, 1998.

위스트, W. E.·스미스 E. A. 『목회윤리』 강성두 역. 서울: 대한기독교서 회, 1997.

켄트 A. 호머. 『목회학』 이주영 역. 서울: 성광문화사, 1983.

켈리 E. 로버트. 『폴로어십과 리더십』 장동현 역. 서울: 고려원, 1994.

폴링, N. 제임스·밀러 E. 도날드. 『교역실천론』 박근원 역. 서울: 대한

기독교출판사, 1987.

와그너 피터.『교회성장을 위한 지도력』김선도 역. 서울: 생명의말씀사,
　　　1993.

하워드 & 헨드릭슨 윌리암.『철이 철을 날카롭게 하는 것같이』전의우
　　　역. 서울: 요단출판사, 2000.

하지, J. A.『무엇이 장로교 헌법인가?』박병진 역. 서울: 성광문화사, 1987.

해리스, S. J.『성공자와 실패자』윤두혁 역. 서울: 보이스사, 1980.

화이트 존.『탁월한 지도력』이석철 역. 서울: 한국기독학생회출판부, 1991.

3. 논문 및 정기 간행물

김광수.「한국교회의 성경공부 운동사」『기독교사상』280호(1981. 10):
　　　21 - 29.

김문일.「언젠가는 떠날 철새처럼 사역하면 안 됩니다.」『활천』599호
　　　(2003. 10): 21 - 24.

김성국.「한국교회 부목사의 현주소와 인사시스템 개선방안」『교회성장』
　　　149호(2005. 11): 56 - 61.

김윤현.「리더에게도 멘토가 필요하다」『주간한국』2120호(2006. 5. 2): 22.

런던 H. B.「목회자여 당신의 가정을 지키라」편집부 역.『목회와 신학』
　　　125호(1999. 11): 178 - 183.

림인식.「부목사론」『목회와 신학』83호.(1996. 5)

림인식.「화평케하는 부목사」『목회와 신학』86호.(1996. 8)

민성식 외 3인.『기독교신문』1601호 - 1603호. 2001. 3. 25 - 4. 15.

박　건.「멘토링과 교회성장」『월간목회』266호(1998. 10): 176 - 180.

박세광. 「교회 내에서 바라본 목사란 누구인가」『2004.2.15 교회갱신협
　　　　의회 강의안』http://www.churchr.org/webzine/1_3_51.htm

박종구. 「한국교회와 부목사에 대한 대담」『월간목회』112호(1985. 12):
　　　　26-41.

박종순. 「팀목회 어떻게 하는가?」『월간목회』147호.(1988. 11)

박종호. 「부교역자의 현실과 목회자상」『목회와 신학』120호(1999. 6):
　　　　74-79.

안승철. 『협력목회자로서 부목사의 역할 연구』미간행박사학논문: 연세
　　　　대학교 연합신학대학원, 2004.

양기성. 『목회자의 리더십 유형이 목회성과에 미치는 영향에 관한 연구』
　　　　미간행박사학위논문: 청주대학교 대학원, 2002.

오창학. 『월간목회』(1985. 12)

이권희. 「부교역자의 자아발견과 자기개발」『목회와 신학』185호(2004.
　　　　11): 156-163.

조용훈. 「목회자의 성적 탈선과 목회윤리적 과제」『신학사상』 124호
　　　　(2004): 193-218.

조원길. 「영광의 이인자」『말씀과 교회』42호(2007. 1) 222-225.

최병권. 「리버스 멘토링」『엘지주간경제』통권776호.(2004. 4.21)

톰홀랜드. 「담임목사와부교역자의 갈등, 성경은 이렇게 말한다.」편집부
　　　　역.『목회와 신학』124호(1999. 10): 110-113.

한 홍. 「부드러운 서번트 리더십」『숙명리더십연구: 세상을 바꾸는 부
　　　　드러운 힘』제1집(2005): 63-81.

한국경제사회연구소 편.『대권의 참모학』엔터프라이즈 12월 별책부록,
　　　　1987. 12.

허일찬. 「담임목사와 부교역자 무엇이 문제인가」『월간목회』186호(1992.
　　　　2): 85-91.

홍혜실. 「섬김리더십」『숙명리더십연구: 세상을 바꾸는 부드러운 힘』제 1집(2005): 82－99.

황성철. 「현행 부목사제도의 문제점과 그 바람직한 해결방안」『신학지남』 247호(1996. 여름): 234－253.

뉴스앤조이. www.newsnjoy.co.kr 2007년 2월 6일.

http://cafe.daum.net/reformed2001

 **서승룡**

▌약 력

전주고등학교 졸업
총신대학 신학과 졸업(B.A.)
한신대학 신학대학원 졸업(M. Div.)
한신대학 신학전문대학원 졸업(D. Min.)
전, 김제 제월교회 담임목사
전, 군산 성광교회 부목사
현, 부천교회 담임목사

▌주요논저

「헬퍼로서 부교역자와 교회성장과의 상관관계 연구」
『군산성광교회 50년사』
『부교역자 헬퍼십』
외 다수

부교역자
헬퍼십

초판인쇄 | 2008년 12월 29일
초판발행 | 2008년 12월 29일

지은이 | 서승룡
펴낸이 | 채종준
펴낸곳 | 한국학술정보㈜
주 소 | 경기도 파주시 교하읍 문발리 513-5 파주출판문화정보산업단지
전 화 | 031) 908-3181(대표)
팩 스 | 031) 908-3189
홈페이지 | http://www.kstudy.com
E-mail | 출판사업부 publish@kstudy.com

등 록 | 25,000원
가 격

ISBN 978-89-534-0525-7 93200 (Paper Book)
      978-89-534-0543-1 98200 (e-Book)